主　　编　曹士兵　国家法官学院副院长
副 主 编　关　毅　国家法官学院科研部主任
　　　　　刘　畅　国家法官学院科研部副主任
主编助理　边疆戈　国家法官学院编辑
　　　　　苏　烽　国家法官学院编辑

《中国法院年度案例》编辑人员（按姓氏笔画）
边疆戈　关　毅　刘　畅　苏　烽　孟　军
罗胜华　赵丽敏　唐世银　曹士兵　曹海荣
梁　欣　程　瑛

本书编审人员　苏　烽

中国法院

2016年度案例

国家法官学院案例开发研究中心◎编

婚姻家庭与继承纠纷

中国法制出版社

CHINA LEGAL PUBLISHING HOUSE

《中国法院年度案例》通讯编辑名单

刘晓虹	北京市高级人民法院	赵晓利	安徽省高级人民法院
白云飞	天津市高级人民法院	杨　治	浙江省高级人民法院
王　磊	山东省高级人民法院	李相如	福建省高级人民法院
王　佳	河北省高级人民法院	李春敏	福建省高级人民法院
马　磊	河南省高级人民法院	黄玉霞	广东省高级人民法院
姜欣禹	黑龙江省高级人民法院	贺利研	广西壮族自治区高级人民法院
李慧玲	吉林省高级人民法院	李周伟	海南省高级人民法院
邢　丹	辽宁省高级人民法院	豆晓红	四川省高级人民法院
陈树森	上海市高级人民法院	游中川	重庆市高级人民法院
马云跃	山西省高级人民法院	赵学玲	陕西省高级人民法院
孙烁犇	江苏省高级人民法院	马小莉	陕西省高级人民法院
戴鲁霖	江苏省高级人民法院	施辉法	贵州省贵阳市中级人民法院
沈　杨	江苏省南通市中级人民法院	陈　薇	云南省高级人民法院
周耀明	江苏省无锡市中级人民法院	冯丽萍	云南省昆明市中级人民法院
汤媛媛	江西省高级人民法院	许文博	甘肃省高级人民法院
汪丽萍	湖北省高级人民法院	石　燕	新疆维吾尔自治区高级人民法院
黄金波	湖北省宜昌市中级人民法院	王　琼	新疆维吾尔自治区高级人民法院生产建设兵团分院
汪媛媛	湖南省高级人民法院		
庞　梅	安徽省高级人民法院	孙启英	青海省高级人民法院

序

　　《中国法院年度案例》丛书，是国家法官学院于 2012 年开始编辑出版的一套大型案例丛书，之后每年初定期出版，由国家法官学院案例开发研究中心具体承担编辑工作。此前，该中心坚持 20 余年连续不辍编辑出版了《中国审判案例要览》丛书 80 余卷，分中文版和英文版在海内外发行，颇有口碑，享有赞誉。现在编辑出版的《中国法院年度案例》丛书，旨在探索编辑案例的新方法、新模式，以弥补当前各种案例书的不足。该丛书 2012—2015 年已连续出版 4 套，一直受到读者的广泛好评，并迅速售罄。为响应读者需求，2014 年度新增 3 个分册：金融纠纷、行政纠纷、刑事案例。2015 年度将刑事案例调整为刑法总则案例、刑法分则案例 2 册。现国家法官学院案例开发研究中心及时编撰推出《中国法院 2016 年度案例》系列，新增知识产权纠纷分册，共 20 册。

　　党的十八届四中全会提出了建设中国特色社会主义法治体系，建设社会主义法治国家的依法治国的总目标，对司法体制改革和司法审判提出了新的标准和要求，特别强调加强和规范司法解释和案例指导，统一法律适用标准。法律的生命在于实施，而法律实施的核心在于法律的统一适用。《中国法院年度案例》丛书出版的价值追求，即是公开精品案例，研究案例所体现的裁判方法和理念，为司法统一贡献力量。

　　总的说来，当前市面上的案例丛书大多"不好读"，存在篇幅长、无效信息多、案例情节杂、缺乏深加工等不足。《中国法院年度案例》丛书试图把案例书籍变得"好读有用"，故在编辑中坚持以下方法：一是高度提炼案例内容，控制案例篇幅，每个案例基本在 3000 字以内；二是突出争议焦点，剔除无效信息，尽可能在有限篇幅内为读者提供有效、有益的信息；三是注重对案件裁判文书的再加工，大多数案例由案件的主审法官撰写"法官后语"，高度提炼、总结案例的指导价值。

同时，《中国法院年度案例》丛书还有以下特色：一是信息量大。国家法官学院案例开发研究中心每年从全国各地法院收集到的上一年度审结的典型案例超过10000 件，《中国法院年度案例》有广泛的选编基础，可提供给读者新近发生的全国各地的代表性案例。二是方便检索。为节约读者选取案例的时间，丛书分卷细化，每卷下还将案例主要根据案由分类编排，每个案例用一句话概括焦点问题作为主标题，让读者一目了然，迅速找到需要的案例。

总之，编辑《中国法院年度案例》就是为了让案例类书籍简便、易用，这既是本丛书的特点，也是编辑出版这套丛书的理由。中国法制出版社始终坚持全力支持《中国法院年度案例》的出版，给了作者和编辑们巨大的鼓励。我们在此谨表谢忱，并希望通过共同努力，逐步完善，做得更好，真正探索出一条编辑案例书籍的新路，更好地服务于学习、研究法律的读者，服务于社会，服务于国家的法治建设。

本丛书既可作为法官、检察官、律师等实务工作人员办案权威参考和培训推荐教程，也是社会大众学法用法的极佳指导，亦是教学科研机构案例研究配备精品。当然，案例作者和编辑在编写过程中也不能一步到位实现最初的编写愿望，可能会存在各种不足，甚至错误，欢迎读者批评指正，我们愿听取建议，并不断改进。

曹士兵

目　录
Contents

一、离婚纠纷

二、婚约财产纠纷

三、离婚后财产纠纷

六、探望权纠纷

七、赡养纠纷

八、继承纠纷

九、分家析产纠纷

一、离婚纠纷

1

民事行为能力的判断标准及其法律程序

——庞某诉赵某离婚案

【案件基本信息】

1. 裁判书字号

北京市第一中级人民法院（2014）一中民终字第 3014 号民事判决书

2. 案由：离婚纠纷

3. 当事人

原告（上诉人）：庞某

被告（被上诉人）：赵某

【基本案情】

庞某、赵某于 2009 年 2 月经人介绍相识，同年 8 月 8 日登记结婚，双方均系初婚，婚后无子女。婚后双方因无共同住房，长期未在一起生活，但庞某自述双方曾有过夫妻生活。庞某于 2010 年 6 月被诊断为抑郁焦虑状态，后于 2011 年 8 月被诊断为急性应激障碍（抑郁状态），建议休息。庞某自 2010 年 4 月休息至今，庞某主张其疾病系因被告虐待及长期冷暴力所致，赵某不认可虐待原告，并且认为庞某病情与赵某行为之间不存在因果关系。

2011 年，庞某向北京市石景山区人民法院提起诉讼，要求与赵某离婚。北京市石景山区人民法院作出（2011）石民初字第 1919 号民事判决书，判决二人离婚，并对夫妻共同财产进行依法分割。判决后，双方当事人对判决离婚无异议，但均对夫妻共同财产分割判项不服，并提出上诉。北京市第一中级人民法院审理后，认为原审判决认定事实不清，于 2012 年 12 月 6 日作出（2012）一中民终字第 11671 号民事裁定书，裁定撤销原判决发回重审。

【案件焦点】

庞某是否具有民事行为能力，其起诉是否符合法律规定的要件。

【法院裁判要旨】

北京市石景山区人民法院经审理认为：鉴于庞某在（2012）一中民终字第 11671 号案件审理过程中情绪激动，言语及行为明显异于常人，且庞某父母也称庞某精神异常，原告庞某的医院诊断证明亦显示原告患有急性应激障碍，故（2012）一中民终字第 11671 号案件二审法院及本案一审法院均认为对原告庞某是否具备民事行为能力应当予以审查。诉讼中，经法院向庞某的父母多次释明，且给予其一定举证期限，但庞某的父母坚持不同意庞某进行民事行为能力鉴定，亦不同意担任其法定代理人，现庞某是否具有完全民事行为能力无法确认，其诉讼主体不适格。

北京市石景山区人民法院依据《中华人民共和国民事诉讼法》（以下简称《民事诉讼法》）第一百五十四条第一款第（三）项之规定，裁定如下：

驳回原告庞某之起诉。

庞某以其系正常民事行为能力人，是合格的原告，法院以其不同意作民事行为能力鉴定，无法确认其民事行为能力为由，裁定驳回其起诉错误为由提起上诉。北京市第一中级人民法院经审理认为：庞某与赵某因离婚纠纷诉至法院，其起诉已符合《民事诉讼法》第一百一十九条所列之起诉条件，且目前尚无充分证据证明原告庞某系限制民事行为能力或无民事行为能力人，且无利害关系人申请对庞某进行民事行为能力鉴定。原审法院单凭庞某在庭审过程中的行为举止来判断其民事行为能力没有依据，在案件起诉条件已具备的情况下，原审法院应当对本案进行实体审理。故，原审法院以庞某诉讼主体不适格为由，驳回起诉不当。

北京市第一中级人民法院根据《民事诉讼法》第一百七十条第一款第（四）项，《最高人民法院关于适用〈中华人民共和国民事诉讼法〉若干问题的意见》第一百八十一条第（四）项①之规定，裁定如下：

一、撤销北京市石景山区人民法院（2013）石民初字第 690 号民事裁定；

二、指令北京市石景山区人民法院对本案进行审理。

【法官后语】

民事行为能力是涉及公民人身权利的法律制度，根据《中华人民共和国民法通则》（以下简称《民法通则》）第十一条、第十二条、第十三条的规定：在我国，无民事行为能力有两种层次：一是无民事行为能力；二是限制民事行为能力。其划分标准有二：其一是年龄，不满十周岁的公民无民事行为能力；已满十周岁，不满十八周岁的公民具有限制民事行为能力；已满十八周岁的公民具有完全民事行为能力；不过已满十六周岁，能够以自己的劳动收入作为主要的生活来源的公民，被法律视为具有完全的民事行为能力。其二是精神状态，精神疾病或痴呆症的患者根据其所患疾病的严重程度，能够被认定为无民事行为能力人或限制民事行为能力人。民事行为能力是决定公民是否具有民事主体地位的一项重要制度，其与公民的人身、人格、财产等各项权利密切相关，具有深刻的人身属性。

认定民事行为能力应该严格依据法律程序进行，特别是对年满十八周岁的公民认定无民事行为能力的情形，更加应该慎重，其不仅影响公民的各项公民权利，且涉及公民的人身权利及人格尊严，不可不慎重。《民法通则》第十九条，精神病人的利害关系人，可以向人民法院申请宣告精神病人为无民事行为能力人或者限制民事行为能力人。《民事诉讼法》第一百八十七条，申请认定公民无民事行为能力或者限制民事行为能力，由其近亲属或者其他利害关系人向该公民住所地基层人民法院提出。根据上述法律规定，认定公民无民事行为能力需要严格的程序要求，只能是其近亲属或利害关系人向人民法院提起诉讼，除此之外，任何组织及公民无权通过任何程序确认公民无民事行为能力。具体而言，依据《民事诉讼法》规定，一个成年的自然人若未经过公民无民事行为能力特别程序的认定，其民事行为能力应当处于完整的状态，即其行使民事权利、承担民事义务的资格均不应受到影响，这对保护公民的民事权利提供了保障。特别是近年来屡次出现且有愈演愈烈之势的"被

---

① 对应《最高人民法院关于适用〈中华人民共和国民事诉讼法〉的解释》第三百二十五条。

精神病事件"，造成了极其恶劣的社会影响，严重影响了司法公信力，阻碍了法治进程。在"被精神病事件"当中，恶意主体实际上既回避了民事实体法中的公民无民事行为能力制度，也绕开了民事诉讼法中的认定公民无民事行为能力程序，将精神疾病状态强加于正常的公民，客观上不仅仅阻碍了公民行使民事权利的资格，更有甚者还剥夺了公民的人身自由，对其进行强制收容诊治。

日常术语中的精神病，在法律层面上实际上包含了三个层次：医学上的精神病、影响民事行为能力、影响民事诉讼能力，这三个层次又是层层递进的。一个人被医学上诊断为精神病并不当然意味着其民事行为能力受限，更不能直接导致其无民事诉讼能力的后果。要认定一个成年的自然人无民事行为能力，唯一的依据就是根据《民事诉讼法》的特别程序，近亲属或者其他利害关系人提起认定公民无民事行为能力、限制民事行为能力诉讼，并通过最终的法律裁决予以确定。在司法实践中，不能仅仅依据医院的诊断证明或者相关部门颁发的残疾证等就未经合法程序直接判断当事人为无民事行为能力人，甚至直接为其指定法定监护人，这违背了《民事诉讼法》的相关规定，也不利于人权保障和社会稳定。无民事行为能力制度，作为基本的民事主体制度，其涉及人身权利的判断标准，要严格依据法律规定，遵守法律程序予以判断。

编写人：北京市第一中级人民法院　刘福春

2

离婚案件中外遇与家庭暴力的认定标准

——苏某某诉陈某某离婚案

【案件基本信息】

1. 裁判书字号

广东省珠海市斗门区人民法院（2014）珠斗法民一初字第 337 号民事判决书

2. 案由：离婚纠纷

3. 当事人

原告：苏某某

被告：陈某某

【基本案情】

2008 年 10 月，原告苏某某与被告陈某某通过网络相识、相恋，2009 年 7 月 7 日原、被告未婚生育儿子陈某甲，并于 2009 年 8 月 17 日在珠海市斗门区井岸镇人民政府补办了结婚登记手续。婚初，原、被告共同居住在登记在被告父亲名下但实际上由原、被告管理的饲料店里。婚后，原告因怀疑被告与被告雇请的一名女雇工存在暧昧关系，导致原、被告经常发生争吵，原告中间亦有在外工作了一段时间。原告称被告不但有第三者，而且存在家庭暴力的情况。被告也承认原、被告曾有争吵，但否认其与女雇工之间存在暧昧关系，亦否认其存在家庭暴力的情况。2014 年 3 月，原、被告开始分居，儿子陈某甲亦由原告带回娘家生活，被告称儿子是由原告擅自带走的。原告称其现在深圳打工，儿子亦跟随其在深圳生活，原告自称其每月收入 3000 多月。被告目前经营饲料店，自称每月收入 7000～8000 元，原告称被告每月收入 5000～6000 元。

在案件的庭审过程中，对被告主张的两笔夫妻共同债务中的 11059.5 元原告予以确认，但不认可 15510 元的债务。

原告称被告家庭暴力时其曾报警处理，根据原告的申请，本院依法前往珠海市公安局斗门分局五山派出所调取有关本案家庭暴力的案卷，但本院前往五山派出所调取时，该派出所并未有相关案卷的记载，另原告称当时由五山派出所辅警黎某某做了询问笔录，但黎某某却称当时并未做笔录，只是原、被告二人之间闹矛盾由派出所做了调解，调解和好后原、被告便自行离开，且黎某某本人也不愿意协助本院做笔录。

原告亦申请本院前往斗门区乾务镇五山沙龙居委会调查被告雇用的女职员与原、被告一同居住的事实，但在本院向五山沙龙居委会了解有关情况时，该居委会称由于原、被告的户籍均不在其辖区内，对原、被告之间的事情居委会并不了解。

另根据原告的申请，本院依法前往珠海农村商业银行井岸支行调取了被告哥哥陈某乙的银行流水，前往珠海市房地产登记中心斗门分中心调取了乾务镇五山沙龙中路×号、×号、×号、乾务镇五山新村×号及被告陈某某父亲陈某丙名下的房产登记记录，根据珠海农村商业银行出具的陈某乙账户的银行流水，并未发现原告主张的所谓 80 万遗产。根据珠海市房地产登记中心斗门分中心出具的证明及房地产权登记表显示，未发现乾务镇五山沙龙中路×号、×号、×号、乾务镇五山新村×号的房地产登记记录，身份证号为×××××的陈某丙名下有两套房产登记记录，一处登记地址为斗门区五山镇×××，另一处登记地址为珠海市斗门区井岸镇南潮梅山村××。

另查明：原告苏某某于 2014 年 4 月 4 日提出诉讼保全的申请，本院于 2014 年 4 月 8 日作出（2014）珠斗法民一初字第 337 号民事裁定书，裁定：一、对原告用作财产保全担保物的位于珠海市斗门区井岸镇龙西村天四队土地［斗府集用（2000）字第××］予以查封；二、对被告的财产（包括银行存款、汽车及房地产）予以查封、冻结，查封、冻结限额为 50000 元。

【案件焦点】

离婚案件中外遇与家庭暴力的认定标准。

【法院裁判要旨】

广东省珠海市斗门区人民法院经审理认为：对于被告陈某某是否存在外遇的问题，原告向本院提交了所谓第三者与原、被告一起生活的录音录像、录音笔录予以证明。本院认为，在原告提交的上述证据中，被告陈某某与原告所称的被告的外遇对象并未承认上述事实，在笔录中只有原告本人控诉被告对婚姻不忠，由于原告未能提交其他证据予以佐证，故对原告诉称被告陈某某存在外遇本院不予认定。

关于被告陈某某是否存在家庭暴力的问题，原告向本院提交了录音、录像，录音的文字记录、原告受伤的照片、医院病历予以证明。本院认为，婚姻家庭类案件，尤其是针对家庭暴力的案件，其举证责任与一般的民事案件并不完全相同，家庭暴力的案件中受害人只需证明在其与施害人共同生活期间其有遭受侵害的事实即可，而施害人则需对受害人所受伤害与其无关联承担举证责任。本案中根据原告提交的照片显示，原告本人身体多次受伤，原告向本院提交的病历亦有"被人用拳头打伤头部""右眼组织多处组织挫伤"的记载，由此可见原告已承担了相应的举证责任，而被告仅称其并不知道原告所受伤害是何人造成的，亦未向本院提交证据证明原告所受伤害与其无关联，因此被告应当承担举证不能的后果，更何况五山派出所虽未有相关案件的记载，但考虑到原、被告确实由该派出所做过调解，若是一般的夫妻争吵又何必闹到派出所，故综合考虑被告存在家庭暴力的盖然性更高。故对原告主张被告存在家庭暴力的事实本院予以认定。

广东省珠海市斗门区人民法院依照《中华人民共和国婚姻法》第三十二条第三款第（二）项、第三十六条、第三十七条、第三十八条、第四十一条、第四十六条，《最高人民法院关于适用〈中华人民共和国婚姻法〉若干问题的解释（一）》第一条、第二十八条、第二十九条第一款，《最高人民法院关于适用〈中华人民共和国婚姻法〉若干问题的解释（三）》第十五条，《中华人民共和国民事诉讼法》（以下简称《民事诉讼法》）第六十四条，《最高人民法院关于民事诉讼证据的若干规定》第二条的规定，作出如下判决：

一、准予原告苏某某与被告陈某某离婚，自本判决生效之日起解除婚姻关系；

二、儿子陈某甲由原告苏某某抚养，被告陈某某自本判决生效之次月起每月十五日前支付抚养费 1000 元直至陈某甲年满十八周岁之日止；

三、被告陈某某可于每月的周末时间探视儿子陈某甲两次，具体的探视方式可由双方自由协商确定；

四、被告陈某某于本判决生效之次月起七日内赔偿原告苏某某 10000 元；

五、夫妻共同债务分割：欠江门市新会区新环饲料发展有限公司的债务 11059.5 元由原告苏某某与被告陈某某各承担一半即 5529.75 元；

如果未按本判决指定的期间履行给付金钱义务，应当依照《民事诉讼法》第二百五十三条之规定，加倍支付迟延履行期间的债务利息。

本案受理费 3980 元、保全费 520 元，合计 4500 元（原告苏某某已预缴），由原告苏某某与被告陈某某各负担 2250 元。

【法官后语】

离婚案件中，外遇与家庭暴力作为当事人起诉离婚的案件所占的比重愈来愈大，因此对这两个问题的认定对离婚案件的审理具有非常重大的意义。首先对外遇的认定上，由于牵涉夫妻之外的第三人，而且基于社会道德因素，因此应当采取较为严格的认定标准，必须在当事人有十分确凿的证据的前提下才能予以认定；而在家庭暴力认定的标准上，由于受我国传统思想的影响，再加上我国目前基层组织弱化以及大多数家庭在婚后随男方生活的实际情况，对是否存在家庭暴力，受害人往往难以对其受到家庭暴力侵犯这一事实提供相应的证据。因此，在对家庭暴力案件证明标准的认定上应当采取有别于一般民事案件的认定标准，只要受害人能够举证证明其在婚姻关系存续及与施害人共同生活期间受到侵害的事实，即可认定受害人已完成了举证责任，此时施害人应就其与受害人受侵害的事实无关承担相应的举证责任，若施害人无法提供证据证明，则应由其承担举证不能的后果，也即可认定家庭暴力事实的存在。

编写人：广东省珠海市斗门区人民法院　梁昆鹏

3

分居生活未满两年可否认定夫妻感情确已破裂

——黄某诉刘某某离婚案

【案件基本信息】

1. 裁判书字号

广西壮族自治区玉林市陆川县人民法院（2014）陆民初字第 267 号民事判决书

2. 案由：离婚纠纷

3. 当事人

原告：黄某

被告：刘某某

【基本案情】

黄某与刘某某于 2013 年 9 月初经人介绍相识谈婚，双方仅相处一个星期，便于同年 10 月 31 日到陆川县民政局婚姻登记处办理了结婚登记手续。婚后双方到陆川县城租房居住并经营粉店生意。由于婚前认识时间短，双方对对方的性格、志趣、爱好等各方面都缺乏了解，以至于在共同生活中，因家庭琐事发生争吵造成夫妻感情不和。2014年1月8日，刘某某打电话问候黄某的爷爷，黄某即认为刘某某责怪黄某而向爷爷投诉黄某，双方产生矛盾，经双方亲属劝解，双方未能和好，于2014年1月13日开始分居生活至今。双方分居生活后，刘某某在未告知黄某的情况下，转让了粉店店铺并搬走了出租房内的煤气瓶、热水器。黄某认为双方夫妻感情已经破裂，请求法院判决离婚；而刘某某则认为夫妻感情并未破裂，不同意离婚。

【法院裁判要旨】

广西壮族自治区玉林市陆川县人民法院经审理认为：黄某与刘某某婚前认识时间短，缺乏了解，感情基础差；婚后双方在两个多月的共同生活中，因家庭琐事发生争吵造成夫妻感情不和，经双方亲属劝解后不但未能和好生活，反而分居生活，致使双方婚后未能建立牢固的夫妻感情。刘某某不同意离婚，并不是因双方感情尚未破裂，而是刘某某认为黄某向法院提起离婚诉讼，导致全村人都知道，造成刘某某名誉受损才不愿意离婚，而黄某亦不愿意与刘某某和好，可见双方的夫妻感情确已破裂，无和好可能。

广西壮族自治区玉林市陆川县人民法院依照《中华人民共和国婚姻法》第三十二条第三款第五项，《最高人民法院关于人民法院审理离婚案件如何认定夫妻感情确已破裂的若干具体意见》第二条之规定，作出如下判决：

准予黄某与刘某某离婚。

【法官后语】

本案处理重点主要在于：夫妻分居生活未满两年可否认定夫妻感情确已破裂。黄某与刘某某虽因夫妻感情不和分居生活，但分居未满两年，可否认定夫妻感情确已破裂。1. 从婚姻基础看，婚姻基础是双方建立婚姻关系时的感情状况和相互了解的程度。它是缔结婚姻关系的起点，对婚后感情的建立、矛盾的化解起着十分重要的作用。看婚姻基础就是要了解双方认识的方式、结婚动机及目的。一般而言，婚姻基础好，婚后感情容易融洽，即使产生了矛盾，消除矛盾维持婚姻的可能性也大。反之，婚姻基础差，婚后难以建立起真正的感情，出现矛盾，就难以调和。而本案中的黄某与刘某某双方仅仅认识一个月的时间就办理了结婚登记手续，不可能在如此短的时间内对对方的性格、志趣、爱好等各方面进行深入的了解，这就导致了黄某与刘某某的婚姻基础不牢。2. 从婚后感情看，联系黄某与刘某某的婚姻基础，分析夫妻婚后感情发展变化，可以判断双方的感情发展方向。黄某与刘某某因琐事发生矛盾，他们无法化解自己的矛盾，在经过亲属的劝解后，仍无法化解矛盾，和好生活，开始了分居生活，可见黄某与刘某某的矛盾已难以化解。3. 从离婚原因看，离婚原因是黄某提出离婚的主要依据，也是原、被告在诉讼过程中争执的焦点和核心。黄某要求离婚的真实动机在于他对于刘某某已无感情。而刘某某不同意离婚的理由是"黄某向法院提起离婚诉讼，导致全村人都知道，造成刘某某名誉受损"，而不是"对黄某有感情"。可见黄某与刘某某的感情破裂的已非常严重。4. 从夫妻关系的现状及有无和好可能性上看，双方分居生活后，刘某某在未告知黄某的情况下，转让了粉店店铺并搬走了出租房内的一些生活用具，使得双方的感情雪上加霜，夫妻关系进一步恶化，由此可见，刘某某并无和好之意。在经过上述考量后，法院作出认定黄某与刘某某夫妻感情确已破裂的认定。

编写人：广西壮族自治区玉林市陆川县人民法院　李科

4

夫妻感情破裂的标准认定问题

——龚某某诉望某某离婚案

【案件基本信息】

1. 裁判书字号

湖北省宜昌市夷陵区人民法院（2014）鄂夷陵民初字第 00200 号民事判决书

2. 案由：离婚纠纷

3. 当事人

原告：龚某某

被告：望某某

【基本案情】

原告诉称：原、被告双方于 2008 年正月经他人介绍认识，2010 年 2 月 2 日在夷陵区民政局登记结婚。2010 年 9 月 24 日生育一子。婚后初期，感情一般。生育儿子之后，因被告经常打牌，不理家务发生矛盾。后双方因琐事又多次发生矛盾。原告认为，双方婚前缺乏充分的了解，草率结婚，婚后未建立起诚挚的夫妻感情，难以共同生活。现诉至法院，请求判令与被告离婚，儿子跟随原告生活。

被告辩称：原告诉称不实，双方感情并未破裂，不同意离婚。

【案件焦点】

本案的焦点是如何确定夫妻双方感情破裂的标准。

【法院裁判要旨】

湖北省宜昌市夷陵区人民法院经审理认为：案件事实清楚，有原、被告的身份证明及双方当事人的陈述、夷陵区民政局婚姻证明等在卷佐证，足以认定。本院认为，原、被告婚前虽经他人介绍认识，但双方恋爱时间长达一年之久，有较好的婚姻基础。婚后初期夫妻感情较好，由于双方缺少沟通，致使在平时生活中因家庭琐事发生矛盾。但原、被告的夫妻感情并未完全破裂，且被告亦明确表示不同意离婚。只要原、被告双方在以后的生活中加强沟通与交流，夫妻关系仍有和好的可能。故本院对原告的诉讼请求不予支持。

湖北省宜昌市夷陵区人民法院依照《中华人民共和国民事诉讼法》第一百四十四条，《中华人民共和国婚姻法》（以下简称《婚姻法》）第三十二条的规定，作出如下判决：

驳回龚某某要求与望某某离婚的诉讼请求。

【法官后语】

感情确已破裂是判定夫妻双方离婚的法定条件。那么，夫妻感情破裂标准是什么？依据《婚姻法》第三十二条第三款的规定，有以下五种情形的可以认定为感情破裂：（1）重婚或有配偶与他人同居的；（2）实施家庭暴力或虐待、遗弃家庭成员的；（3）有赌博、吸毒等恶习屡教不改的；（4）因感情不和分居满 2 年的；（5）其他导致夫妻感情破裂的情形。另外，确定夫妻双方感情破裂的标准，还包括以下情形：1. 一方患有法定禁止结婚疾病的，或一方有生理缺陷，或其他原因不能发生性行为，且难以治愈的；2. 婚前缺乏了解，草率结婚，婚后未建立夫妻感情，难以共同生活的；3. 婚前隐瞒精神病史，婚后久治不愈，或者婚前知道对方患有精神病而与其结婚，或者一方在夫妻共同生活期间患精神病，久治不愈的；4. 一方欺骗对方，或者在结婚登记时弄虚作假，骗取结婚证的；5. 双方办理结婚登记后，未同居生活，无和好可能的；6. 包办、买卖婚姻，婚后一方随即提出离婚或者虽共同生活多年，但确未建立起夫妻感情的；7. 因感情不和分居已满 3 年，确无和好可能的，或者经人民法院判决不准离婚后又分居满 1 年，互不履行夫妻义务的；8. 一方好逸恶劳、有赌博等恶习，不履行家庭义务，屡教不改，夫妻难以共同生活的；9. 一方被依法判处长期徒刑，或其违法、犯罪行为严重伤害夫妻感情的；10. 一方下落不明满 2 年，对方诉讼离婚，经公告查找确无下落的。

上述情形中，对夫妻双方感情破裂的认定只需满足其中一条，即可确定双方感情破裂。笔者认为，法院在审理离婚案件中，确认夫妻感情是否破裂，除法律有明文规定外，一般按以下四个标准予以确认：1. 婚前基础：男女双方如何认识，什么时间认识，通过什么方式认识，双方认识的时间长短。2. 婚后感情：男女双方结婚以后，在婚姻关系存续期间，对男女双方的喜好，性格，相互之间是否了解，是否经常存在吵架，斗气，或生理上的原因等。3. 看离婚原因：男女双方结婚后，难免有生活、工作上的事情，使其本来感情很好的双方，因某一件事，如：双方父母原因、第三者插足导致婚外恋、因性格不合、男女双方异性朋友交往方面等原因导致夫妻感情不和。4. 有无和好可能：根据以上四个标准，综合判断，因什么事情导致双方感情破裂，选择适当方式，促成男女双方有和好可能，经过调解无效，应当认定男女双方感情确已破裂。

本案中，案件的事实和经过很明确，原告龚某某提出的离婚事由是双方婚前缺乏充分的了解，草率结婚，婚后未建立起诚挚的夫妻感情，难以共同生活。被告辩称也认为原告的诉称不属实，双方的感情未破裂。上述理由也是很多离婚案件被告的通用事由。本案的最终判决也是依据被告说的认定原、被告的感情未破裂，驳回原告的诉讼请求。

编写人：湖北省宜昌市夷陵区人民法院　黄涛

5

男方因病不能发生性关系，女方是否能申请精神抚慰金

——赵某某诉胡某某离婚案

【案件基本信息】

1. 裁判书字号

湖南省湘潭市湘潭县人民法院（2015）潭民一初字第 19 号民事判决书

2. 案由：离婚纠纷

3. 当事人

原告：赵某某

被告：胡某某

【基本案情】

原、被告于 2013 年 12 月经人介绍相识，2014 年 9 月 4 日办理结婚登记。同年 10 月 5 日，原、被告按照农村习俗举办婚礼后，原告便搬至被告家居住，但婚后被告一直与原告分房睡，至今双方没有发生过性行为。2014 年 10 月 24 日，被告前往湖南湘雅附二医院进行检查，被确诊患有先天性曲细精管发育不全综合征，又称为克兰费尔特综合征，该病是一种较常见的性染色体畸变的遗传病，其临床表现多为性功能较差、精液中无精子。2014 年 11 月 3 日，原、被告领取《湘潭市婚前医学检查证明》，婚前医学检查结果显示因被告患有克兰费尔特综合症，建议不宜结婚。被告父亲曾建议原告去医院进行人工授精手术，但由于被告患有疾病导致无生育能力，因此原告对被告父亲的建议极为反感。此后，原告便搬回娘家居住，期间双方多次协商离婚事宜均未果。2014 年 12 月，原告诉至法院要求与被告离婚，并要求被告赔偿精神损失和名誉损失。被告则要求原告返还彩礼。

【案件焦点】

原告要求的损害赔偿金和被告要求的返还彩礼是否应当得到支持。

【法院裁判要旨】

湖南省湘潭市湘潭县人民法院认为，原、被告结婚仅数月时间，并未建立起真挚的夫妻感情，加之被告患有对行夫妻生活有较大影响且无生育能力的疾病，夫妻之间缺乏共同生活的基础，现原告起诉要求离婚，符合法律规定，本院予以支持。关于原告主张精神抚慰金及被告主张返还彩礼，虽然双方有夫妻之名、无夫妻之实的情形源于被告自身疾病，但原告并无证据证实被告刻意隐瞒病情。被告支付的彩礼大部分已由原告购置了嫁奁物，且原告自愿放弃嫁奁物留归被告所有，此系原告自行处分民事权利的行为，本院予以确认。综上，原、被告对于离婚主观上均无过错，客观上双方有彩礼、陪嫁物的往来，故对于双方关于精神抚慰金及返还彩礼的主张，本院均不予支持。考虑被告为结婚花费较大，且有病仍须治疗，加上原告自愿给予其经济帮助，结合原、被告的结婚花费及给付彩礼金的情况，本院酌定原告支付给被告经济帮助费 18000 元。湘潭县人民法院遂作出了（2015）潭民一初字第 19 号民事判决书：

一、准予原告赵某某与被告胡某某离婚；

二、嫁奁物六铺六盖、被子八套及冰箱、彩电、DVD、台式电脑、空调、饮水机各一台归被告胡某某所有；

三、由原告赵某某在本判决书生效后十日内一次性支付给被告胡某某经济帮助费 18000 元；

四、驳回原告赵某某其他诉讼请求。

【法官后语】

根据《中华人民共和国婚姻法》（以下简称《婚姻法》）第四十六条的规定，离婚精神损害赔偿民事责任的构成，必须同时具备以下要件，缺一不可：

第一，须有法定违法行为。即配偶一方实施了违背《婚姻法》的行为。包括重婚、有配偶与他人同居、实施家庭暴力、虐待、遗弃家庭成员。第二，须有损害事实。即配偶一方的违法行为导致夫妻感情破裂而离婚，无过错配偶由此而受到精神利益的损害和精神创伤两个部分。精神创伤是指有过错的配偶重婚、与他人同居、实施家庭暴力、虐待、遗弃家庭成员的违法行为致使离婚，造成无过错方肉体上和精神上的痛苦。第三，须有因果关系。配偶一方实施的重婚、与他人同居、家庭暴力、虐待或遗弃家庭成员的违法行为，是导致婚姻关系破裂而离婚并造成无过错方配偶遭受精神损害的直接原因。第四，须有主观过错。对于一般侵权行为构成而言，只需侵害人具有过错即可。过错是行为人决定其行为的心理状态，分为故意和过失，但就离婚精神损害赔偿过错而言，一般过失是不能构成的，只有在重大过失和故意的情况下方可构成。而这里的重大过失是指，侵权人违反夫妻间基本的注意义务，即侵权人完全可以预料到自己的行为对夫妻关系所带来的严重后果，而怠于注意并不为相当准备。而在本案中，原告并无证据证实被告是刻意隐瞒其病情，遂对原告提出的精神损失费赔偿请求予以驳回。

编写人：湖南省湘潭市湘潭县人民法院　黄戌娟

6

违背夫妻忠实义务，实施家庭暴力，导致夫妻感情破裂，法院准予离婚，分割夫妻共同财产时对有过错方少分或不分

——旦某诉加某离婚案

【案件基本信息】

1. 裁判书字号

青海省海西蒙古族藏族自治州乌兰县人民法院（2014）乌民初字第51号民事判决书

2. 案由：离婚纠纷

3. 当事人

原告：旦某

被告：加某

【基本案情】

原、被告于 2009 年 11 月 18 日在乌兰县民政局依法登记结婚，婚后生育一子。婚后不久原告怀孕。在此期间原告发现被告行为异常，找各种理由夜不归宿，经原告观察留意发现被告与其他女性关系暧昧。原告为此曾多次劝解被告，但被告仍然我行我素，并对原告多次实施家庭暴力，原告出于为孩子考虑，一直处处忍让。2014 年 3 月 11 日，原告回家时，发现屋内有异声，随即向派出所报警，待派出所民警赶到后发现，被告同陌生女人一丝不挂躺在卧室床上。至此，原告以夫妻感情确已破裂为由，请求依法判令原、被告离婚；婚生子随原告共同生活；分割夫妻共同财产。

【案件焦点】

夫妻一方违背夫妻忠实义务，实施家庭暴力，对过错方在分割夫妻共同财产时少分或不分。

【法院裁判要旨】

青海省乌兰县人民法院审理认为，感情是维系夫妻婚姻和家庭生活的纽带。夫妻间应当相互尊重和帮助，维护平等、和睦、文明的婚姻家庭关系。本案中，原、被告自由恋爱结婚，有一定的婚姻基础，在共同生活期间，应珍惜建立起的夫妻感情，但被告却不能正确对待婚姻和家庭生活关系，生活不检点，实施家庭暴力，导致夫妻感情破裂，现原告坚持离婚，经调解没有和好希望，继续维持婚姻关系已无实际意义，原告要求离婚的请求予以支持。鉴于本案的实际情况，孩子一直与原告的父母共同生活、且原告父母有能力照顾孩子的生活起居和学习，为利于孩子的健康成长，孩子由原告监护抚养，被告每月支付抚养费 500 元为宜；原告要求分得夫妻共同财产及房屋并自愿给被告补偿部分钱款，债权 35000 元由双方各分得一半的诉讼请求，本院予以认可；被告辩称有存款 35000 元不是夫妻共同享有的存款的事实，仅有本人陈述，未提供其他证据相互印证，根据《最高人民法院关于民事诉讼证据的若干规定》第二条"……没有证据或者证据不足以证明当事人的事实主张的，由负有举证责任的当事人承担不利后果。"及第七十六条"当事人对自己的主张，只有本人陈述而不能提出其他相关证据的，其主张不予支持。"的规定，本院不予采信。据此，依照《中华人民共和国婚姻法》第三十二条、第三十六条、第三十七条、第三十九条，《最高人民法院关于人民法院审理离婚案件处理子女抚养问题的若干具体意见》第四条，《最高人民法院关于民事诉讼证据的若干规定》第二条、第七十六条的规定，判决如下：

一、准许原告旦某与被告加某离婚；

二、婚生子随原告旦某共同生活，被告加某从 2014 年 6 月 1 日起每月支付抚养费 500 元，至孩子 18 周岁为止；

三、共同财产位于车站小区住房一套，"TCL"牌 37 寸电视机一台，"香雪"冰箱一台，组合式沙发一套含茶几，餐桌含 6 把椅子，双人床一张，"雅迪"牌电动车一辆归原告旦某所有；原告旦某婚前个人财产羊毛被子三床、羊毛褥子三床归原告旦某所有。原告旦某补偿被告加某房屋及共同财产人民币 56000 元（限本判决生效后 5 日内一次性给付）；

四、夫妻共同存款 35000 元，由原、被告各享有一半。

【法官后语】

本案处理重点主要在于对违背夫妻忠实义务、实施家庭暴力是否达到法定准许离婚条件且分割夫妻共同财产时对过错方少分或不分的确认。

被告加某辩称，原告提出离婚，为了孩子考虑不同意离婚，另外婚后夫妻共同财产及家庭用品情况基本属实，但 35000 元存款不是夫妻共同财产，是被告父母放在被告处准备买牛的钱。经本院审理查明，原、被告经自由恋爱在乌兰县民政局自愿办理了结婚登记手续。婚后夫妻感情一般，生育一子。在共同生活期间，被告生活有失检点，与别的女性保持不正当男女关系，并实施家庭暴力，严重伤害了夫妻感情。被告辩称存款 35000 元不是夫妻共同享有的存款的事实，仅有本人陈述，未提供其他证据相互印证，故对被告的上述辩论意见不予支持。

编写人：青海省海西蒙古族藏族自治州乌兰县人民法院　乔明珠

7

婚内强奸能否成为离婚的法定条件

——李甲诉李乙离婚案

【案件基本信息】

1. 裁判书字号

山东省聊城市阳谷县人民法院（2014）阳民初字第 925 号民事判决书

2. 案由：离婚纠纷

3. 当事人

原告：李甲

被告：李乙

【基本案情】

2002 年 6 月，李甲和李乙经人介绍认识，2004 年 1 月 6 日双方办理了结婚登记手续。婚前原、被告感情较好，婚后，李乙不相信李甲，几乎每天争吵。李甲不甘于在生活条件上落后于人，为了让孩子过上幸福美满的生活，也为了避免两人之间的吵闹，影响夫妻关系和孩子的成长，李甲婚后去日照、深圳打工两次，李乙两次监视李甲到日照。随着孩子的长大，李乙的心理极度扭曲，数次打砸手机、家电。李甲有时回家晚会儿，和异性说句话，李乙就检查李甲的手机，盘问李甲的一举一动。李乙几乎每天用变态的心理折磨李甲，经常强行和李甲发生性关系。在两人婚姻存续的十年里，李甲两次割脉，多次自残。李乙的监视行为，在两人的同事和朋友间已成为茶余饭后的笑柄。李甲实在忍无可忍，无法再坚持下去，2014 年 2 月，因家庭琐事发生矛盾，李甲在聊城居住，两人分居至今。为此，特诉至法院，要求与被告李乙离婚，婚生女由原告李甲抚养，被告李乙承担抚养费，财产依法分割。被告李乙辩称，两人在一起生活不免争吵生气，但争吵生气其从没打骂过原告一次。原告没有工作没有办法抚养孩子，其不同意离婚。

【案件焦点】

婚内强奸是否能够证明感情破裂，达到法定离婚的条件。

【法院裁判要旨】

山东省阳谷县人民法院认为：原、被告从认识到登记结婚有较长的了解时间，双方存在婚姻基础，婚前感情较好，婚后夫妻感情尚可。原告诉称婚后因被告的监视行为和被告的性格、心理扭曲双方经常发生争吵，致使夫妻感情破裂，但原告未提供充分证据予以证实，且被告对此也不予认可。原、被告虽因家庭琐事发生矛盾，但夫妻感情并未完全破裂，并且双方分居时间较短。只要原、被告互谅互让、珍惜夫妻感情，夫妻关系尚能维持。原告要求与被告离婚的诉讼请求，本院不予支持。依照《中华人民共和国婚姻法》（以下简称《婚姻法》）第三十二条、《中华人民共和国民事诉讼法》第六十四条之规定，判决如下：

不准原告李甲与被告李乙离婚。

【法官后语】

纵观本案，争议的焦点婚内强奸是否能成为离婚的理由。

同居为夫妻生活的重要内容，性行为系夫妻双方的权利与义务，在我国，法律和主流道德均只认可夫妻之间的性行为。既然性行为是夫妻的权利与义务，则行使权利的行为不应入罪。

而无论主张婚姻法平等保护夫妻双方权益还是主张应当侧重保护女方权益，均可得出婚内性行为不可认定为强奸罪的结论。如争议激烈的所谓"配偶权"问题，虽然赞同配偶权者是出于考虑对现实生活中不忠实男性的约束而旨在侧重保护妇女的利益，但是配偶权的结果却使性行为成为法律明文的义务，从而排除了丈夫的性行为构成强奸犯罪的可能，正如前引文章作者假设的那样："如果修改后的婚姻法规定了'配偶权'，那就意味着我是你的配偶，在任何情况下你都要无条件地满足我的性要求，自然也就无所谓婚内强奸了。"

婚内强行性行为不构成强奸罪，但却构成虐待犯罪。

前述各种观点，均围绕是否构成强奸罪而展开，却忽视或误解了我国刑法的一项重要原则：罪刑法定。《中华人民共和国刑法》第三条规定："法律明文规定为犯罪行为的，依照法律定罪处罚；法律没有明文规定为犯罪行为的，不得定罪处罚。"而此处之"法律",显然不限于刑法,它是指全国人大或全国人大常委会通过的规范性文件(排除了行政法规、地方性法规和规章,因为刑法的制定和修改,为全国人大及其常委会的专属权力,且系中央权力,其他任何机关无权行使)。因此,判断一个行为是否符合犯罪要件,应当依据包括刑法、婚姻法在内的法律。

正当行使权利的行为不可入罪,而权利的客体即对方的行为,对方为相应行为,就属于义务(此处的"正当"仅指行使权利的手段,如果手段不正当,则可能触犯其他罪名,下文将论及)。如果性行为系夫妻的权利,则任何一方正当行使此一权利,均不应定罪。性犯罪的前提是,男方对女方并不拥有性权利,女方因而无相应的义务;如果采用金钱的手段,则为嫖娼(属于行政违法行为);如果双方和奸,属于通奸,则为道德所谴责;如果采用暴力等违背妇女意志的手段,则为强奸,是为犯罪行为。这正如盗窃或抢劫犯罪是以非法占有他人财物为目的、因而"盗窃"或抢回属于自己的财产不构成盗窃或抢劫罪一样(如在赌博现场当场抢回自己所输的财物,不认定抢劫罪;从他人处偷回所有权归己的财物,不认为是盗窃犯罪等,均为司法实践中的常见做法)。

那么,夫是否拥有对妻的性权利呢?现行法律是认可的。

法理学认为,权利可以推定,因为法不禁止即自由。现行《婚姻法》第十二条规定:"夫妻双方有计划生育的义务。"可推知,前提为生育是夫妻双方拥有的权利(唯此项权利当依计划而为),因为如无生育的权利,则法律自不必规定相应的义务来规范生育行为。既然依法生育是夫妻的权利,则为生育所必需的自然手段亦为权利。不证自明,在正常状态下,生育的自然手段是性行为(人工授精、试管婴儿等不应成为此处讨论的反证),性行为即为夫/妻的权利。

《最高人民法院关于人民法院审理离婚案件如何认定夫妻感情确已破裂的若干具体意见》第一条规定,"一方有生理缺陷及其他原因不能发生性行为,且难以治愈的"是"视为夫妻感情确已破裂"因而可判决准予离婚的情形之一。由此,也可认为,性行为是有夫妻正常生活的内容且系影响夫妻感情的重要内容之一。既然不能发生性行为是夫妻离婚的理由之一,则可知发生性行为是夫妻关系的男女拥有的权利。综上所述,原告以强奸为由要求离婚,不属于法定离婚事由,原被告双方感情尚可且无其他证据证明婚姻感情彻底破裂,不准原被告离婚,以维护婚姻家庭、化解家庭矛盾。

编写人:山东省聊城市阳谷县人民法院　王之伦

8

婚礼后与他人怀孕结婚登记后生育，不违反夫妻忠实义务

——王某诉徐某离婚案

【案件基本信息】

1. 裁判书字号

四川省广安市岳池县（2014）岳池民初字第 2617 号民事判决书

2. 案由：离婚纠纷

3. 当事人

原告：王某

被告：徐某

【基本案情】

2012 年 1 月，原告王某与被告徐某举办婚宴并开始同居生活。同年 3 月，被告怀孕（非原告亲生）。同年 6 月，双方在当地民政局办理结婚登记手续。2012 年 12 月，被告徐某生育一子（现年 1 岁多）。徐某生产的住院医疗费用，由王某支付 3000 元。2013 年，双方开始分居生活至今。2014 年 4 月，原告诉至法院，请求判决离婚并返还生小孩的医疗费 4000 元；赔偿小孩抚养费损失 5000 元；支付精神损害抚慰金 50000 元。

【案件焦点】

被告徐某在与原告王某举办婚礼后与他人发生性关系并怀孕，王某在不知情的情况下与徐某办理结婚登记手续，徐某其后生育该小孩并由双方抚养一年多，徐某是否违反夫妻忠实义务，是否应承担精神损失赔偿责任？

【法院裁判要旨】

四川省岳池县人民法院经审理认为：原、被告系自主婚姻，在共同生活中应尊

重对方人格和社会公德，共同维护平等、和睦、文明的婚姻家庭关系。然被告徐某在与原告王某举办婚宴后，与他人怀孕，有违社会善良风俗，其行为是错误的，损害了夫妻感情。现王某坚持离婚，徐某同意离婚，应依法认定夫妻感情确已破裂，准予离婚。小孩并非王某亲生之子，双方离婚后应由徐某自行抚养；王某为其支付的生产及抚养费用，性质上属不当得利，徐某应予返还，酌定数额分别为 3000 元及 4000 元，合计 7000 元。《中华人民共和国婚姻法》（以下简称《婚姻法》）第四十六条规定，"有下列情形之一导致离婚的，无过错方有权请求损害赔偿：（一）重婚的；（二）有配偶与他人同居的；（三）实施家庭暴力的；（四）虐待、遗弃家庭成员的"。本案被告徐某所生子非原告王某亲生，根据本案事实推定徐某在与王某婚礼后、结婚登记前与他人存在性关系，但因该期间双方尚未办理结婚登记，处于以夫妻名义同居的状态，王某不享有法定配偶的相应权利，徐某之失德行为不能认定为对法定夫妻忠实义务的违反，故王某主张精神损害抚慰金，不符合《婚姻法》第四十六条规定的条件，法院不予支持。据此，依照《中华人民共和国民法通则》第九十二条，《婚姻法》第三十二条，《最高人民法院关于适用〈中华人民共和国婚姻法〉若干问题的解释（一）》第五条的规定精神以及《中华人民共和国民事诉讼法》第六十四条第一款的规定，判决如下：

一、准予原告王某与被告徐某离婚；

二、被告徐某所生子由被告徐某抚养，至小孩独立生活时止；

三、被告徐某于本判决生效后 10 日内返还原告王某抚育费 7000 元；

四、驳回原告王某的其他诉讼请求。

宣判后，双方均未上诉。

【法官后语】

本案是一起涉及夫妻忠实义务法律适用的离婚纠纷。狭义的忠实义务即贞操义务，指配偶性生活的排他专属义务。忠实义务是基于个体婚姻的本质要求，是一夫一妻制度的具体体现。《婚姻法》将忠实义务规定在总则："夫妻应当互相忠实，互相尊重"，系倡导性规范；第四十六条规定了违反忠实义务的救助措施与法律责任，系裁判规范，其中"有配偶与他人同居"，属于典型的违反夫妻忠实义务的行为，从释义来看，是指有配偶的人与非配偶的第三人共同生活在一起，应包括近几年来出现的长期包养"二奶"的行为和 20 世纪 50 年代以来有关法律所规定的姘居行为。本案中，当事双方均认可被告徐某所生子不是原告王某之子，从出生日期及双方陈述推断，徐某于婚礼后婚姻登记前与他人存在性关系。这种性关系的存在和他人之子的出生，是否构成对夫妻忠实义务的违反，在本案处理过程中引起较大争议。肯定观点认为：第一，《最高人民法院关于适用〈中华人民共和国婚姻法〉若干问题的解释（一）》（下称《婚姻法解释（一）》）第四条明确规定："男女双方根据婚姻法第八条规定补办结婚登记的，婚姻关系的效力从双方均符合婚姻法所规定的结婚的实质要件时起算"，因此可以认为，王某与徐某的婚姻效力应从举办婚礼即同居时开始，故应认定徐某与他人发生性关系的时间点，处于婚姻关系存续期间；第二，徐某与他人的关系虽没有达到"同居"的程度，但其在法律应认可的婚姻关系存续期间，与他人存在性关系，仍属于违反婚姻法总则关于"夫妻应当互相忠实"的行为，且徐某在与他人怀孕后隐瞒实情，与王某办理结婚登记，恶意损害王某的婚姻选择权及生育权，且在王某误认为是自己孩子的情况下，基于不存在的事实付出了近两年的感情和物质方面的投入，一旦真相大白，对其精神伤害和情感打击应该是巨大的。此外，王某生活的地域属于我国西部落后地区，这里传统道德意识浓厚，其与徐某按当地习俗举办的婚宴，对双方的"婚姻"关系具有公示的效果，而不会有人在乎他们是否领取结婚证，此一事件的社会影响造成其精神上负担的严重程度完全可以想见，法院判决给予其精神抚慰合乎情理，也有法可依。持否定观点的认为，首先，徐某与王某在同居后、办理婚姻登记之前，不是法律意义上的夫妻。《婚姻法解释（一）》第五条规定，未依法办理结婚登记而以夫妻名义共同生活的男女起诉到法院要求离婚的，属于 1994 年 2 月 1 日以前符合结婚实质要件的，按事实婚姻处理，属于 1994 年 2 月 1 日以后的，按解除同居关系处理。本案双方于 2012 年 6 月办理结婚登记，之前双方虽办理结婚仪式，但在当时依据上述规定也只能按同居关系对待。其次，徐某对王某没有性忠实的义务。婚姻忠实的前提，是存在一个合法的婚姻关系。既然双方并非合法的夫妻关系，则王某无权行使婚姻法规定的配偶权利，要求徐某忠实，对自己守贞。第三，徐某在与王某完成结婚登记前，有权另择佳偶。徐某虽与王某举办了婚礼，但婚礼不是法律规定的结婚程序，可有可无，对徐某选择最终的结婚配偶没有法律约束，因此在徐某主观内心看来，其办理结婚登记前仍然有权与他人交往，对性的权利进行自由支配，包括另择他人做结婚登记的配偶，此种行为虽违背社会道德，但并不违反任何现行法律的明确规定。第四，《婚姻法解释（一）》规定补办结婚登记的婚姻关系效力从双方均符合结婚实质要件时起算，其规定的主要目的应当是便于解决夫妻之间的财产及债权债务，避免离婚案件审理的复杂化。但以此认定本案被告徐某与他人发生性关系的时间点因处于婚姻关系存续期间进而推导徐某违反夫妻忠实义务，未免失之简单和片面。笔者认为，认定徐某违反夫妻忠实义务，必须是其有主观过错和故意违法的行为。承前所述，徐某与他人发生性关系时与王某未办理结婚登记，其主观认识上可能存在有权与他人交往并登记结婚而王某从法律上无权干涉其性自由的意识，因此对徐某该行为从法律层面无法追究其主观过错。我国刑法规定，生效的刑法认为是犯罪而生效前的法律不认为是犯罪的，适用当时的法律，生效的刑法对该行为不具有溯及力，即不能对该行为定罪量刑。同理，我们借鉴刑法溯及力的原理来考察徐某的出轨行为，徐某与他人发生性关系时处于法律不禁止的状态，并不受婚姻法的约束，因此不能因为《婚姻法解释（一）》将婚姻的效力溯及自同居时开始而认定徐某承担责任。第五，徐某与他人仅存在隐秘的两性关系，既不属于"婚外"情形，也未达到"同居"的严重程度，故不构成损害赔偿责任。本案判决采纳后一观点，驳回了原告有关精神损害赔偿的请求。

编写人：四川省广安市岳池县人民法院　刘浏

9

外遇与离婚损害赔偿

——詹某某诉杨某离婚案

【案件基本信息】

1. 裁决书字号

湖南省益阳市桃江县人民法院（2014）桃民一初字第 1497 号民事判决书

2. 案由：离婚纠纷

3. 当事人

原告：詹某某

被告：杨某

【基本案情】

原告詹某某与被告杨某于 2002 年下半年经人介绍相识恋爱，2003 年 12 月 13 日生育女孩詹某，2004 年 4 月 17 日办理登记结婚手续，2009 年 3 月 9 日生育男孩詹某俊；婚后原、被告双方发生了一些矛盾，导致夫妻关系不和，被告于 2013 年 3 月外出，期间被告与他人有不正当男女关系；2014 年正月被告回来后再次外出，双方开始分居生活至今，双方分居生活期间，婚生小孩詹某、詹某俊跟随原告方生活；双方在婚姻关系存续期间未添置共同财产，未形成共同债权、债务。

詹某某向法院提供的主要证据有：1. 结婚证两份，欲证明原、被告系合法的夫妻关系。2. 原、被告及其婚生子女的常住人口登记卡各一份，欲证明原、被告及其婚生子女的基本身份信息。3. 桃江县鲊埠回族乡竹基仑村村委证明一份，欲证明杨某于 2014 年正月离家出走后，住址不明的情况。4. 杨某某的书面证言一份，欲证明杨某某与杨某经常有往来，并且知情杨某与他人同居，在外生育小孩的情况。5. 照片六张，欲证明杨某与他人有不正当男女关系，且与他人生育一女孩。6. 证人张某某的证言，欲证明原、被告婚后感情，子女抚养，被告于 2014 年正月外出，与他人同居生活的事实。7. 原告的当庭陈述，欲证明原、被告婚后夫妻感情、子女抚养、分居生活、婚后财产的情况。

被告杨某未向法庭提供证据。

【案件焦点】

本案焦点主要是：被告杨某作为过错方是否有法律义务对原告詹某某进行离婚损害赔偿？

【法院裁判要旨】

湖南省桃江县人民法院经审理认为：原、被告婚后发生了一些矛盾，双方长期分居生活，导致夫妻感情不和，且被告未到庭参加诉讼，双方缺乏和好的基础，夫妻关系已无和好的可能，据此可认定原、被告夫妻感情确已破裂，依法应准予原、被告离婚；在诉讼过程中，双方均同意由原告抚养詹某、詹某俊，由被告每年承担小孩抚养费共计4000元，系双方真实意思表示，符合有关法律的规定，本院予以支持；对于原告要求被告赔偿50000元的诉讼请求，因原告未提供有效证据证实被告与他人同居生活，故对原告的该项诉讼请求，本院不予以支持；据此，根据《中华人民共和国婚姻法》（以下简称《婚姻法》）第三十二条、第三十六条、第三十七条，《中华人民共和国民事诉讼法》第六十四条第一款、第一百四十四条之规定，判决如下：

一、詹某某与杨某离婚；

二、子女抚养：詹某、詹某俊由詹某某负责抚养成年，杨某每年承担詹某、詹某俊抚养费4000元，从2015年1月开始支付至2027年3月，于每年的5月1日前支付当年的抚养费；

三、驳回原告的其他诉讼请求。

【法官后语】

离婚损害赔偿的内容应包括物质损害赔偿和精神损害赔偿。所谓的物质损害赔偿一般包括未经合法配偶方同意，一方在重婚、同居期间赠予与其重婚、同居的第三方的夫妻共同财产或无过错方因其配偶重婚、同居所遭受的其他物质损失。《婚姻法》已明确规定了夫妻可对婚姻存续期间所得的财产归属订立协议，那么在有该财产协议的情况下，重婚方或同居方将其自身的财产赠与与其重婚、同居的第三方的行为应该是有效的，无过错方无权对该部分赠与财产主张权利。但是如果该赠与行为影响到"夫妻间相互扶养义务"的履行时，无过错方仍可以要求过错配偶方赔偿因其不履行扶养义务而给无过错方所带来的物质损失。

精神赔偿，根据《最高人民法院关于确定民事侵权精神损害赔偿责任若干问题的解释》的有关规定，无过错方因婚外恋离婚所主张精神损害赔偿的法律基础是其人格尊严受到了损害。但精神赔偿数额需由侵权人过错程度，侵害手段、场合等具体情节，侵权后果、侵权人的经济能力和受诉法院所在地平均生活水平等众多因素来予以确定。由于我国法律规定的损害赔偿责任都是补偿性质的，因此精神损害赔偿的金额一般不高。

对于对方有外遇能否请求离婚赔偿，根据《最高人民法院关于适用〈中华人民共和国婚姻法〉若干问题的解释（一）》第二条的规定，《婚姻法》第三条、第三十二条、第四十六条规定的"有配偶者与他人同居"的情形，是指有配偶者与婚外异性，以夫妻名义，持续、稳定地共同居住。而原告虽有外遇，但不具有与婚外异性持续、稳定地共同生活的情形，因此，原告不产生赔偿责任。所以，有外遇无赔偿责任。

编写人：湖南省益阳市桃江县人民法院办公室　陈亮

10

《婚姻法》第四十六条情形之外的过错方应否承担精神损害赔偿责任

——杨某某诉侯某某离婚案

【案件基本信息】

1. 裁判书字号

山东省日照市岚山区人民法院（2014）岚民一初字第 689 号民事判决书

2. 案由：离婚纠纷

3. 当事人

原告：杨某某

被告：侯某某

【基本案情】

杨某某与侯某某于 2013 年 11 月经人介绍认识并建立恋爱关系，于 2014 年 1 月 20 日登记结婚，并于 2014 年 2 月 25 日举行结婚仪式。2014 年 3 月，杨某某在侯某某包内发现其与婚外一女子签订的《协议书》一份，内容为："两人真心相爱，为 2015 年可终成眷属，现相互承诺如下：1. 相互理解、相互支持、相互鼓励，有任何事都相互商量；2. 相互保证不做对不起对方的事情，不让任何第三方碰相互的身体；3. 不瞒、不骗，坦诚相待，以保证相互之间有安全感；4. 每周至少见面一次，保证感情升温；5. 双方均不会与第三方出席公共场合，如无法推脱，提前沟通，对方同意方可进行出席；6. 无论任何事都以对方为主；7. 有任何难处都及时与对方沟通，互助解决。本协议一事（式）两份，各执一份，如有违背，不得好死。甲方签字：侯某某，乙方签字：孙某"。随后杨某某又发现侯某某与该女子多次到宾馆同住，杨某某称侯某某对婚姻不忠，其行为给自己身心造成了极大的伤害，起诉要求与侯某某离婚，依法分割夫妻财产，并要求侯某某支付精神抚慰金20000 元。侯某某称该协议系其在结婚前签订，结婚后就与该女子断绝了关系。

杨某某提交自己整理的侯某某与协议中孙姓女子的开房记录，依据杨某某的申请，法院到日照市公安局岚山分局调取侯某某的宾馆住宿记录，发现其在即将结婚时及婚后多次同该女子一同登记住宿于宾馆同一房间。但侯某某认为该证据不足以证实其与婚外女子同居，不应向杨某某支付精神抚慰金。

【案件焦点】

侯某某与婚外女子一同住宿的行为如何定性，是否应向杨某某支付精神抚慰金。

【法院裁判要旨】

山东省日照市岚山区人民法院经审理认为：夫妻之间应当互相忠实，互相尊重。侯某某在双方当事人准备结婚期间及结婚后多次与婚外女子一同到宾馆住宿，结合侯某某与该女子签订的忠诚协议，足以认定其与婚外异性保持不正当关系，侯某某的行为违背了《中华人民共和国婚姻法》（以下简称《婚姻法》）规定的夫妻互相忠诚的义务，致使夫妻感情破裂，故被告对于双方离婚存在过错。侯某某对婚姻不忠的行为，对杨某某造成了一定的精神损害，对于杨某某要求侯某某支付精神抚慰金的请求，本院予以支持。对于赔偿数额，法院酌情认定 5000 元。据此，依照《婚姻法》第三条、第四条、第十八条、第四十六条，《最高人民法院关于适用〈中华人民共和国婚姻法〉若干问题的解释（二）》第十条，《最高人民法院关于确定民事侵权精神损害赔偿责任若干问题的解释》第一条、第十条之规定，判决如下：

一、准予杨某某与侯某某离婚；

二、杨某某的婚前个人财产（除双人床外）归杨某某所有，侯某某的婚前个人财产及双人床一张归被告侯某某所有；

三、侯某某于本判决生效之日起10日内给付杨某某精神抚慰金5000元；

四、驳回杨某某的其他诉讼请求。

【法官后语】

本案处理重点主要在于离婚案件中的一般过错方应否承担精神损害赔偿责任。我国《婚姻法》第四十六条规定，"有下列情形之一，导致离婚的，无过错方有权请求损害赔偿：（一）重婚的；（二）有配偶者与他人同居的；（三）实施家庭暴力的；（四）虐待、遗弃家庭成员的"。"有配偶者与他人同居"，通常的理解是配偶一方较为稳定、持续地与特定的婚外异性保持不正当关系，但是对外不以夫妻名义从事活动。本案中，侯某某多次具有间断性的行为，并不构成"有配偶者与他人同居"。

那么，除《婚姻法》第四十六条所列的四种情形之外的过错行为是否应承担精神损害赔偿责任？本案对此持肯定态度。虽然该条文没有例外条款，但是应当结合司法实践，对于一方确实存在明显过错，给婚姻关系另一方造成较大精神损害的，可以酌情支持精神抚慰金。具体到本案中，双方当事人仅结婚一个月，男方就多次出现出轨行为，未免给沉浸在新婚之喜的女方以沉重的精神打击。现实中，婚姻无过错方举证较为困难，而杨某某积极搜集证据，证明了对方确实存在过错，对此也应当予以支持。

编写人：山东省日照市岚山区人民法院　刘利红

$$\boxed{11}$$

女方与婚外异性生育子女离婚时男方要求
精神损害赔偿不应得到支持

——宋某诉马某离婚案

【案件基本信息】

1. 裁判书字号

山东省东营市利津县人民法院（2014）利民初字第 493 号民事判决书

2. 案由：离婚纠纷

3. 当事人

原告：宋某

被告：马某

【基本案情】

1997 年 3 月份，原告宋某与被告马某相识并自由恋爱。2001 年 1 月 8 日，双方在利津县民政局依法登记结婚。2010 年 7 月 10 日，原告与婚外异性张某生育一男孩，取名马某某。2010 年 8 月 19 日，原、被告与张某签订《协议书》一份，双方协议张某支付马某某抚养费 55000 元，该费用支付之后，孩子与张某无关。协议签订后，张某支付给原、被告 55000 元，孩子由原、被告共同抚养。2010 年 9 月份，因双方发生争吵，原告带孩子马某某回娘家居住，期间被告偶尔回原告处居住。2012 年 4 月 10 日，被告被刑事拘留，后因犯故意伤害罪被判处有期徒刑六年。原告曾于 2013 年 6 月 5 日诉至本院，要求与被告离婚。本院判决不准原、被告离婚，后夫妻关系没有改善。现原告再次提起离婚诉讼，被告不同意离婚。

原、被告均主张在本次离婚诉讼中对财产不作处理。原告主张孩子由其抚养，抚养费自行承担。

被告主张，原告与婚外异性张某生育男孩马某某，被告在 2010 年 7 月 10 日至 2012 年 4 月 10 日期间抚养孩子，如果离婚，被告要求原告支付因抚养孩子支出的费用及精神损害赔偿金共计 100000 元。原告不同意支付被告主张的以上费用。

【案件焦点】

在原、被告婚姻存续期间，原告宋某与婚外异性张某生育子女，离婚时，被告马某主张原告宋某支付精神损害赔偿金应否得到支持。

【法院裁判要旨】

山东省利津县人民法院经审理认为：原告与婚外异性生育一男孩，并带孩子回娘家居住，被告偶尔前去看望，可见夫妻感情已经出现裂痕；被告涉嫌故意伤害罪被判处有期徒刑六年，导致原、被告长期不能共同生活，缺少感情上的沟通；原告已先后两次诉至本院，要求与被告离婚，态度坚决；故可以认定原、被告夫妻感情确已破裂，对原告离婚的诉讼请求，应予准许。原告要求抚养孩子，抚养费自行承担，符合法律规定，予以支持。

被告要求原告支付因抚养孩子支出的费用及精神损害赔偿金共计 100000 元。关于抚养费，被告在明知孩子并非系其与原告所生的情况下，与孩子的亲生父亲张某就孩子的抚养问题进行协商，张某已支付给原、被告抚养费 55000 元，被告要求原告支付因抚养孩子支出的费用，无法律依据，不予支持。关于精神损害赔偿金，《中华人民共和国婚姻法》（以下简称《婚姻法》）第四十六条规定："有下列情形之一，导致离婚的，无过错方有权请求损害赔偿：（一）重婚的；（二）有配偶者与他人同居的；（三）实施家庭暴力的；（四）虐待、遗弃家庭成员的。"本案中，被告要求原告支付精神损害赔偿金，不属于法律规定的情形，不予支持。

山东省利津县人民法院依据《婚姻法》第三十二条之规定，判决如下：

一、准予原告宋某与被告马某离婚；

二、原告宋某之子马某某由原告宋某抚养，抚养费由原告宋某自行承担。

【法官后语】

本案审理的重点主要在于确定离婚案件中精神损害赔偿的适用范围。我国《婚姻法》第四十六条明确规定了离婚精神损害赔偿的适用范围。这一规定从法律上界定了离婚精神损害赔偿的适用范围，只有具备其中之一情形的，无过错方才有权获得损害赔偿，否则不予支持。

审判实践中有观点认为，男女婚姻存续期间，女方与婚外异性生育子女，必然会给男方精神造成损害，造成的损害可能更甚于与他人婚外同居的行为，过错方应给予无过错方精神损害赔偿。该案审理法院认为，既然离婚一方当事人提供的证据不能证明配偶一方重婚或者与他人婚外同居，仅凭与婚外异性生育子女的事实是不能支持其离婚损害赔偿请求的。因为法律的侧重点在于重婚及与他人婚外同居的行为，即制裁的是挑战一夫一妻制的行为。而界定与他人婚外同居行为的客观标准是"不以夫妻名义持续、稳定地共同居住"，这里既要求共同居住的证据，还要求时间上的持续、稳定。不能把与婚外异性生育子女的行为硬性认定为与他人婚外同居。《婚姻法》规定的离婚损害赔偿范围并不涉及其他情形，如通奸、卖淫嫖娼、一夜情等行为。

本案中，被告不能举证证明原告有重婚或与他人婚外同居的行为，且导致双方离婚的原因也不是原告的过错行为，故不属于法律规定的损害赔偿情形，对被告主张的精神损害赔偿不应支持。

编写人：山东省东营市利津县人民法院　于洪伟

12

婚外情是否系离婚损害赔偿的必要条件

——平某某诉黄某离婚案

【案件基本信息】

1. 裁判书字号

四川省成都市武侯区人民法院（2014）武侯民初字第 2910 号民事判决书

2. 案由：离婚纠纷

3. 当事人

原告：平某某

被告：黄某

【基本案情】

原告与被告于 2012 年 9 月 19 日登记结婚，于 2013 年 12 月 21 日生育一子。在夫妻关系存续期间，被告与其他女性有婚外情。2014 年 2 月 24 日，被告到原告母亲家中与原告及其家人发生纠纷。原告认为与被告的夫妻感情确已破裂，诉至人民法院，请求判决离婚以及被告支付原告精神损失费 50000 元，并要求处理子女抚养和财产分割。在庭审过程中，原告提交在被告电脑中获取的被告与案外人的床照、被告与案外人的出游图片等证据，拟证明被告与其他女性同居的事实，要求被告支付原告精神损失费；被告认为床照的取证方式不合法，且对出游图片的关联性有异议，请求驳回精神损失费的主张。

【案件焦点】

婚外情是否系离婚损害赔偿的必要条件。

【法院裁判要旨】

四川省成都市武侯区人民法院经审理认为：原告平某某与被告黄某缺乏夫妻间的交流、沟通与信任，导致夫妻关系不睦。被告在婚姻关系存续期间与其他异性发生婚外情激化了原、被告双方之间的矛盾，原告遂起诉离婚，被告同意离婚。上述事实足以证明双方当事人夫妻感情确已破裂，故本院对原告提出离婚的诉讼请求予以支持。关于原告平某某主张精神损失费的问题，本院认为，虽然被告有婚外情的行为，该行为也在一定程度上破坏了婚姻关系，但原告提供的证据不足以证明被告与婚外异性持续、稳定地共同居住，故该行为不属于《中华人民共和国婚姻法》（以下简称《婚姻法》）第四十六条规定的法定事由，因而被告不具有离婚损害赔偿意义上的过错，故本院对原告平某某要求精神损失费的主张不予支持。

成都市武侯区人民法院依据《婚姻法》第三十二条、第四十六条以及《中华人民共和国民事诉讼法》第一百四十八条之规定，判决：

一、准许原告平某某与被告黄某离婚；

二、驳回原告平某某关于精神损失费的诉讼请求。

【法官后语】

婚外情是否系离婚损害赔偿的必要条件？《婚姻法》第四十六条将离婚损害赔偿的范围严格限定在四种情形之内，即重婚，有配偶者与他人同居，实施家庭暴力，虐待、遗弃家庭成员。上述四种情形常因误读而被人为扩大。

在实践中，一方当事人认为只要对方存在对婚姻不忠的行为即可请求损害赔偿。而考究《婚姻法》第四十六条规定的无过错方有权请求损害赔偿的情形，均以行为为界限，该行为方式已被法律固定，是离婚损害赔偿的法定事由，不得人为泛化理解。婚外情等行为不必然等同于"重婚"或"与他人同居"。区分三者可从其概念入手。根据司法解释的相关规定，"有配偶者与他人同居"的情形，是指有配偶者与婚外异性，不以夫妻名义，持续、稳定地共同居住。重婚是指有配偶者未办理离婚手续又与他人登记结婚，或者没有登记结婚而与他人以夫妻名义持续同居形成事实上的非法婚姻的行为。广义的婚外情是指夫妻一方，与婚外异性发生超出友谊的关系。可见，婚外情的范围大于"有配偶者与他人同居"和重婚。有的婚外情的情况，譬如"一夜情"、临时姘居，便不属于《婚姻法》第四十六条规定的与他人同居和重婚的情形。亦即，婚外情等行为未发展为与他人同居或重婚的，即使对方有过错，一方当事人也不得请求离婚损害赔偿。在实务中，法官将对证据进行综合评价，从过错方与第三者相处方式、接触地点、时间长短以及是否生育子女等方面综合界定当事人的过错行为属于"婚外情"还是"与他人同居"，从而判断能否达到离婚损害赔偿的法定条件。

编写人：四川省成都市武侯区人民法院　车小娇

二、婚约财产纠纷

13

离婚纠纷中关于彩礼、礼金、"改口费"等的定性与处理

——张某诉王某离婚案

【案件基本信息】

　　1. 裁判书字号

　　北京市顺义区人民法院（2014）顺民初字第 08666 号民事判决书

　　2. 案由：离婚纠纷

　　3. 当事人

　　原告：张某

　　被告：王某

【基本案情】

　　张某与王某经人介绍相识，于 2013 年 5 月 1 日订婚。王某分别于 2013 年 5 月 1 日、2013 年 10 月 1 日共计给付张某 56000 元。2013 年 11 月 18 日，张某与王某办理了婚姻登记手续，后举办了婚礼。在婚礼上，王某父母给付张某"改口费"10001 元，张某父母给付王某"改口费"9999 元，均由张某保管持有。婚礼当天，王某和张某共收到亲友礼金 11000 元，亦由张某持有。婚后，因王某身体患有疾病，双方无法过夫妻生活。2014 年 5 月，张某以双方认识时间较短缺乏感情基础、王某患病无法过正常夫妻生活为由，起诉要求与王某离婚，并要求对婚后共同财产予以分割。

审理中，双方均同意离婚，对家电等夫妻共同财产分割亦无争议，但对彩礼的返还、"改口费"及收到礼金的定性及处理分歧较大。

王某认为，虽然张某与自己办理了婚姻登记手续，但张某婚后长期在外居住，总共回家十余次，且从未有过夫妻性生活，因此双方实际上并未形成共同生活的事实，张某应返还彩礼 56000 元和"改口费"。出席婚礼的主要是自己的亲友，礼金也是己方亲友给的，张某亦应返还。

张某认为，双方已办理了婚姻登记手续，是因为王某自身原因无法过夫妻生活才导致双方离婚，按照法律规定无需返还其给付的彩礼。"改口费"是赠与本人的，不应返还。至于礼金，已经用于操办结婚事务及其他日常生活开支等，现在已经花完了，因此也不应再予以返还。

【案件焦点】

1. 双方婚后未有夫妻生活，离婚时一方应否返还另一方彩礼？ 2. 婚礼当天双方父母给付对方的"改口费"的法律定性及如何处理？ 3. 结婚登记后、举行婚礼过程中收到亲友的礼金的法律定性及如何处理？

【法院裁判要旨】

北京市顺义区人民法院经审理认为，王某于婚前给付张某的 56000 元，与双方缔结婚姻关系密切相关，显然属于彩礼。本案中，张某与王某婚后未有过夫妻生活，并且根据证人的证言，张某也不经常在家居住。因此考虑到双方的感情稳定程度、结婚时间的长短、生活联系的紧密度等因素，本院酌情确定张某返还王某彩礼 20000 元。对于王某要求返还的改口费 9999 元，性质上应当属于张某父母对王某的个人赠与，属于王某的个人财产，张某应当返还王某。至于涉案的礼金 11000 元，该礼金属于亲友对于王某及张某双方的赠与，应属于夫妻共同财产，王某有权予以分割。但张某称该礼金已经用于双方日常消费，而王某也未能举证证明该礼金 11000 元现尚存在，因此，其要求返还该礼金的请求不予支持。关于家电等共同财产的分割，庭审中双方已达成一致意见，本院照准。综上所述，依照《中华人民共和国婚姻法》第十七条、第三十一条，《最高人民法院关于适用〈中华人民共和国婚姻法〉若干问题的解释（二）》第十条第（二）项之规定，判决：

一、准予原告张某与被告王某离婚；

二、被告王某于本判决生效之日起 7 日内将海尔电视机、科龙空调、小天鹅洗衣机、沙发、电视柜、梳妆台、茶几、衣柜给付原告张某；

三、原告张某返还被告王某彩礼 20000 元、改口费 9999 元，均于本判决生效之日起 7 日内执行；

四、驳回原告张某、被告王某的其他诉讼请求。

判决后，双方均未上诉，现已生效。

【法官后语】

本案是一起在离婚时，对基于风俗习惯双方在婚姻关系成立前后的各种金钱给付产生争议的案件。本案争议主要有三点：

一、婚前给付的彩礼，离婚时如何处理

本案中，王某婚前给付张某的 56000 元应当认定属于彩礼范畴，双方对此亦都认可，争议在于是否应当返还。依据《最高人民法院关于适用〈中华人民共和国婚姻法〉若干问题的解释（二）》第十条规定："当事人请求返还按照习俗给付的彩礼的，如果查明属于以下情形，人民法院应当予以支持：（一）双方未办理结婚登记手续的；（二）双方办理结婚登记手续但确未共同生活的；（三）婚前给付并导致给付人生活困难的。适用前款第（二）、（三）项的规定，应当以双方离婚为条件。"本案王某与张某已办理结婚登记手续，因此认张某是否应当返还彩礼关键在于二人是否"共同生活"的认定。关于"共同生活"的认定，审判实践中除考虑夫妻是否居住于共同的住所外，大体还包括以下几个方面：（1）夫妻间的性生活；（2）夫妻共同的精神生活，主要是基于配偶身份的相互理解和慰藉；（3）夫妻履行相互扶助的义务；（4）夫妻共同承担对其他家庭成员所负的义务。本案中，双方均认可没有夫妻性生活，且证人可以证实婚后张某很少回家居住，应当说双方关于夫妻共同的精神生活及相互扶助的义务均非常有限，可以认定双方并未形成真正意义的夫妻共同生活。由此，张某应当返还王某彩礼，至于返还的数额，考虑并非张某不愿意与王某共同生活，而是因为王某自身身体原因客观上导致无法履行夫妻义务，并进而影响了夫妻感情导致离婚，故法院判决返还部分彩礼是适当的。

二、婚礼当天双方父母给付对方的"改口费"的法律定性及如何处理

根据北京农村地区的习俗，双方结婚除了进行结婚登记，往往还要举行婚礼。在婚礼上，双方父母会给付另一方一定数额的金钱名为"改口费"。所谓"改口费"即双方要改变以往"叔叔"、"阿姨"的称呼，叫对方父母为"爸爸"、"妈妈"。"改口费"一般数额相对固定，男方父母给付女方 10001 元，寓意"万里挑一"，女方父母给付男方 9999 元，寓意"天长地久"。从法律性质上分析，"改口费"涉及双方家庭的相互给付，不属于彩礼范畴，但亦与缔结婚姻关系密切相关，象征着结婚双方及双方父母在情感和家庭角色的相互接纳与承认，是一方父母基于特殊身份关系赠与另一方的，应属于另一方个人财产。依据上述分析，本案中，王某父母给付张某的"改口费"10001 元，是赠与张某个人的，王某无权要求返还。张某父母给付王某的"改口费"9999 元，是赠与王某个人的，属于王某的个人财产，该款一直由张某持有保管，王某有权要求返还。本案审理中，王某起初要求返还其父母给付张某的"改口费"10001 元，后又变更请求，要求返还张某父母给付其的"改口费"9999 元，法院判决予以支持是正确的。

三、登记结婚后、举行婚礼过程中收到亲友的礼金的法律定性及如何处理

如果说登记是履行法律意义上的程序的话，依据习俗举办的婚礼在某种程度上就是履行一种社会意义上的对外公示程序。在婚礼上，双方亲友会到场祝贺，并赠与一定数额的金钱名曰礼金（有的地方也称"份子钱"）。礼金是表示对结婚男女双方的祝福，除非给付者明确表明只赠与一方，不管是哪一方的亲友给付的礼金，均应是对男女双方的赠与，而非对一方的赠与，应属于夫妻共同财产。对此，《最高人民法院关于人民法院审理离婚案件处理财产分割问题的若干具体意见》亦有明确规定。该意见第五条规定："已登记结婚，尚未共同生活，一方或双方受赠的礼金、礼物应认定为夫妻共同财产，具体处理时应考虑财产来源、数量等情况合理分割。"本案中，王某以礼金是结婚当天己方亲友给付为由，认为属于个人财产，要求张某返还，显然不能成立。但王某有权主张分割属于夫妻共同财产的礼金，前提是礼金尚存在。本案中，张某称礼金已用于日常消费，且提供了部分票据，考虑夫妻对共同财产有平等的处理权，涉及消费的礼金数额亦不大，王某不能证明礼金尚有剩余，法院驳回王某要求返还或分割礼金的请求是适当的。

编写人：北京市顺义区人民法院　宋素娟

14

日常生活经验法则在彩礼认定中的适用

——张某诉周某某婚约财产案

【案件基本信息】

1. 裁判书字号

山东省淄博市中级人民法院（2014）淄民一终字第671号民事判决书

2. 案由：婚约财产纠纷

3. 当事人

原告（上诉人）：张某

被告（被上诉人）：周某某

【基本案情】

2013年8月1日，案外人赵某某通过银行转账转入被告周某某账户现金41801元，后原告张某起诉要求被告返还彩礼41801元。

二审组织双方当事人与案外人赵某某就被上诉人主张的借贷关系进行调查质证。张某提交户口本欲证明其与赵某某之间的母子关系，周某某对此并无异议。周某某提交案外人苑某某身份证复印件和书面声明一份，欲证明其向张某之母赵某某出借的41801元款项，其中2万元系其自苑某某处借出，且在赵某某向其还款后，其与苑某某一起去银行取款并于当天偿还了苑某某2万元。张某及案外人赵某某对借款事实均不予认可。双方均认可当事人之间于2013年8月6日订婚，于2013年8月7日解除婚约。

【案件焦点】

涉案41801元应否认定为彩礼。

【法院裁判要旨】

山东省淄博市临淄区人民法院经审理认为：原告虽然提供案外人赵某某向被告转账的证据，但不能证明该款是原告本人所有，也未证明是其借用案外人账户进行转款，其提供的证据不能证明该款是其支付给被告的彩礼，故对原告的诉讼请求，本院不予支持。

山东省淄博市临淄区人民法院依据《中华人民共和国民事诉讼法》（以下简称《民事诉讼法》）第六十四条，《最高人民法院关于民事诉讼证据若干问题的规定》（以下简称《民事证据规定》）第二条之规定，作出如下判决：

驳回原告张某的诉讼请求。

张某持原审意见提起上诉。山东省淄博市中级人民法院经审理认为：双方当事人对 2013 年 8 月 1 日上诉人张某之母赵某某通过银行转账转入被上诉人周某某账户 41801 元的事实均无异议，但对该笔款项的性质产生争议。被上诉人主张该笔款项系其向赵某某出借的借款，转账行为只是赵某某偿还借款的行为，但被上诉人并未能提交有效证据证明其与赵某某之间存在真实有效的民间借贷关系，而 2013 年 8 月 1 日发生涉案转账，上诉人与被上诉人于 2013 年 8 月 6 日举行了订婚仪式，前后事件具有关联性，且我国自古有由父母支付彩礼款的风俗习惯，以及双方均认可的 10001 元、31800 元在临淄本地分别代表的彩礼款寓意，故涉案 41801 元认定为彩礼款更符合生活常理及证据认证规则。综上，上诉人的上诉理由成立，本院依法予以支持。

山东省淄博市中级人民法院依照《最高人民法院关于适用〈中华人民共和国婚姻法〉若干问题的解释（二）》第十条，《民事证据规定》第二条，《民事诉讼法》第一百六十九条、第一百七十条第一款第（二）项、第一七十五条之规定，作出如下判决：

一、撤销山东省淄博市临淄区人民法院（2014）临民初字 335 号民事判决；

二、被上诉人周某某于本判决生效后 10 日内返还上诉人张某彩礼款 41801 元。

【法官后语】

按照我国传统的婚姻缔结程序，一方在婚姻约定初步达成时向另一方赠送聘金、聘礼，一般称之为彩礼，这样的习俗一直延续至今，在广大农村则保留得更为普遍。随着社会经济的不断发展和人们物质生活水平的不断提高，各地彩礼的金额也逐步攀升，如果双方在登记结婚前解除婚约，经常因彩礼是否应该返还以及返还的数额产生矛盾，诉诸法院的案件也逐渐增多。本案中，双方当事人均认可2013年8月1日原告之母赵某某通过银行转账转入被告周某某账户41801元，原被告于2013年8月6日订婚，于2013年8月7日解除婚约。本案特殊之处在于双方当事人对该笔款项的性质产生争议。该41801元是否为彩礼，若是彩礼按法律规定无疑应予返还。

彩礼是以缔结婚姻关系为目的给付财务。具体而言，彩礼认定应当根据当地的民风民俗、双方财务往来的名义和对象以及给付时的心理状态等因素综合判断：一是财务往来是否符合当地给付彩礼的风俗。大多数地方彩礼的数额一般大于其他日常财物往来的数额且数字比较吉利；给付彩礼有时也会有一定的外在表现形式，如由婚姻介绍人转交或在举行订婚仪式宴请亲朋好友时直接交付；有些地方彩礼有固定的构成种类，如现金、首饰、箱包等。二是财物往来的名义及对象。彩礼给付的主体一般为男方或男方近亲属（主要是男方父母）。在农村中为完成婚姻大事，男方及其亲属往往不遗余力，当男方本人无力独立承担彩礼费用时，其父母兄弟姐妹等近亲属鼎力相助也是常事，但当彩礼对外赠送时，则一般以男方家庭名义或男方个人名义。彩礼给付的对象则相对简单，一般为女方家庭或女方个人。三是财物往来时的心理状态。给付彩礼的目的是希望与对方缔结婚姻关系。如果一方为表达情意、增进感情而赠与另一方的财物，没有附其他条件，与是否结婚无关，则不应属于彩礼的范围。按照《民事诉讼法》"谁主张，谁举证"的原则，婚约财产纠纷中，财产给付方应当就其给付的财产是彩礼及相应的数额承担举证责任，如果不能证明，应当承担不利后果。

《民事证据规定》第六十四条规定，审判人员应当依照法定程序，全面、客观地审核证据，依据法律的规定，遵循法官职业道德，运用逻辑推理和日常生活经验，对证据有无证明力和证明力大小独立进行判断，并公开判断的理由和结果。第六十六条规定，审判人员对案件的全部证据，应当从各证据与案件事实的关联程度、各证据之间的联系等方面进行综合审查判断。2015年2月4日施行的《最高人民法院关于适用〈中华人民共和国民事诉讼法〉的解释》第九十条规定："当事人对自己提出的诉讼请求所依据的事实或者反驳对方诉讼请求所依据的事实，应当提供证据加以证明，但法律另有规定的除外。在作出判决前，当事人未能提供证据或者证据不足以证明其事实主张的，由负有举证证明责任的当事人承担不利的后果。"第一百零五条规定，人民法院应当按照法定程序，全面、客观地审核证据，依照法律规定，运用逻辑推理和日常生活经验法则，对证据有无证明力和证明力大小进行判断，并公开判断的理由和结果。第一百零八条规定，对负有举证证明责任的当事人提供的证据，人民法院经审查并结合相关事实，确信待证事实的存在具有高度可能性的，应当认定该事实存在。对一方当事人为反驳负有举证证明责任的当事人所主张事实而提供的证据，人民法院经审查并结合相关事实，认为待证事实真伪不明的，应当认定该事实不存在。

本案中，被告主张该笔款项系其向原告之母出借的借款，转账行为只是赵某某偿还借款的行为，被告提供的证据为案外人苑某某身份证复印件和书面声明一份，欲证明其向原告之母赵某某出借的41801元款项，其中2万元系被告自苑某某处借出，且在赵某某向其还款后，其与苑某某一起去银行取款并于当天偿还了苑某某2万元。但原告及其母亲赵某某对借款事实均不予认可。按照证据规则，被告要证明其与原告之母之间存在民间借贷关系，就要提供类似借据等债权凭证，详细陈述借贷的细节，包括借贷金额的多少、支付凭证、支付能力、交易习惯、当事人之间的关系，在对方否认借贷事实的情况下，其提供的证据能足以让法官产生内心确信。但被告仅提供了案外人苑某某身份证复印件和书面声明，证据资格和证据效力暂且不论，关键是远远达不到民间借贷事实成立的证明要求。相反，原告的证据证明，2013年8月1日发生涉案转款，原、被告于2013年8月6日举行了订婚仪式，前后事件具有关联性，且我国自古有由父母支付彩礼款的风俗习惯，以及双方均认可的10001元、31800元在临淄本地分别代表的彩礼款寓意，前者意为"万里挑一"，后者意为"三家一起发"。此外，在临淄本地，还有"万紫千红一片绿"（1万张5元 $10000 \times 5 = 50000 + 1$ 千张100元 $1000 \times 100 = 100000 + 1$ 张50元或不少于1张1元 $1 \times 50 = 50$，总计150050元），"一动不动"（一套房子一辆轿车）的彩礼讲究。二审认定涉案41801元为彩礼款更符合生活常理及证据认证规则，无疑更具说服力，体现了法官的证据认证能力。这里，二审法官在认定争议款项的性质时，准确运用了日常生活经验法则，对判断类似彩礼这样的需要考虑日常生活经验法则的证据无疑具有借鉴意义。

编写人：山东省淄博市临淄区人民法院　刘海红

15

彩礼与过错损害赔偿的认定

——刘某某诉戴某某离婚案

【案件基本信息】

1. 裁判书字号

湖南省益阳市中级人民法院（2014）益法民一终字第 433 号民事判决书

2. 案由：离婚纠纷

3. 当事人

原告（上诉人）：刘某某

被告（上诉人）：戴某某

【基本案情】

刘某某与戴某某于 2012 年 7 月网上相识，同年 9 月 4 日办理结婚登记手续，同年 12 月 4 日按农村习俗举办婚礼，2013 年 4 月 6 日生育男孩戴某翔；刘某某曾于 2013 年 4 月 23 日向法院起诉与戴某某离婚，判决不准离婚后，双方夫妻关系未得到改善；在婚姻关系存续期间，双方未添置共同财产，亦未形成共同债权、债务；诉讼中，戴某某提交了由其母亲李某香出具的四份借条及四位证人证言用以证明给付了刘某某结婚彩礼 70000 余元，刘某某认可戴某某给付的结婚彩礼为 10800 元，并提出婚前给付了戴某某的母亲 5000 元红包，但刘某某未提供证据予以证实；戴某某还提出婚后双方未在一起共同生活，刘某某提出婚后双方有在其娘家共同生活过，但刘某某未提供证据予以证实。另查明，双方均认可戴某翔与戴某某无血缘关系，戴某某婚后构成了精神残疾。

【案件焦点】

彩礼数额如何认定；戴某某的精神损害赔偿请求可否得到支持。

【法院裁判要旨】

湖南省桃江县人民法院经审理认为：关于彩礼数额的认定，本案中，戴某某父母按习俗给付刘某某购买金器的现金、送喜日支付的现金、打发的费用等 41700 元，皆发生于结婚前、结婚时，且与结婚目的紧密相联，故该部分费用属于彩礼的范围，原审仅认定男方给付女方用于购买金器的现金 10800 元为彩礼不当，应当予以纠正。但逢年过节、小孩满月设宴等所支付的礼金，因该支出发生于双方登记、举办婚礼之后，也与婚姻的缔结不具有直接关联性，故该部分支出不应视为彩礼的范围。

关于戴某某的精神损害赔偿是否应得到支持。《中华人民共和国婚姻法》（以下简称《婚姻法》）第四条规定，夫妻应当互相忠实，互相尊重，互相帮助。本案中，刘某某违背社会公序良俗，隐瞒婚前与他人同居并怀孕的事实，婚后生育与他人同居期间怀孕的小孩，违背婚姻双方互负的忠实义务，构成二级精神伤残，刘某某依法应承担一定的精神损害赔偿责任。原审未予认定精神损害赔偿不当。综合本案的实际情况，可以酌定刘某某对戴某某承担 15000 元的精神损害赔偿责任。戴某某上诉提出刘某某应承担精神损害赔偿责任的理由成立，应当予以支持。

湖南省桃江县人民法院作出判决：准予刘某某与戴某某离婚；戴某翔由刘某某抚养成年，小孩抚养费由刘某某自行承担；刘某某返还戴某某结婚彩礼 10800 元；刘某某给予戴某某经济帮助 20000 元。宣判后，刘某某、戴某某均提出上诉，湖南省益阳市中级人民法院于作出民事判决，判决：维持湖南省桃江县人民法院（2014）桃民一初字第 443 号民事判决中关于婚姻关系与小孩抚养问题的处理；变更湖南省桃江县人民法院（2014）桃民一初字第 443 号民事判决关于彩礼的处理：刘某某返还戴某某结婚彩礼 20850 元；变更湖南省桃江县人民法院（2014）桃民一初字第 443 号民事判决关于经济帮助的处理：刘某某给予戴某某经济帮助 5000 元；增加精神损害赔偿的规定：刘某某支付戴某某精神损害赔偿 15000 元。

【法官后语】

一、关于彩礼的认定

《最高人民法院关于适用〈中华人民共和国婚姻法〉若干问题的解释（二）》中，规定了彩礼可予以返还的情形，但对什么是彩礼及如何来认定彩礼未作进一步的规范。其一，彩礼不限于礼金，可以是价值较大的任何财物形态。其二，彩礼的给付目的，是为了婚姻的缔结。即彩礼一般为婚姻缔结前后（婚礼举办前后），与婚姻缔结紧密相联。其三，彩礼的给付对象包含女方或女方家属，且财物的价值需较大。故，彩礼的认定，首先是依据当地的风俗习惯，然后综合考虑给付的财物价值大小与婚姻缔结的紧密性，不限定给付的财物形态与给付对象。

二、关于"夫妻应当互相忠实，互相尊重"的理解

夫妻关系虽属于法律关系，由婚姻法进行规范，但因传统礼法的影响，在处理婚姻关系时，不仅要依据婚姻法的规定，也应尊重传统公德与当地良俗。我们认为，夫妻忠实义务，体现为双方相互之间的感情坦诚与忠心，双方从婚姻缔结时起，均需保持感情的纯洁性，在缔结之前与一方与他人之间关系的行为，属于婚前个人隐私的权利范畴，行为人无须向对方告知该隐私，所以一般也不构成违反忠诚的义务。但本案中，隐瞒与他人怀孕的事实，是违反夫妻之间诚实义务的，且本案中，女方是明知怀有他人身孕，却刻意进行隐瞒，主观上是故意的，虽然每个人都享有隐私权，但隐私权的行使不能对抗社会的一般公序良俗与人伦，需符合一般的社会公德的认同。因此，忠实义务的认定可以扩大适用于婚姻缔结前。

三、关于离婚案件中损害赔偿的法律适用问题

我国《婚姻法》第三条、第四十六条明确四种可主张损害赔偿的法定情形。但是，实践中有人认为拘泥于该条款进行的排外解释，在解释方法上存在一定的局限性，也不符合《婚姻法》第四十九条明确规定了其他法律对有关婚姻家庭的违法行为和法律责任另有规定的，依照其规定。且在民事实务领域，法律的解释方法中并不否认类推解释的适用，将其他严重违反社会公德、基本伦理，破坏婚姻关系稳定性的与法律明确的禁止性行为具有相当性的行为，解释为可主张损害赔偿的情形，并不违反民事法律的解释方法。因此，对这类侵害夫妻一方对婚姻的合理信赖和破坏夫妻感情纯洁性的行为，在法律依据上，均可以违反《婚姻法》第四条规定的忠实义务，作为请求权基础，行使损害赔偿请求权。至于是否在立法上对《婚姻法》第四十六条增设其他情形的兜底条款，需进一步探讨。

四、参照适用本案例时应注意的问题

婚姻案件的处理，除遵守法律的规定外，应多关注传统礼俗对婚姻关系的调节，对于严重违背婚姻公德，违反社会诚信原则，不尊重、无视婚姻严肃性行为，

法律上须进行否定性的评价。婚姻事项的处理，必须尊重传统公德，一定程度上引导社会正确婚姻观念的树立，尊重、珍视婚姻，惩处以获取财物为目的的不良婚姻观。

编写人：湖南省益阳市中级人民法院　贾云卫

16

"彩礼"的认定及以结婚为前提的赠与的返还

——邹某诉曾某某离婚案

【案件基本信息】

1. 裁判书字号

福建省厦门市中级人民法院（2013）厦民终字第 2277 号民事判决书

2. 案由：离婚纠纷

3. 当事人

原告（被上诉人）：邹某

被告（上诉人）：曾某某

【基本案情】

原、被告于 2010 年 11 月 13 日经人介绍认识，2010 年 11 月 17 日确立恋爱关系，2011 年 11 月 11 日办理结婚登记手续。2011 年 12 月，原告给被告现金 18000 元及首饰两套（铂金首饰、黄金首饰各一套，每套含戒指、手镯、项链、耳环），目前，除铂金的耳环和戒指在原告处，其余的首饰均在被告处。原、被告决定于 2012 年 1 月 9 日在厦门海景千禧大酒店举行婚礼，并于 2011 年 6 月 28 日与酒店就举办婚宴事宜签定了协议，被告交纳了定金 2000 元。原、被告婚前感情尚好，后因琐事及婆媳关系等发生争执。原定 2012 年 1 月 9 日举行的婚礼因被告（于 2012 年 1 月 7 日告知原告）取消而未如期举行（被告 2012 年 1 月 8 日电话通知酒店）。2012 年 1 月 10 日，原、被告与酒店办理了违约手续，原告向酒店支付了违约金

19467 元（含被告支付的定金 2000 元）。此后至今，原、被告仅在 2012 年 12 月 22 日见过一次面，就未再见面，通过短信和 QQ 联系。原告曾于 2012 年 5 月 24 日诉至本院要求与被告离婚，本院于 2012 年 7 月 10 日以原、被告双方感情尚未完全破裂为由作出福建省厦门市思明区人民法院（2012）思民初字第 6513 号民事判决书，驳回原告的诉讼请求。判决后，原、被告夫妻关系未改善，现原告于 2013 年 3 月 4 日再次起诉至本院。审理过程中，被告为证明其与原告自 2011 年 1 月起已开始共同生活的主张提供了如下证据：1. 原告与被告 2011 年 4 月、7～8 月 QQ 聊天记录；2. 原、被告在龙岩生活的照片；3. 原告与被告 2011 年 2～12 月 QQ 聊天记录；4. 原、被告在厦门生活的照片。原告认为，被告提交的该组证据只能证明婚前交往和恋爱期间的事情，不能证明原、被告双方已经共同生活。

【案件焦点】

原告交付给曾某某的 18000 元及两套首饰是否应当返还？

【法院裁判要旨】

福建省厦门市思明区人民法院审理认为，原、被告自 2012 年 7 月 10 日本院作出驳回原告离婚诉讼请求的判决后，至今夫妻双方感情仍没有得到改善，感情确已破裂。现原告要求离婚，被告亦同意，故本院予以照准。被告提交的证据不足以证明其与原告自 2011 年 1 月起已开始共同生活。根据有关规定，原告给被告礼金现金 18000 元及首饰，被告应予返还。故原告要求被告返还彩礼现金 18000 元及铂金首饰、黄金首饰各一套（其中黄金首饰为戒指一个、手镯一个、项链一条、耳环一对，铂金首饰为手镯一个、项链一条），本院予以支持。关于取消婚宴违约金，系原、被告双方婚后共同到酒店办理的，虽为原告缴纳违约金，但无法证明系原告个人财产支出，故原告要求被告支付取消婚宴违约金的诉求，缺乏依据，本院不予支持。据此，依照《中华人民共和国婚姻法》第三十二条第二款、第三款，《最高人民法院关于适用〈中华人民共和国婚姻法〉若干问题的解释（二）》第十条，《中华人民共和国民事诉讼法》第六十四条第一款及《最高人民法院关于民事诉讼证据的若干规定》第二条的规定，判决如下：

一、准予原告邹某与被告曾某某离婚；

二、被告曾某某应于本判决生效之日起七日内向原告邹某返还礼金 18000 元及铂金首饰、黄金首饰各一套（其中黄金首饰为戒指一个、手镯一个、项链一条、耳环一对，铂金首饰为手镯一个、项链一条）；

三、驳回原告邹某的其他诉讼请求。

判决后，被告曾某某不服，提起上诉。

福建省厦门市中级人民法院经审理认为：所谓的"彩礼"，通常指的是以结婚为目的，婚前男方给付女方的财物，是一种民间的风俗。而根据本案查明的事实，双方于 2011 年 11 月 11 日办理结婚登记手续，2011 年 12 月，邹某将现金 18000 元及两套首饰交给曾某某，双方还决定于 2012 年 1 月 9 日在酒店举行婚礼。从上述事实结合厦门本地的风俗看，邹某交给曾某某的现金 18000 元及首饰，均不应视为"彩礼"。其中，现金 18000 元应视为男方交给女方筹备婚礼的部分费用，由于双方已经着手筹办婚礼，邹某要求曾某某返还这笔款项，显然不合情理。关于首饰问题，邹某将两套首饰交给曾某某，应当认定为一种带有以结婚为前提的赠与行为。赠与的形成通常是建立在双方之间一种特殊关系的基础之上，从理论上讲，动产的赠与，只要交付即可成立，而这种以结婚为前提的赠与行为，与一般的赠与相比，更显特殊性。尤其本案赠与的时间点上，更处在结婚登记之后，婚礼办理之前，并且，双方在婚礼办理之前就发生了离婚争议，使本案涉及物品的属性以及是否应当返还，更具争议性。单纯从法律角度讲，男女双方只要依法进行婚姻登记，婚姻关系就成立，就是法律意义上的夫妻关系，相互间的物品赠与，也只要交付就成立。但是，由于上述所说的特殊性，从物品的交付至双方的离婚争议发生的时间相距甚短，甚至婚礼的举办也因双方的争议而取消。因此，在双方确认不再延续婚姻关系的情况下，赠与一方要求返还这种带有以结婚为前提的首饰物品是应当得到支持的。

综上，原审查明的事实清楚，但部分判决不妥，应予以纠正；上诉人的部分上诉请求，本院予以采纳。依照《中华人民共和国民事诉讼法》第一百七十条第一款第（一）、（二）的规定，判决如下：

一、维持厦门市思明区人民法院（2013）思民初字第 3245 号民事判决第一、三项；

二、变更厦门市思明区人民法院（2013）思民初字第 3245 号民事判决第二项为：上诉人曾某某应于本判决生效之日起七日内返还被上诉人邹某铂金首饰、黄金首饰各一套（其中黄金首饰为戒指一个、手镯一个、项链一条、耳环一对，铂金首饰为手镯一个、项链一条）；

三、驳回上诉人曾某某的其他上诉请求。

本案二审案件受理费123元，由上诉人曾某某和被上诉人邹某各负担61.5元。

本判决为终审判决。

【法官后语】

该案例焦点为已经婚姻登记后举办婚礼前的离婚诉讼中婚约财产是否应当返还。认定是否返还的关键在于对婚约财产性质的分析，首先要界定是否属于"彩礼"的范畴，如果属于彩礼，则分析是否属于婚姻法及司法解释所规定的应当返还的情形，如果不属于彩礼的婚约财产，则应视为赠与。对于"彩礼"的认定应从是否基于婚约之目的以及是否符合当地风俗习惯两个因素来考量。而在婚姻缔结过程中的赠与又区分为以结婚为目的的赠与和一般赠与，前者的赠与不是单纯地以无偿转移财产为目的，而是一种附条件的赠与，目的在于缔结婚姻关系。对于以结婚为目的的赠与，因其系附条件赠与，一旦条件不成立，受赠人取得赠与财产即失去合法依据，赠与的财产应恢复到订立婚约前的状态，应当予以返还；后者系普通赠与，根据合同法规定，其特征是一方将自己的财产无偿转移给对方，但以不含有等价、有偿或解除某种关系为前提，如在婚姻缔结过程中双方互赠的节日礼物等。这种赠与除非符合法定的可撤销赠与情形，不得请求返还。但是对于消费性的赠与，无论是否以结婚为目的均不能要求返还，如在操办酒席、准备婚礼的过程中所花费的财物，不能要求返还。值得注意的是，本案争议发生的时间点是在婚姻登记后举办婚礼前，因此，不能将"以结婚目的"的"结婚"单纯理解为进行结婚登记，而应从婚姻缔结的整个过程、从双方是否以建立并维系婚姻关系为目的等因素综合认定，这也符合婚姻法及司法解释所追求的公平合理的司法理念。

编写人：福建省厦门市思明区人民法院　冯莉平

17

证人证言能否作为解除婚约后彩礼返还的认定依据

——周某某诉高某某婚约财产案

【案件基本信息】

1. 裁判书字号

河北省唐山市滦南县人民法院（2014）滦民初字第 646 号民事判决书

2. 案由：婚约财产纠纷

3. 当事人

原告：周某某

被告：高某某

【基本案情】

原、被告于 2012 年 2 月份经姚某某介绍相识。相识后，经姚某某手原告给付被告父母彩礼款 85000 元。后被告与原告按原告方风俗办理了结婚仪式并共同生活（未进行婚姻登记）。后因生活琐事，原、被告发生纠纷，被告回娘家居住至今未归。2014 年 1 月 21 日，原告起诉要求被告返还彩礼款 85000 元。

原告主张原、被告经人介绍相识，后按青龙的习俗办理了结婚仪式，但双方未办理结婚登记手续。在办完结婚仪式后被告向其索要大量彩礼，经介绍人之手的彩礼达 85000 元，因被告不再与其共同生活，遂起诉要求被告返还彩礼 85000 元，因为原告是本着与被告结婚为目的而给付了被告彩礼 85000 元，双方最终因发生纠纷没有缔结婚约，被告理应返还原告彩礼款。

原告向本院提交了委托代理人对原、被告媒人姚某某的调查笔录一份。

庭审中被告认为本案应系同居关系财产纠纷。2012 年 2 月份原、被告经一个小名叫"侠头"的人介绍相识，然后二人同居，同居期间因生活琐事双方发生纠纷，被告回娘家住，被告与原告相识以来未收到任何彩礼，不存在返还问题。另外，被告尚未到法定婚龄，不适用于原告主张的法律条款。综上，依法驳回原告诉讼请求。

【案件焦点】

媒人证言能否作为认定给付彩礼的依据，如果给付了彩礼应当返还的数额是多少。

【法院裁判要旨】

河北省滦南县人民法院经审理认为：原告经媒人手给付被告父母彩礼款 85000 元，是以与被告结婚为目的的附条件赠与行为，虽按原告当地习俗举行了结婚仪式，但双方并未登记结婚。后双方因生活琐事发生纠纷，被告回娘家居住，被告理应返还原告给付的彩礼款。关于返还彩礼的数额，原、被告虽未登记结婚，但存在已共同生活的事实，以返还 50000 元为宜，关于原告提出的"定亲吃饭给的钱"、"棉花钱"、"衣服钱"亦应返还之主张，属赠与行为，本院不予支持。

河北省滦南县人民法院依照《最高人民法院关于适用〈中华人民共和国婚姻法〉若干问题的解释（二）》第十条第一款之规定，作出如下判决：

一、被告高某某返还原告周某某彩礼款人民币 50000 元，本判决生效即履行；

二、驳回原、被告其他诉讼请求。

【法官后语】

本案处理重点在于媒人证言能否作为认定给付彩礼的依据及如果给付了彩礼应当返还的数额是多少。结婚给付彩礼是我国农村很多地方的古老习俗，彩礼一般由男方直接给付女方或女方家人，或经媒人之手给付女方或其家人。现实中，给付彩礼不同于普通的民事行为，当事人双方很少保存书面证据，一旦给付彩礼后双方发生纠纷未能缔结婚约，如何主张返还彩礼便成为一个严重的问题。本案中，媒人的证言起到了关键作用，经媒人之手给付彩礼符合我国农村的习俗，也符合中国国情，如果此时我们去要求当事人提供借条、录音录像资料等证据，就显得有些机械办案了。只要证人证言能够与其他证据形成较完整的证据链条，一般可以作为定案的依据。

婚姻是神圣的，男女双方缔结婚约应以双方感情为基础，只有将感情放在首位，减少物质对婚姻的影响，人们婚后的婚姻生活质量才能经受得住更多的考验。

编写人：河北省唐山市滦南县人民法院　史宇

三、离婚后财产纠纷

$\boxed{18}$

出资和书面处分能否取得房屋所有权

——王某某诉王某璇等婚姻家庭案

【案件基本信息】

1. 裁判书字号

浙江省丽水市景宁畲族自治县人民法院（2014）丽景民初字第 00245 号民事判决书

2. 案由：婚姻家庭纠纷

3. 当事人

原告（被上诉人）：王某某

被告（被上诉人）：王某璇、刘某某

第三人（上诉人）：包某某

【基本案情】

王某某与周某某原系夫妻关系，被告王某璇系婚生儿子，被告刘某某系周某某的母亲。王某某与周某某于 1985 年 10 月结婚，婚后因夫妻感情不和长期分居，1995 年起周某某与第三人包某某开始同居。2000 年 7 月 13 日，王某某起诉至景宁法院要求与周某某离婚，景宁法院立案受理后，于 2000 年 8 月 25 日公开开庭进行了审理。因周某某擅自转让夫妻共同财产问题，景宁法院于 2000 年 9 月 16 日作出民事裁定，原告王某某与被告周某某离婚一案中止诉讼。1999 年 4 月 9 日，周某某与涉案房屋原户主郭某某达成口头房屋转让协议，并向郭某某支付了房屋转让款33000元，双方约定另约定时间办理转让手续。2000年12月21日，周某某与郭某某签订一份房屋买卖契约，并于当天办理了房屋过户手续。2001年3月26日，经景宁法院主持调解，原告王某某与周某某自愿离婚，景宁法院（2000）景城民初字第57号民事调解书中对共同财产的分割未涉及本案诉争房屋。周某某购买取得本案所涉房屋后一直与包某某同居生活在该房屋，但双方一直未办理结婚登记手续。2012年3月21日周某某去世，现该房由包某某居住。2012年4月份，原告通过景宁县房管处查询知悉坐落景宁县鹤溪镇房屋一套及一楼柴火间系原告与周某某婚姻关系存续期间所购买。原告认为，该房屋系其与周某某在离婚时未分割的夫妻共同财产。为此，原、被告与第三人因该房的权属产生纠纷。

【案件焦点】

出资和书面处分能否取得房屋所有权，夫妻关系与同居关系并存时登记在周某某名下的财产是夫妻共同财产还是同居关系人共同财产。

【法院裁判要旨】

浙江省景宁畲族自治县人民法院经审理认为：本案诉争的房屋系王某某与周某某婚姻关系存续期间由周某某所购买并登记在周某某名下的财产，依法应认定为王某某与周某某夫妻共同财产。在王某某与周某某离婚时对夫妻共同财产的分割未涉及本案诉争的房屋，原告王某某有请求分割的权利。我国相关法律规定夫妻离婚后对共同财产享有平等的所有权，故原告王某某主张对诉争房屋享有二分之一所有权的诉讼请求，符合法律规定，本院予以支持。鉴于本案诉争房屋已登记确权，即使第三人有出资，也应认定为债务关系。第三人主张在其与周某某同居期间周某某以书面形式将该房屋确认归第三人所有，但双方未办理过户手续，并未发生法律效力，本院不予采纳。

浙江省景宁畲族自治县人民法院依照《中华人民共和国婚姻法》（以下简称《婚姻法》）第十七条，《最高人民法院关于适用〈中华人民共和国婚姻法〉若干问题的解释（三）》第十八条之规定，作出如下判决：

坐落于景宁畲族自治县鹤溪镇房屋一套及一楼柴火间，原告王某某享有二分之一所有权。

包某某持原审陈述意见提起上诉。在浙江省丽水市中级人民法院审理过程中，上诉人包某某申请撤回上诉。

浙江省丽水市中级人民法院依照《中华人民共和国民事诉讼法》第一百五十四条、第一百七十三条之规定，作出如下裁定：

准许上诉人包某某撤回上诉。

【法官后语】

本案处理重点主要在于对婚姻关系存续期间家庭取得的财产所有权的理解。我国《婚姻法》及其司法解释规定，婚姻关系存续期间取得的财产为夫妻共同财产，登记在一方名下财产，夫妻之间未作财产约定的，应认定为夫妻共同财产；同居期间取得的财产，按一般普通民事案件审理。《中华人民共和国物权法》规定，未办理物权登记的，不发生法律效力。

本案中诉争的房屋系夫妻关系和同居关系并存期间由周某某购买并登记在周某某名下，从保护合法的婚姻关系角度，所涉财产应认定为夫妻共同财产，否则有违社会公序良俗。第三人主张周某某以书面形式将该房屋确认归第三人所有，因未办理物权变更登记手续，不发生法律效力，如果第三人有出资，应认定为包某某与周某某之间的债权债务关系。故一审判决王某某享有二分之一所有权。

编写人：浙江省丽水市景宁畲族自治县人民法院　雷方忠

19

离婚后发现孩子非亲生的权利救济

——李某某诉麻某离婚后财产、健康权、抚育费案

【案件基本信息】

1. 裁判书字号

云南省丽江市中级人民法院（2014）丽中民一终字第 264 号民事判决书

2. 案由：离婚后财产纠纷、健康权纠纷、抚育费纠纷

3. 当事人

原告（上诉人）：李某某

被告（被上诉人）：麻某

【基本案情】

李某某、麻某于 2005 年相恋并开始共同生活。2007 年 2 月 25 日，李某某、麻某举办民俗婚礼，同年 4 月 15 日生育一女，名李某。2010 年 1 月 14 日，双方登记结婚。2012 年 12 月 20 日，双方协议离婚，约定夫妻共同财产公寓式住房一套及旅游车一辆归麻某所有，购房贷款 243000 元及其余债务 101000 元由麻某偿还，房屋产权 25% 赠与李某；李某由麻某抚养，李某某按月支付抚养费 700 元。离婚后，李某某未支付抚养费。

2014 年 4 月 23 日，李某某与李某进行了亲子关系鉴定，经鉴定二人非亲生父女关系。李某某认为麻某隐瞒李某非李某某亲生女儿的事实，请求法院确认离婚财产分割协议无效并重新分割财产，由麻某返还离婚前李某某支付的 5 年抚养费 6 万元，并赔偿精神损失费 2 万元。麻某予以否认，认为其怀孕时李某某就知道孩子不是他亲生的。

【案件焦点】

麻某是否向李某某隐瞒李某并非他亲生女儿的事实？离婚协议所涉子女抚养、财产分割条款是否有效？李某某关于返还所支付抚养费并赔偿精神损害抚慰金的主张是否成立？

【法院裁判要旨】

云南省丽江市古城区人民法院经审理认为：李某某关于确认离婚财产分割协议无效并重新分割财产的请求，因协议离婚时间已超过一年，不应支持。其余诉讼请求，均应以麻某隐瞒李某非李某某亲生女儿的事实为依据，而对此事实双方均无证据证明各自主张。况且本案李某系双方婚前所生，此时双方间无相互忠诚的夫妻法定义务。故李某某关于返还所支付抚养费并赔偿精神损害抚慰金的主张不能成立。

云南省丽江市古城区人民法院根据《中华人民共和国民事诉讼法》（以下简称《民事诉讼法》）第六十四条，《最高人民法院关于民事诉讼证据的若干规定》第二条，《最高人民法院关于适用〈中华人民共和国婚姻法〉若干问题的解释（二）》第九条之规定，判决：

驳回原告李某某的诉讼请求。

李某某不服提起上诉。云南省丽江市中级人民法院经审理认为：夫妻间应相互忠实。本案李某某与麻某自 2005 年相恋并开始共同生活，对于 2007 年 4 月 15 日出生的李某，李某某有理由相信是自己的亲生女，乃至签订离婚协议时双方对子女抚养、财产分割问题的处理均基于李某系亲生女这一重要事实而作出，并就李某某的探视权行使作了约定。由此可见，李某某在婚姻关系存续期间、签订离婚协议时，对于李某不是其亲生女的事实是不知情的，直至亲子鉴定之后方知真相。麻某关于其怀孕时李某某便知孩子非他亲生的主张，无证据证实，不应采信。故此，麻某向李某某隐瞒李某并非他亲生女儿的事实成立，离婚协议中李某某对子女抚养及财产分割所作的意思表示是在受到欺诈的情形下作出的，应属无效。李某某对李某不负有法律上的抚养义务。但其请求麻某返还离婚前 5 年抚养费 6 万元的主张，因双方共同生活期间并未对各自财产进行约定，抚养李某的费用应认定为双方对共同财产的处分，且李某某并无证据证明其为抚养李某支付了 6 万元的事实，故不能成立。对其重新分割财产的请求，因离婚协议中双方就财产分割问题同时进行了债务负担分配，本案中不便处理，可另行起诉。关于请求麻某赔偿精神损害抚慰金的主张，因麻某存在隐瞒李某非李某某亲生的事实，给李某某的精神和生活造成了损害，依法应予以支持。至于赔偿数额，本院酌情认定为 10000 元。原判适用法律错误，应予纠正。

云南省丽江市中级人民法院依照《民事诉讼法》第一百七十条第一款第（二）项之规定，判决：

一、撤销云南省丽江市古城区人民法院（2014）丽古民一初字第 159 号民事判决；

二、李某某与麻某 2012 年 12 月 19 日签订的《离婚协议书》中有关子女抚养及财产分割的条款无效；

三、麻某在本判决生效后三十日内赔偿李某某精神损害抚慰金人民币10000 元。

【法官后语】

此案有两个问题须予以明确：

一、关于离婚后发现孩子非亲生时无过错方的权利

离婚后夫妻一方（一般是男方）认为另一方生育的孩子为双方的亲生子女并尽抚养义务，但离婚后才发现孩子与自己并无血缘关系，作为不知情而抚养非亲子的无过错方，可以起诉确认非亲子关系，并请求返还所支付抚养费、重新分配财产及赔偿精神损害抚慰金。

本案被告对原告隐瞒非亲子关系事实，使原告误以为李某系自己的亲生女，并在违背真实意思的情况下达成了离婚协议关于子女抚养、财产分割的约定，给原告造成了精神损害和经济损失。原告请求确认离婚协议所涉子女抚养及财产分割条款无效，同时由被告赔偿精神损害抚慰金的诉讼主张，依法应予以支持。

二、关于离婚后发现孩子非亲生的权利行使期限

无过错方要求重新分配财产的权利行使须在法定期限内。但实践中无过错方对非亲子关系事实的知情时间是不确定的，往往知情时已超诉讼时效，如此对无过错方显失公平。法律应针对非亲子关系明确相关权利和责任，规定无过错方的权利行使期限"从其知道或应当知道存在非亲子关系事实时起算"。

本案原、被告于2012年12月20日协议离婚，2014年4月23日原告方知李某非亲生，原告起诉时已超诉讼时效，但二审法院在严格适用法律同时，充分考虑了当前处于法律空白地带的非亲子关系事实引发的利益平衡，确认双方离婚协议所涉子女抚养和财产分割协议条款无效，彰显了司法的公平正义。

编写人：云南省丽江市中级人民法院　彭丽

20

离婚后军人才复员、转业，
原配偶是否仍能分割复员费、自主择业费

——高某某诉鄢某甲离婚后财产案

【案件基本信息】

1. 裁判书字号

云南省德宏傣族景颇族自治州中级人民法院（2014）德民一终字第 96 号民事判决书

2. 案由：离婚后财产纠纷

3. 当事人

原告（上诉人）：高某某

被告（被上诉人）：鄢某甲

【基本案情】

被告鄢某甲于 1972 年 3 月 27 日出生，1990 年 12 月 1 日参军入伍，系边防支队干部。1997 年 11 月 11 日，原告高某某与被告鄢某甲登记结婚，婚后于 2000 年 1 月 14 日生育一子鄢某甲。2012 年 8 月 6 日，原、被告双方经民政局登记离婚，《离婚协议》约定：（1）儿子鄢某甲由原告抚养，被告每月支付抚养费人民币 1200 元至鄢某甲高中毕业；（2）住房归被告所有，儿子鄢某甲对房产享有唯一合法继承权，被告一次性支付原告房产价款人民币 250000 元；（3）双方无其他债权债务。离婚后，被告鄢某某于 2013 年 12 月 1 日从边防支队转业，领取自主择业费等一次性费用合计人民币 283613.56 元。原告认为被告领取的复员费、自主择业费等费用中有部分属于原、被告共同财产，但协议离婚时未进行分配，现原告诉至法院要求判决被告支付所领取的复员费、自主择业费等人民币 45000 元给原告，并由被告承担本

案的全部诉讼费用。被告鄢某甲则认为：原告与被告于 2012 年 8 月 6 日所签《离婚协议》是双方真实的意思表示，该协议没有违反法律规定，经过双方签字、捺印后生效。在离婚时原告已明知被告将来可能会获得一笔复员费、自主择业费，但原、被告在《离婚协议》里没有对复员费、自主择业费作出任何约定的行为属于债务免除。

【案件焦点】

被告是在离婚后才取得自主择业费，原配偶是否仍有权进行分割。

【法院裁判要旨】

云南省德宏州芒市人民法院一审认为，《最高人民法院关于适用〈中华人民共和国婚姻法〉若干问题的解释（二）》第十四条规定："人民法院审理离婚案件，涉及分割发放到军人名下的复员费、自主择业费等一次性费用的，以夫妻婚姻关系存续年限乘以年平均值，所得数额为夫妻共同财产。"本条法律规定涉及分割是指在审理离婚案件时已发放到军人名下的自主择业费等，而本案特殊性在于自主择业费等发放是在原、被告离婚之后，离婚时该笔费用并未发放到被告名下。因此，该条解释只能在法院审理离婚案件时适用，不能适用于本案，被告在离婚之后领取的自主择业费等一次性费用不应在离婚后作为共同财产进行分割。

综上所述，原告的诉讼请求，本院不予支持。依照《最高人民法院关于适用〈中华人民共和国婚姻法〉若干问题的解释（二）》第十四条，《最高人民法院关于民事诉讼证据的若干规定》第二条第二款，判决：

驳回原告高某某的诉讼请求。

案件受理费人民币 925 元，依法减半收取人民币 462.5 元，由原告高某某承担。

高某某持原审起诉意见提起上诉。云南省德宏傣族景颇族自治州中级人民法院二审认为，如果军人离婚时尚未复员转业，能够作为夫妻共同财产进行分割的军人财产实际多为可期待利益。但不管现役军人是否转业或复员，这些财产在理论上都是存在的，只不过需要在转业或复员时进行最后结算而已。因此，不能以军人在离婚时没有实际占有复员费、自主择业费等为由否定军人配偶一方应享有的权利。故对高某某请求分割夫妻关系存续期间的自主择业费等费用予以支持。

法院依照《最高人民法院关于适用〈中华人民共和国婚姻法〉若干问题的解

释（二）》第十四条，《中华人民共和国民事诉讼》第一百七十条第一款（二）项、第六十四条第一款之规定，判决如下：

一、撤销芒市人民法院（2014）芒民三初字第 58 号民事判决；

二、由被上诉人鄢某某支付给高某某在婚姻关系存续期间的自主择业费补偿款 40749 元，于判决书送达之日起十日内一次付清；

三、驳回高某某的其他诉讼请求。

一审案件受理费 462.5 元，二审案件受理费 925 元，均由鄢某某承担。

本判决为终审判决。

【法官后语】

本案的特殊性在于被告领取自主择业费等费用是在原、被告离婚之后。一审法院认为属于夫妻共同财产能够进行分割的应该是既得利益，即在夫妻双方离婚时已经取得的财产。而军人的复员费、自主择业费等一次性费用在取得前存在不确定性，例如军人可能在复员或转业前被开除，可能在离婚后至复员前的期间升职或降职，从而影响复员费、自主择业费等一次性费用的领取数额。严格按照《最高人民法院关于适用〈中华人民共和国婚姻法〉若干问题的解释（二）》第十四条的字面解释，该条款有前置定义"人民法院审理离婚案件，……"

二审法院则认为军人的复员费、自主择业费等一次性费用属于可期待利益，不管现役军人是否转业或复员，这些财产在理论上都是存在的，配偶即使离婚后仍然有权利进行分割。具体分配数额按照《最高人民法院关于适用〈中华人民共和国婚姻法〉若干问题的解释（二）》第十四条计算。以本案为例，被告 1972 年 3 月出生，1990 年 12 月参军，被告入伍时实际年龄为 18.67 岁，原、被告 1997 年 11 月 11 日登记结婚，2012 年 8 月 6 日登记离婚，夫妻关系存续年限为 14.75 年，被告领取的 283613.56 元自主择业费中应为夫妻共同财产的有 283613.56 元÷（70 岁－18.67 岁）×14.75 年 =81498 元，原告高某某可分得 40749 元。

编写人：云南省德宏州芒市人民法院　汤婧

21

婚前分配婚后购买房改房是否属于夫妻共同财产
——姚某某诉崔某某离婚案

【案件基本信息】

1. 裁判书字号

新疆维吾尔自治区塔城市人民法院（2014）塔民一初字第0720号民事判决书

2. 案由：离婚纠纷

3. 当事人

原告：姚某某

被告：崔某某

【基本案情】

1985年工商银行塔城县支行将位于塔城市伊宁路房屋分配给被告崔某某居住。1989年12月14日，原告姚某某与被告崔某某依法登记结婚，双方均系再婚。婚后双方在上述房屋居住。1994年、1998年新疆房屋改革政策，工商银行塔城地区分行将位于塔城市伊宁路房屋按购房时的成本价出售给被告崔某某。后原被告关系恶化，双方当事人均同意解除婚姻关系。被告崔某某称根据1994年4月27日优惠房屋合同书、1998年8月15日公有住房出售补充合同报告可以看出房屋价款计算方式中只计算了崔某某个人的工龄，未计算原告姚某某的工龄，原告姚某某称优惠房屋合同虽系被告崔某某个人与其单位签订，但购房款11260.51元系用双方共同财产支付的，且因被告崔某某已享受公有住房出售的政策，原告姚某某在工作期间未参加单位的房屋改革。

【案件焦点】

位于塔城市伊宁路房屋是否属于原告姚某某与被告崔某某婚姻存续期间的共同财产。

【法院裁判要旨】

新疆维吾尔自治区塔城市人民法院经审理认为：原告姚某某提出离婚，被告崔某某表示同意，本院依法尊重双方当事人对自己婚姻关系的选择；对原告姚某某要求依法分割婚姻存续期间的共同财产即位于塔城市伊宁路房屋的诉讼请求，国家政策是职工以优惠价购买公有住房，每个家庭只能享受一次。不论夫妻哪一方参加单位的房屋改革，其购买公房的行为和享受的价格优惠是基于夫妻双方共同享有的资格和权利，未分到房屋的一方不再享有优惠购房的待遇，且购买的房屋价格构成中隐含着购房家庭一方或双方的住房补贴。被告崔某某以成本价购买单位房屋的房款系双方的共同财产，购房时所享有的优惠包括国家鼓励职工购买公房的价格折扣优惠和以职工住房公积金为计算依据的工龄折扣，计算标准中未加入原告姚某某的工龄是由工商银行塔城地区分行的内部政策造成的，且原告姚某某因被告崔某某参加了单位房改而未能参加本单位房改，因此位于塔城市伊宁路房屋应当作为双方婚姻存续期间的共同财产依法分割，但应照顾被告崔某某的合法利益，本院酌定原告姚某某享有房屋 35% 的份额，被告崔某某享有房屋 65% 的份额。本院经原告姚某某申请依法委托塔城市价格认证中心对房屋价值进行评估，塔城市价格认证中心对房屋认证价格为 217960 元，因此原告姚某某依法享有房屋份额的价值为 76286 元（217960 元×35%）。综上，原告姚某某的诉讼请求，本院依法部分予以支持。

新疆维吾尔自治区塔城市人民法院依照《中华人民共和国婚姻法》第三十二条、第十七条、第三十九条第一款，《最高人民法院关于适用〈中华人民共和国婚姻法〉若干问题的解释二》第十九条、第二十条，《中华人民共和国民事诉讼法》第一百四十二条的规定，作出如下判决：

一、准予原告姚某某与被告崔某某离婚；

二、位于塔城市伊宁路房屋归被告崔某某所有，被告崔某某于本判决生效之日起三十日内向原告姚某某给付房屋补偿款 76286 元。

判决书向原告姚某某与被告崔某某依法送达后，双方均未上诉。

【法官后语】

本案处理重点主要在于对"房改房"性质的理解。"房改房"又称已购公房，是指城镇职工根据国家和县级以上地方人民政府有关城镇住房制度改革政策规定，按照成本价或者标准价购买的已建公有住房。在夫妻关系存续期间，夫妻双方或一方以房改优惠价所购的房改房，均应视为妻共同财产。其理由是：第一，在婚姻关系存续期间，夫妻各自或共同劳动所得收入和购置财产，各自或共同继承、受赠的财产，都是夫妻共同财产。此所谓"劳动所得收入"于本单位职工而言，除了日常工资外还应包括各类奖金、补贴、单位分发的实物等福利，故职工以优惠价购买的房改房，其单位补贴的差额部分，应视为共同财产的范畴。第二，"按成本价或标准价购买公有住房，每个家庭只能享受一次"，故夫妻双方都有参加房改的权利，但却只能在一方单位购买房改房，另一方参加房改的权利体现在购房款的优惠上。因此，享受住房福利待遇的对象应是夫妻双方，而不是售房单位的职工一方，相应的，这种住房的产权也应属于夫妻共有。本案中未加入原告姚某某的工龄是由工商银行塔城地区分行的内部政策造成的，且原告姚某某因被告崔某某参加了单位房改而未能参加本单位房改，因此位于塔城市伊宁路房屋应当作为双方婚姻存续期间的共同财产依法分割，但应照顾被告崔某某的合法利益。

编写人：新疆维吾尔自治区塔城市人民法院 李固雨

22

以一方父母名义参加房改且登记其名下的房屋在双方离婚时的处理问题

——杨某某诉乔某某离婚后财产案

【案件基本信息】

1. 裁判书字号

新疆维吾尔自治区塔城地区中级人民法院（2014）塔民一终字第503号民事判决书

2. 案由：离婚后财产纠纷

3. 当事人

原告（被上诉人）：杨某某

被告（上诉人）：乔某某

【基本案情】

1992 年 12 月 26 日，原、被告在乌苏市民政局登记结婚，婚后生育两女，并与被告父母共同居住于原乌苏市机械厂公有的位于乌苏市长征路东侧平房。1999 年，被告父亲乔某宽作为机械厂职工，通过房改房的形式取得该居住房屋的私有权。1999 年 10 月 8 日，被告乔某某与机械厂签订了《房地产买卖契约》，并于同年 10 月 9 日在乌苏市房地产管理局办理了房屋所有权证，其房屋所有权人登记为乔某某。2014 年 1 月 23 日，原、被告因感情完全破裂，经乌苏市人民法院调解离婚，离婚时未对该房屋进行处理。

庭审中，被告乔某某主张房屋所有权，但其又不同意支付鉴定费，导致房屋的价值不能确定。调解时，原告同意出价 35 万元，被告同意出价 20 万元，且被告坚决要求取得房屋，故房屋价值按 35 万元计价较当。

【案件焦点】

杨某某请求分割的房屋是否属夫妻共同财产？其是否有权进行分割？

【法院裁判要旨】

新疆维吾尔自治区塔城市乌苏市人民法院认为：房改房是单位根据职工职务、年龄、工资等多种因素综合考虑后在房屋价值计算上给予职工的政策性优惠福利。本案中，原、被告在婚姻关系存续期间，由夫妻双方出资，以被告父亲乔某宽的名义参加房改的情形，应视作乔某宽放弃对于房改房中因自己参加房改以职级、工龄等抵扣所享受的福利。又因该房屋的产权证所有权人是登记在被告乔某某个人名下，应认为是乔某宽对被告乔某某个人的赠与，属其一方的个人财产，而非夫妻共同财产。

对于被告辩称将该房屋的房权证办理在自己名下不知情的事实，本院不予支持。其理由为：房屋所有权证办理的时间为 1999 年 10 月 9 日，该期间原、被告仍属夫妻关系，且该房产证是由被告保存，应当有理由相信其明知并认可的事实。

鉴于购买房屋时原、被告仍是夫妻关系，且在婚姻关系存续期间，原告对家庭确有付出，就其购买房改房的夫妻共同出资原告理应享有部分。根据以上理由，酌定被告乔某某取得房屋所有权后补偿原告杨某某现金 80000 元较妥。

新疆维吾尔自治区塔城市乌苏市人民法院依照《中华人民共和国婚姻法》第四十七条，《最高人民法院关于适用〈中华人民共和国婚姻法〉若干问题的解释（二）》第八条，《最高人民法院关于适用〈中华人民共和国婚姻法〉若干问题的解释（三）》（以下简称《婚姻法司法解释（三）》）第十二条，《中华人民共和国民事诉讼法》（以下简称《民事诉讼法》）第六十四条第一款、第一百第十二条之规定，作出判决如下：

一、位于乌苏市长征路东侧平房一套归被告乔某某所有；

二、被告乔某某应于本判决生效后三十日内补偿原告杨某某现金 80000 元。

被告乔某某上诉称，原判决认定事实不清，适用法律错误。原审已认定该房屋并非夫妻共同财产，又判令上诉人给付被上诉人杨某某 80000 元补偿无法律依据。请求依法改判或发回重审。

新疆维吾尔自治区塔城市中级人民法院经审理认为：依据《婚姻法司法解释（三）》第七条"婚后由一方父母出资为子女购买的不动产，产权登记在出资人子女名下的，可按照婚姻法第十八条第（三）项的规定，视为只对自己子女一方的赠与，该不动产应认定为夫妻一方的个人财产"的规定，本案中，原审认定涉案的位于乌苏市长征路东侧平房一套属于上诉人乔某某的个人财产正确，应予以确认。考虑到购买房屋时上诉人与被上诉人系夫妻关系，被上诉人杨某某虽没有证据证明双方对该房屋进行了出资，但双方共同在该房屋生活达 14 年之久，原审依据被上诉人对家庭的付出，酌定上诉人向被上诉人补偿现金 80000 元并无不妥，应予以确认。

新疆维吾尔自治区塔城市中级人民法院依照《民事诉讼法》第一百七十条第一款第（一）项之规定，作出如下判决：

驳回上诉，维持原判。

【法官后语】

本案处理重点主要在于对购买以一方父母名义参加房改的房屋处理的理解及运用。《婚姻法司法解释（三）》第十二条规定："婚姻关系存续期间，双方夫妻共同财产出资购买以一方父母名义参加房改的房屋，产权登记在一方父母名下，离婚时另一方主张按照夫妻共同财产对该房屋进行分割的，人民法院不予支持。购买该房屋时的出资，可以作为债权处理。"

具体到本案中，一审法院认为涉案房屋的产权证所有权人是登记在被告乔某某个人名下，应认为是乔某宽对被告乔某某个人的赠与，属其一方的个人财产，而非夫妻共同财产的判定，二审法院亦认为正确，予以确认。遂对一审判决予以维持。

值得注意的是，本案中的房屋是登记在被告乔某某个人名下而非其父母名下；对其购买房屋的出资并未按债权处理而是按照房屋现有价值以补偿的形式给付原告杨某某 80000 元现金，这样确认的目的在于从社会稳定角度考虑将双方矛盾降低。如果仅按购买房屋时的出资分割，必然引起女方不满，甚至会加深冲突，因为当时的货币价值已经与今日的购买力不能相等；若从其家庭及子女的成长角度考虑，原、被告的两个子女正处青春期，离婚案件的激化可能影响其心理的变化和对家庭的正确认知，所以需要在法律适用的基础上从公平、诚实信用的原则解决问题。

离婚案件时常被看做是小案件，但如果不考虑双方的情绪、事实可能会引起较大的冲突甚至上升为刑事案件，所以法院综合考虑后作出如上判决。

编写人：新疆维吾尔自治区塔城地区乌苏市人民法院　黄茹

23

一方父母为夫妻购房部分出资是对夫妻双方赠与还是对一方个人赠与

——周某诉王某离婚案

【案件基本信息】

1. 裁判书字号

陕西省咸阳市中级人民法院（2014）咸中民终字第 01549 号民事判决书

2. 案由：离婚纠纷

3. 当事人

原告（被上诉人）：周某

被告（上诉人）：王某

【基本案情】

周某（女）与王某（男）于 1993 年 4 月 20 日登记结婚。1994 年生育一女。周某与王某于 2005 年以王某名义与某房产公司签订了一份《商品房买卖合同》，购买了 100.57 平方米商品房 1 套，购房款 158370 元一次性付清，其中，王某之父出资 10 万元，产权登记在王某名下。房屋交付后，夫妻双方对房屋进行了装修，装修花费 6 万余元。2014 年 3 月女方以男方不顾家庭，出现婚外情等为由请求解除婚姻关系，分割共有财产。

【案件焦点】

该房屋是夫妻共同财产，还是被告方主张的个人财产。

【法院裁判要旨】

一审法院认为：双方常因家庭生活琐事发生矛盾，虽经双方努力，亲友相劝、调解，夫妻关系仍未改善，且双方长期分居，互不履行夫妻义务。法院据此认定夫妻感情确已破裂，应准予离婚。婚生女现属在校学生，其生活、教育费仍依靠父母亲提供，父母亲应负担孩子的教育费至孩子学业结束。夫妻关系存续期间购买房屋一套，王某之父亲虽出资部分房款，依照规定除父母明确表示赠与一方的外，应属对夫妻双方的赠与，故此房屋应认定为夫妻共同财产。夫妻共同财产分割问题，双方均对房屋及理发店共同财产的价值予以认可，结合本案情况，房屋归周某所有，理发店由周某经营，由周某一次性支付王某夫妻共同财产一半价款为宜。

陕西省咸阳市渭城区人民法院依照《中华人民共和国婚姻法》（以下简称《婚姻法》）第三十二条、第三十六条第二款、第三十七条第二款，《最高人民法院关于适用〈中华人民共和国婚姻法〉若干问题的解释（二）》（以下简称《婚姻法司法解释（二）》）第二十二条之规定，判决：

一、准予周某与王某离婚；

二、自本判决生效之月起，周某与王某承担孩子教育费每人每月 500 元，至孩子学业结束；

三、房屋归周某所有，由周某一次性支付王某房屋及地下室折价款，理发店财产折价 150000 元。

王某上诉认为：《最高人民法院关于适用〈中华人民共和国婚姻法〉若干问题的解释（三）》（以下简称《婚姻法司法解释（三）》）第七条规定，婚后由一方父母出资为子女购买的不动产，产权登记在出资人子女名下的，视为只对自己子女一方的赠与，该不动产应认定为夫妻一方的个人财产。故婚后购买房屋其父赠与 10 万元应视为对王某个人的赠与，对于该房屋及地下室应归王某所有。

陕西省咸阳市中级人民法院经审理后认为，双方于 2005 年 8 月 15 日以王某名义出资 158370 元购买商品房是周某与王某的共同意思表示，发生在婚姻关系存续期间，应为夫妻共同财产。《婚姻法司法解释（三）》第七条第一款规定的是婚姻关系存续期间，一方父母全额出资，且房产登记在出资人子女一方名下的，该不动产认定为个人财产。本案中王某之父在购房过程中虽出资 10 万元，但并非全额出资。根据《婚姻法》第十七条第一款（四）项之规定，一方婚内受赠的财产亦属于夫妻共同财产，即在没有特别申明的情况下，该 10 万元属于对王某夫妻双方金钱的赠与，故一审判决认定该房屋为夫妻共同财产，在照顾女方及竞价的基础上判归周某所有并无不妥。

陕西省咸阳市中级人民法院依照《中华人民共和国民事诉讼法》第一百七十条第一款（一）项之规定，作出如下判决：

驳回上诉，维持原判。

【法官后语】

《婚姻法司法解释（二）》第二十二条规定，当事人结婚后，父母为双方购置房屋出资的，该出资应当认定为对夫妻双方的赠与，但父母明确表示赠与一方的除外。实际生活中，父母出资为子女购房一般不会与子女签订书面协议。该条将婚后由一方父母出资所购房屋认定为是对夫妻双方的赠与作为一般规定，而将只赠与给出资一方子女作为例外。即将举证责任分配给了出资一方。该举证责任的分配体现了对于合法婚姻关系保护的法律态度。

但近年来，随着社会经济的快速发展，年轻人家庭观念减弱，闪婚闪离现象普遍发生，原来婚姻家庭案件的处理原则已不适应新形势下的婚姻家庭法律关系，如果在离婚时，仍一概将一方父母在婚后为子女所购房屋认定为夫妻共同财产，则违背了父母购房的真实意思表示，就会产生严重侵害老年人利益的不良后果。《婚姻法司法解释（三）》第七条规定，婚后由一方父母出资为子女购买的不动产，产权登记在出资人子女名下的，可按照《婚姻法》第十八条第（三）项的规定，视为只对自己子女一方的赠与，该不动产应认定为夫妻一方的个人财产。该规定首次将房屋登记作为认定出资人赠与的是一方还是双方的意思表示的判断标准。

但对于婚后一方父母部分出资的，产权虽登记在出资一方子女名下，因赠与的标的物是出资而非不动产，仍应按一般赠与处理。从《婚姻法司法解释（三）》第七条第（一）款规定的字面意思来看，该赠与的核心内容是出资一方父母为自己子女购买的不动产。该条规定是对《婚姻法》第十八条第（三）项规定的"遗嘱或赠与合同中确定只归夫或妻一方的财产"的具体解读。本案中，王某与周某所购的房屋虽登记在王某名下，但购买该房的意思表示是王某与周某做出的，王某的父亲只是在王某夫妻购房过程中，给予了部分资金帮助。因而，无论从购房意思表示还是赠与的标的物来看，王某父亲的行为都只能认定为是部分出资的赠与，不产生物权的效力。从以上分析不难看出，适用《婚姻法司法解释（三）》第七条第（一）款的前提条件有三点：1. 购房目的是出资一方父母为子女购买；2. 购买房屋的资金全部来源于一方父母；3. 房屋产权登记在出资一方子女名下。对于部分出资的，只能认定为父母在双方婚姻关系存续期间对子女从金钱方面给予的帮助。二者的区别在于全额出资的情形下，父母赠与的标的物是物权，而部分出资的情形下，父母所赠与的标的物仅仅是金钱。依据《婚姻法》第十七条第一款的规定，一方或夫妻双方在婚姻关系存续期间受赠的财产，在没有明确该财产只赠与一方的情形下，应视为对夫妻双方的赠与。在此基础上所形成的房产应不分份额，整体属于夫妻共同财产。但在实际案件的处理中可考虑一方父母出资金额及夫妻双方各自对家庭的贡献情况予以合理分配。

编写人：陕西省咸阳市中级人民法院　席晓颖　王丽丽

$$\boxed{24}$$

承诺与赠与

——沙某诉尹某某离婚后财产案

【案件基本信息】

1. 裁判书字号

青海省高级人民法院（2014）青民提字第 22 号民事判决书

2. 案由：离婚后财产纠纷

3. 当事人

原告（被上诉人、再审被申请人）：沙某

被告（上诉人、再审申请人）：尹某某

【基本案情】

沙某与尹某某于 2011 年 2 月 14 日登记结婚。在结婚之前，尹某某于 2007 年出资 30 余万元购买单位住房一套（以下简称涉案房屋）。2011 年 1 月 21 日，尹某某出具的《承诺书》全文为"男方：尹某某，女方：沙某。鉴于男方在婚前给女方带来的巨大伤害和女方为男方做出的毅然坚持，男方特承诺婚后主动承担以下内容：1. 婚后，房证写上女方姓名；2. 婚后，男方主动承担一切家务（男方父母家时例外）；3. 婚后，育有子女后男方不得离婚，如男方主动提出离婚，子女抚养权归女方所有；4. 婚后，女方在与男方商量后，可增加其他条款。特此承诺，不得反悔。承诺人：尹某某，2011 年 1 月 21 日。"沙某、尹某某在婚初，夫妻感情尚可，但婚后的共同生活中常因家庭琐事产生矛盾，致使夫妻关系紧张，2013 年 1 月 9 日，沙某以夫妻感情破裂为由诉至法院。沙某、尹某某对涉案房屋确认的价格为 80 万元；双方婚后共同存款 3 万元，该款在尹某某处存放；婚后无共同债权、债务，无婚生子女。沙某向法院起诉与尹某某离婚，请求判令：1. 沙某与尹某某离婚；2. 尹某某支付沙某涉案房屋市值 50% 的补偿款 40 万元；3. 尹某某支付沙某

1.5万元；4. 本案诉讼费由尹某某承担。尹某某辩称：同意解除婚姻关系；涉案房屋是婚前财产，并且是其父母出资；双方共同存款无异议；诉讼费应由沙某承担。

【案件焦点】

《承诺书》是对涉案房屋的所有关系的约定还是赠与房产，以及该涉案房屋是否按夫妻共同财产分割。

【法院裁判要旨】

青海省西宁市城中区人民法院一审认为，沙某、尹某某婚前相识时间较短，双方缺乏足够的了解，导致夫妻感情彻底破裂，现沙某起诉离婚，尹某某亦表示同意，故对沙某要求与尹某某离婚的诉讼请求，予以准许；沙某要求分割婚后共同存款30000元的诉讼请求，该款在尹某某处存放，且尹某某同意分割，对此予以支持；关于沙某要求尹某某支付涉案房屋市值800000元的50%补偿款的诉讼请求，房产证是房屋这一不动产的证明，尹某某在婚前交清了全部房款，由资金转变为不动产，该不动产应属婚前财产，本案中尹某某在婚前已支付了全部房款，房屋所有权证的产权登记在尹某某名下，该房屋属尹某某婚前财产，关于尹某某婚前所写承诺产权证加上女方（沙某）姓名，尹某某的该承诺行为是双方真实意思的表示，是对尹某某婚前财产的约定，是尹某某对其婚前财产处分行为，虽婚后未在该房屋的房产证加上沙某的姓名，但不影响该承诺的成立，故尹某某名下涉案房屋属于夫妻共同财产，沙某的该项诉讼请求成立，因双方对该房屋确认的价格为80万元，予以确认，该房屋现由尹某某居住使用，房屋所有权应归尹某某，但尹某某应补偿沙某房屋一半的价款，即40万元。依照《中华人民共和国婚姻法》第十八条、第十九条、第三十二条、第三十九条之规定，一审法院作出民事判决：

一、准许沙某与尹某某离婚；

二、尹某某名下涉案房屋归尹某某所有，尹某某于本判决发生法律效力之日起三十日内给付沙某房屋补偿款400000元；

三、沙某、尹某某婚后共同存款30000元，其中15000元归尹某某所有，15000元归沙某所有。

尹某某不服上诉至青海省西宁市中级人民法院。西宁市中级人民法院认为，沙某与尹某某自2011年2月14日登记结婚，在共同生活期间因家务琐事发生争执，致使夫妻感情趋于恶化，现双方都同意离婚，应予准许。对婚后财产存款 30000 元处置是双方真实意思表示，应予支持。公民有权对自己的财产进行处分，尹某某与沙某签订的《承诺书》属双方将涉案房屋确定为婚后共同共有财产达成的约定，该约定应是双方真实意思表示，且不违反法律、行政法规的强制性规定，该约定合法有效，对双方均有约束力，应当按照诚实信用原则认真履行。尹某某认为在婚前《承诺书》中约定在登记结婚后，将沙某的名字写进房屋所有权证上，属于是房产赠与并适用《中华人民共和国合同法》《中华人民共和国物权法》（以下简称《物权法》）的规定及《承诺书》是婚前受胁迫书写的上诉理由不能成立，不予支持。原审判决认定事实清楚，应予维持。依照《中华人民共和国民事诉讼法》第一百七十条第一款（一）项之规定，判决如下：

驳回上诉，维持原判。

青海省高级人民法院再审认为，根据《最高人民法院关于适用〈中华人民共和国婚姻法〉若干问题的解释（三）》第六条规定"婚前或者婚姻关系存续期间，当事人约定将一方所有的房产赠与另一方，赠与方在赠与房产变更登记之前撤销赠与，另一方请求判令继续履行的，人民法院可以按照合同法第一百八十六条的规定处理"，沙某与尹某某没有办理相关登记变更手续，所有权未发生转移，尹某某可以行使撤销权，尹某某在 2014 年 3 月 5 日向沙某明确表示了撤销赠与的意思表示。原一、二审判决尹某某给付沙某 400000 元房屋补偿款错误，应予纠正。

青海省高级人民法院经审判委员会讨论决定，依照《中华人民共和国民事诉讼法》第二百零七条第一款、第一百七十条第一款第（二）项的规定，判决如下：

一、撤销青海省西宁市中级人民法院（2014）字民一终字第 77 号民事判决；

二、维持西宁市城中区人民法院（2013）中民一初字第 717 号民事判决第一、三项；

三、驳回沙某关于尹某某支付位于青海省西宁市文化街 22 号 10 号楼 1193 室房屋市值 50% 补偿款的诉讼请求。

原一、二审案件受理费按原一、二审确定比例负担。

【法官后语】

本案中针对《承诺书》性质如何认定产生争议。一部分认为《承诺书》不是赠与，而是对涉案房屋的约定，也就是上述一、二审法院的观点。另一部分则认为，尹某某与沙某在婚前签订的承诺书中承诺在房证上写上女方沙某的名字，该承诺是双方的真实意思表示，不违反法律法规的规定，对双方产生约束力。从双方约定"在房证上写上女方的名字"的内容看，根据《物权法》第九条规定"不动产物权的设立、变更、转让和消灭，经依法登记，发生效力；未经登记，不发生效力，但法律另有规定的除外"、第十四条"不动产物权的设立、变更、转让和消灭，依照法律规定应当登记的，自记载于不动产登记簿时发生效力"以及第十七条"不动产权属证书是权利人享有该不动产物权的证明"的规定，从物权法层面上看，所有权登记未发生改变，沙某不是涉案房屋的共同共有人，该涉案房屋仍为尹某某个人所有。遂作出撤销二审判决，驳回沙某关于尹某某支付涉案房屋市值50%补偿款的诉讼请求。

编写人：青海省高级人民法院　曲颖

25

如何认定一方隐瞒、转移夫妻共同财产
——廖某诉喻某离婚案

【案件基本信息】

1. 裁判书字号

湖南省郴州市苏仙区人民法院（2015）郴苏民初字第29号民事判决书

2. 案由：离婚纠纷

3. 当事人

原告：廖某

被告：喻某

【基本案情】

廖某与喻某于2013年5月份经喻某某介绍认识，并于2013年7月23日在郴州市苏仙区婚姻登记处登记结婚。婚后，双方未生育子女。廖某称其父母购置了16000 元嫁妆，喻某予以认可。喻某为廖某购置了金饰，价值 14128 元。因为喻某所在的组上土地被征收，获得土地征收补偿款。双方于 2013 年 9 月获得 150000 元土地补偿款，其中有 100000 元存于廖某名下，另外 50000 元用于办结婚酒席。廖某将 100000 元存于华融湘江银行股份有限公司，储种为"定期一本通"，于 2014年 9 月 7 日开户，并在 2014 年 12 月 19 日将该款全部提走后，另新开一子账户存入60000 元，并于 2015 年 1 月 9 日将该 60000 元取出，并销户。该 100000 元中有29000 元用于偿还向廖某母亲黄某某借的治病钱，有 11000 元用于生活开支，至庭审当日尚余 60000 元。另双方于 2014 年 10 月获得 50000 元土地征收补偿款，存于喻某名下，其中 40000 元用于偿还向喻某的舅舅杨某某借的治病钱，另 10000 元用于生活开销。

【案件焦点】

廖某是否存在隐瞒、转移夫妻共同财产的行为。

【法院裁判要旨】

湖南省郴州市苏仙区人民法院经审理认为：廖某存在隐藏、转移夫妻共同财产的行为，在分割共同财产时对其可以少分或者不分。对 60000 元土地补偿款由喻某分取 45000 元，廖某分取 15000 元；嫁妆归喻某所有。

湖南省郴州市苏仙区人民法院依照《中华人民共和国婚姻法》（以下简称《婚姻法》）第三十二条第二款、第三十九条、第四十七条之规定，作出如下判决：

一、准予原告廖某与被告喻某离婚；

二、原告廖某于本判决生效后十日内向被告喻某给付 45000 元土地补偿款。

如原告未在本判决第二判项指定的期限内履行给付金钱义务的，则按照《中华人民共和国民事诉讼法》第二百五十三条之规定加倍支付迟延履行期间的债务利息。

三、原告父母购置的价值 16000 元嫁妆归属被告喻某所有。

判决后，廖某与喻某均未上诉，现该判决已于 2015 年 3 月 27 日生效。

【法官后语】

本案处理重点在于对一方隐瞒、转移夫妻共同财产的理解。我国《婚姻法》第四十七条第一款规定，"离婚时，一方隐藏、转移、变卖、毁损夫妻共同财产，或伪造债务企图侵占另一方财产的，分割夫妻共同财产时，对隐藏、转移、变卖、毁损夫妻共同财产或伪造债务的一方，可以少分或不分。离婚后，另一方发现有上述行为的，可以向人民法院提起诉讼，请求再次分割夫妻共同财产。"《最高人民法院关于人民法院审理离婚案件处理财产分割问题的若干具体意见》将隐藏、转移行为限定在非法范围内，且在拒不交出的情形下。应该说，《婚姻法》第四十七条规定的"隐藏"、"转移"行为是有特定含义的，即必须是违背了另一方意愿，自己有恶意占有的主观愿望。在处理时，只要一方有证据证明另一方存在隐瞒、转移夫妻共同财产行为的，在分割共同财产时，可以对另一方给予少分或者不分，具体幅度法院可以根据案情酌情考虑。

编写人：湖南省郴州市苏仙区人民法院　李义斌

26

离婚协议约定房屋赠与子女的效力问题

——于甲诉于乙物权保护案

【案件基本信息】

1. 裁判书字号

河南省焦作市中级人民法院（2014）焦民二终字第00329号民事判决书

2. 案由：物权保护纠纷

3. 当事人

原告（被上诉人）：于甲

被告（上诉人）：于乙

【基本案情】

1997 年 10 月 4 日，被告于乙与赵某某登记结婚，原告于甲系其二人婚生女。2010 年 5 月 6 日，被告与赵某某协议离婚，就财产分配及债权债务部分约定"双方婚后购买一处房产归女儿，电脑归男方，剩下的全归女方所有"、"双方婚后无共同债务及债权，无共同存款"。2011 年 1 月 15 日，以被告父母于某某、张某某为甲方，以被告、赵某某、于甲为乙方，签订了"房屋处置协议"，约定"2004 年甲方购买中轴世纪小区房屋现交给乙方居住，乙方只有居住权，房屋所有权的继承人为于甲，于甲若处置房屋须经甲乙双方所有人同意，缺一不可，否则无效。若于甲擅自处理，则收回继承人的继承权归甲方"。2011 年 1 月 20 日，被告与赵某某进行复婚登记，并于同年 3 月 7 日再次协议离婚，此次离婚协议就财产分配部分约定"现有住房一套中轴世纪小区房屋按之前协议执行"，所指协议即为 2011 年 1 月 15 日"房屋处置协议"。2012 年 7 月，原告于甲以其本人及其母亲赵某某被被告于乙从诉争房屋中赶出为由诉至法院。

【案件焦点】

离婚协议中将房屋赠与子女的约定能否撤销。

【法院裁判要旨】

河南省焦作市山阳区人民法院经审理认为：被告于乙与赵某某于 2010 年 5 月 6 日第一次离婚时，在离婚协议中已将本案诉争房屋进行了处分，约定双方婚后购买一处房产归女儿于甲，该离婚协议经被告于乙与赵某某签字已生效。此后被告与赵某某复婚又离婚，并在其二人于 2011 年 3 月 7 日再次离婚时重新签订离婚协议，对其二人首次离婚时已处分的房屋再次作出处分，此次离婚协议从形式到内容均不合法，故其中关于于乙和赵某某财产分配部分的约定应为无效。被告与赵某某在首次离婚时对该房产的处分属于赠与性质，该赠与财产虽未完成过户登记，所有权尚未转移，赠与人依法享有任意撤销权，但该赠与财产的赠与人系被告与赵某某二人，现被告于乙未提出撤销该赠与。当事人应当按照约定全面履行自己的义务，故原告起诉要求被告将诉争房屋过户至原告名下，协助原告办理过户手续并交付房屋，理由充分，应予支持。依照《中华人民共和国合同法》（以下简称《合同法》）第六十条、第一百八十七条，《中华人民共和国未成年人保护法》第五十条之规定，经本院审判委员会研究决定，判决如下：

一、被告于乙于本判决生效后一个月内将焦作市山阳区建设东路世纪小区的房屋过户至原告于甲名下，并协助原告办理房屋过户手续；

二、被告于乙将该诉争房屋返还给原告于甲。

被告于乙不服一审判决，上诉至河南省焦作市中级人民法院。河南省焦作市中级人民法院作出民事判决：

驳回上诉，维持原判。

【法官后语】

本案的争议焦点是离婚协议约定房屋赠与子女的效力问题，主要有两种意见：

第一种意见认为，离婚协议约定房屋赠与子女，但房屋没有办理过户手续，视为赠与财产的权利未转移，赠与人依法享有任意撤销权。故被告与赵某某又对房屋所做的再处置是合法有效的。

第二种意见认为，离婚协议约定房屋赠与子女是一种以解除双方身份关系为目的的赠与行为，具有一定的道德义务性质，有别于普通民事主体之间的赠与，在双方婚姻关系因离婚协议得以解除，且离婚协议的其他内容已经履行的情况下，应当视为赠与财产的目的已经实现，赠与行为不能随意撤销，故被告与赵某某对房屋所做的再处置是无效的。

笔者同意第二种意见。理由如下：

根据《合同法》的规定，赠与合同是诺成合同。所谓诺成合同，是指当事人一方的意思表示一旦经对方同意即能产生法律效果，即"一诺即成"的合同。赠与合同也是不要式合同。不要式合同，是指法律没有要求必须具备特定的形式的合同。所以，只要赠与方发出赠与的意思表示，受赠方表示接受，赠与合同即为生效。

夫妻双方私下签订协议将房屋赠与子女，该赠与协议是否生效，要看其子女的民事行为能力。如果子女是无民事行为能力人或限制行为能力人，父母作为法定代理人，完全有资格代替子女作出接受赠与的意思表示。《中华人民共和国民法通则》第十二条第二款规定："不满10周岁的未成年人是无民事行为能力人，由他的法定代理人代理其民事活动。"《合同法》第四十七条规定，限制民事行为能力人订立的合同，经法定代理人追认后，该合同有效，但纯获利益的合同或者与其年龄、智力、精神健康状况相适应而订立的合同，不必经法定代理人追认。《最高人民法院关于贯彻执行〈中华人民共和国民法通则〉若干问题的意见（试行）》第六条规定："无民事行为能力人、限制民事行为能力人接受奖励、赠予、报酬，他人不得以行为人无民事行为能力、限制民事行为能力为由，主张以上行为无效。"如果子女已经成年，则属于完全民事行为能力人，接受赠与的意思表示只能由子女自行作出，而不能私下约定赠与。

因为赠与是无偿行为，出于公平考虑，法律规定赠与人享有任意撤销权，即赠与合同成立后，赠与财产的权利转移之前，赠与人可以根据自己的意思不再为赠与行为。当然，对于任意性不加限制，对受赠人不公平，也违背诚实信用原则。因此《合同法》第一百八十六条规定：赠与人在赠与财产的权利转移之前可以撤销赠与。具有救灾、扶贫等社会公益、道德义务性质的赠与合同或者经过公证的赠与合同，不适用前款规定。可见，夫妻双方私下协议约定将房屋赠与未成年子女，虽然赠与合同生效，但在房屋办理过户手续之前，夫妻双方还是可以反悔，行使任意撤销权。

离婚协议是一种解除身份关系的协议，不同于普通的民事合同，离婚协议主要是约定离婚的事项，比如双方一致同意离婚、离婚后子女抚养问题、夫妻共同财产分割问题。在签订离婚协议时，当事人对夫妻共同财产分割难以达成一致意见时，往往愿意将共同财产赠与给自己的子女或者其他第三人。这种赠与行为，本质上是双方签订离婚协议的一个重要条件。如果没有该赠与行为，夫妻双方有可能或者甚至根本不会达成离婚合意。所以在离婚协议中约定将房屋赠与未成年子女，不能等同于夫妻双方纯粹协议约定将房屋赠与子女的情形。故在夫妻双方婚姻关系因离婚协议得以解除，且离婚协议的其他内容已经履行的情况下，应当视为赠与财产的目的已经实现，赠与行为不能随意撤销。本案中，被告于乙与赵某某在第一次离婚时签订离婚协议，将房屋赠与其女儿于甲，该赠与约定作为离婚协议的一项重要内容，在离婚协议生效后，不能任意撤销。因此，该房屋已归于甲所有，被告于乙与赵某某非出于为女儿于甲利益考虑对该房屋所做的再处置，是无效的。

编写人：河南省焦作市中级人民法院　　王　辉

河南省焦作市山阳区人民法院　　廉玉光

27

一方婚前房产结婚后登记在双方名下，
应否认定为夫妻共同财产

——孙某某诉魏某离婚后财产案

【案件基本信息】

1. 裁判书字号

贵州省贵阳市息烽县人民法院（2014）息民初字第959号民事判决书

2. 案由：离婚后财产纠纷

3. 当事人

原告：孙某某

被告：魏某

【基本案情】

魏某原系息烽县小寨坝镇中心村马鞍山组村民，2002年6月，因工业园区建设需要，魏某的住房被拆迁安置到小寨坝镇复兴居委会南一组，房屋建筑面积为217.51平方米。2004年，孙某某与被告魏某经人介绍认识谈婚，于2005年3月8日在息烽县小寨坝镇人民政府登记结婚，双方均系再婚。2005年8月9日，孙某某与魏某共同生育一女魏甲。婚后，双方对该处住房简单装修后入住，后以魏某、孙某某二人的名义办理了房屋所有权证。2012年6月11日，孙某某向法院提起离婚诉讼，该案经法院主持调解，双方自愿达成协议：1.孙某某与魏某自愿离婚；2.婚生女魏甲（现年6岁）由孙某某负责抚养，抚养费自理。因孙某某在提起离婚诉讼时，未能提供相应的房屋产权证，故未对本案诉争的房屋进行分割处理。2014年7月，孙某某诉至法院，要求平均分割双方共同财产位于息烽县小寨坝镇复兴居委会南一组的安置房一栋，现价值约30万元。魏某以该安置房系其婚前财产为由，不同意分割。

【案件焦点】

一方婚前取得的房产结婚后登记在双方名下，应否视为夫妻共同财产。

【法院裁判要旨】

贵州省贵阳市息烽县人民法院经审理认为：魏某作为完全民事行为能力人，对其依法行使的民事法律行为产生的法律后果应当是明知的。本案诉争的房屋虽系魏某婚前拆迁安置所得，但其基于与孙某某的婚姻关系，自愿将孙某某作为自己婚前财产的共同所有人，系其真实意思表示，因而该诉争房屋应属于双方的共同财产。因本案争议的诉争房屋在双方协议离婚时未作分割处理，故对孙某某要求依法分割该房屋的诉讼请求予以支持。

贵州省贵阳市息烽县人民法院依照《中华人民共和国物权法》第九条第一款，《中华人民共和国婚姻法》第十七条第一款第五项、第三十九条第一款以及《最高人民法院关于适用〈中华人民共和国婚姻法〉若干问题的解释（三）》第十八条之规定，作出如下判决：

一、坐落于息烽县小寨坝镇复兴居委会南一组房屋一栋归被告魏某所有；

二、由被告魏某于本判决生效之日起十五日内给付原告孙某某房屋补偿款人民币 6 万元；

三、驳回原告孙某某的其他诉讼请求。

一审宣判后，孙某某、魏某均未提出上诉。

【法官后语】

本案处理重点主要在于对所有权的理解。房屋产权证是表明房产所有人的最重要的证据，魏某作为完全民事行为能力人，在其以夫妻双方名义办理房产证时，对该民事行为产生的法律后果应当是明知的，这是魏某对自己婚前取得的房产基于其与孙某某的婚姻关系而作出的处分，是其真实意思表示，故应将该房产认定为夫妻共同财产。因双方未对共同所有的房产各自所占份额进行约定，故推定为夫妻共同共有，各半分割。本案中，诉争房屋的价值本应以原、被告双方离婚时的市场价值作为依据进行平均分割，但考虑到该房产系魏某婚前拆迁安置所得，所欠安置房款也是魏某父母出资添补的，且孙某某与魏某婚后共同生活的时间不长，遂作出上述判决。

编写人：贵州省贵阳市息烽县人民法院　兰梅

受赠人不明确的婚内受赠与财产应认定为夫妻共同财产

——彭某某诉吴某某离婚案

【案件基本信息】

1. 裁判书字号

广东省广州市中级人民法院（2014）穗中法民一终字第 1529 号民事判决书

2. 案由：离婚纠纷

3. 当事人

原告（上诉人）：彭某某

被告（被上诉人）：吴某某

【基本案情】

原告彭某某诉称，原告与被告于 1998 年登记结婚，双方均是再婚。婚后半年时间过得很好，半年后发生变化，被告开始动手打人，不让原告进家门。每年春节是原告最受煎熬的时期，2007 年春天，被告下手打太重，原告被送到中山一医院急诊救治；2009 年正月初五，被告一早带走几千元买六合彩一直没回来，结果晚上回来就用脚踢原告。甚至曾经用铁锤砸原告的小腿。2013 年将原告手骨打断，4 月份打伤原告三条肋骨。2013 年 8 月份，因为没有经过被告同意去看望原告自己的孙女，被告趁原告洗澡的时候用铁水管捅人，9 月 9 日再次打伤原告。9 月 10 日民警上门调解，被告还当面侮辱原告。原告多年一直服侍照顾被告，但没有得到应有的回报，连被告打伤的治疗费都是邻居周济。现原告要求与被告离婚，并分割夫妻共同财产。原告与被告结婚十几年一直照顾其起居，故要求被告支付其经济补偿金 250000 元。因被告对原告实施家庭暴力，原告要求被告向其支付损害赔偿金 80000 元。综上，请求法院判令：1. 准予原、被告离婚；2. 越秀区淘金路房屋一半的产权属于夫妻共同财产，应分割处理；3. 被告向原告支付经济补偿金 250000 元；4.

被告向原告支付损害赔偿金 80000 元；5. 本案的诉讼费用由被告承担。

被告吴某某辩称，双方夫妻感情确已破裂，被告同意离婚。关于夫妻共同财产，涉案房产是被告婚前财产，被告于 1992 年 9 月 20 日与广州动植物检疫局签订《广州市公有住房买卖协议书》购买涉案房屋，该房屋是房改房，当时单位有考虑到被告工龄和住房补贴的情况优惠出售给被告。

【案件焦点】

本案争议的焦点在于被告吴某某的前妻放弃其所有的产权部分，是否应当视为夫妻共同财产。

【法院裁判要旨】

广东省广州市越秀区人民法院经审理认为：关于夫妻共同财产问题，根据《中华人民共和国婚姻法》（以下简称《婚姻法》）第十七条第（四）项及第十八条第（三）项的规定，本案中，越秀区淘金路的房屋经（1997）东民初字第 654 号《民事调解书》确认由被告吴某某及案外人陈某某各占二分之一产权，此后案外人陈某某在原、被告婚姻期间声明放弃其个人所有的一半产权，归为吴某某同志所有，故越秀区淘金路的房屋二分之一的产权应视为被告在婚姻期间受赠与取得的财产。案外人陈某某在其申请放弃的保证书中并未明确表示其放弃的产权只归吴某某一方，其放弃的声明没有排被告性表述，故此越秀区淘金路的房屋二分之一的产权应作为夫妻共同财产进行分割。原、被告均表示无力进行经济补偿，且该房为双方唯一住房，鉴于归边处理可能影响双方的居住问题，且原告亦表示要求确认该房四分之一的产权归其所有，故本院认定越秀区淘金路的房屋由原告占有四分之一产权，由被告占有四分之三产权。关于原告主张的经济补偿金 250000 元，因该主张依法无据，故对此本院不予支持。关于原告主张的损害赔偿金 80000 元，被告否认有家庭暴力，仅凭原告提交的病历材料不足以证明病历所述伤情为被告所致，故对此本院亦不予支持。

广东省广州市越秀人民法院依照《婚姻法》第十七条、第十八条、第三十二条、第三十九条、第四十六条的规定，判决如下：

一、准予原告彭某某与被告吴某某离婚；

二、越秀区淘金路的房屋由原告彭某某占有四分之一产权份额、被告吴某某占有四分之三产权份额；

三、驳回原告彭某某其他诉讼请求。

被告如果未按本判决指定的期间履行给付金钱义务，应当依照《中华人民共和国民事诉讼法》（以下简称《民事诉讼法》）第二百二十九条①之规定，加倍支付迟延履行期间的债务利息。

本案诉讼费 1575 元（原告已预付），由原告彭某某负担 1125 元、被告吴某某负担 450 元。

判决后，上诉人吴某某不服原审判决，向广州市中级人民法院提起上诉。广州市中级人民法院经审理，确认一审法院认定的事实和证据。二审期间，上诉人提供了龙口西路房屋的查册表，证明陈某某放弃涉案房屋一半的产权，是为了一个人购买龙口西路房屋。被上诉人对证据的真实性没有异议，但是认为与本案没有关联性。

广东省广州市中级人民法院认为，关于广州市越秀区淘金路房屋一半产权的分割问题。该房屋在上诉人与陈某某离婚时，双方已经对该房屋进行了具体的析产，并为生效的法律文书所确认。陈某某作为该房屋一半产权的共有人，于 1999 年 9 月 15 日出具《保证书》，明确表示自愿放弃上述房屋属于其本人的一半产权，归为上诉人所有的行为，符合赠与的法律特征。原审法院认定该一半产权为上诉人与被上诉人之间在婚姻关系存续期间受赠与取得的财产，符合法律规定，本院依法予以维持。但被上诉人能否当然获得该一半房屋产权，要视陈某某在赠与时是否有明确确定只归上诉人一方所有。虽然，在陈某某出具的《保证书》中，仅有"归为吴某某同志所有"的表示，而无其他明确的、排除被上诉人的文字。但从当时陈某某出具《保证书》的原因看，其放弃产权的理由，仅是希望在原工作的单位再获得分配一套房屋的权利。而陈某某与被上诉人之间并非亲戚亦非朋友，双方亦无交往和感情的交集，其不可能将原属于自己的房产赠与给被上诉人。故原审法院将陈某某在《保证书》中"归为吴某某同志所有"的意思表示认定为是对上诉人和被上诉人的赠与，既不符合陈某某当时的心理预期，亦与常理不符，本院对此依法予以纠正。

广东省广州市中级人民法院依照《民事诉讼法》第一百七十条第一款第（二）项的规定，判决如下：

---

① 对应 2012 年《民事诉讼法》第二百五十三条。

一、维持广州市越秀区人民法院（2013）穗越法民一初字第 3913 号民事判决的第一项、第三项；

二、撤销广州市越秀区人民法院（2013）穗越法民一初字第 3913 号民事判决的第二项；

三、广州市越秀区淘金路房屋为上诉人吴某某个人所有。

一审案件受理费 1575 元，由上诉人负担 150 元，被上诉人彭某某负担 1425 元；二审案件受理费 600 元，由被上诉人彭某某负担。

【法官后语】

本案争议的焦点在于被告的前妻放弃其所有的产权部分，是否应当视为夫妻共同财产。对于被告前妻放弃其所有的房屋产权这一行为的性质，一、二审法院没有分歧，均认为可以视为一种赠与行为。而导致二审法院改判的主要原因，在于一、二审法院对于这一赠与行为在没有明确表示是否是赠与夫妻一方还是双方的情况下，对该部分财产是否属于夫妻共同财产的认定上存在分歧。

一审法院根据《婚姻法》第十七条、第十八条的规定，认为由于赠与人在赠与时并未明确表示其放弃的产权只归夫妻一方所有，其放弃的声明并未排除另一方，故认定赠与的房产应作为夫妻共同财产；二审法院则是在认定赠与的房产是否应该作为夫妻共同财产时，侧重考虑了赠与人的动机及赠与人与夫妻另外一方的关系，认定将赠与房产作为夫妻共同财产不符合赠与人赠与时的心理预期，故将赠与的房产视为只对夫妻一方的赠与。

笔者认为，在目前我国的法律体系及社会环境下，对于除法律和司法解释已经明确的应当认定为对夫妻一方的赠与的情况之外，赠与人未明确表示是否只赠与其中一方的，应当视为赠与夫妻双方，赠与的财产应该认定为夫妻共同财产。

主要理由有以下几点：

一是从我国《婚姻法》的立法体系来看。根据我国现行的《婚姻法》及司法解释，规定哪些为夫妻共同财产，哪些为夫妻一方的财产，采取了列举式的方式，即《婚姻法》第十七条和第十八条。在《婚姻法》第十七条中明确规定了夫妻在婚姻关系存续期间继承或赠与所得的财产为夫妻共同财产，但本法第十八条第（三）项规定的除外。而第十八条第（三）项的内容为有下列情形之一的，为夫妻一方的财产；（三）遗嘱或赠与合同中确定只归夫或妻一方的财产。《最高人民法院关于适用〈中华人民共和国婚姻法〉若干问题的解释（三）》（以下简称《婚姻法司法解释（三）》）第七条则规定："婚后由一方父母出资为子女购买的不动产，产权登记在出资人子女名下的，可按照婚姻法第十八条第（三）项的规定，视为只对自己子女一方的赠与，该不动产应认定为夫妻一方的个人财产"。也就是说，从立法体系上来说，夫妻在婚姻关系存续期间受赠与的财产，视为夫妻共同财产的是一般情况，而视为个人财产是特殊情况，需要法条专门列举，例如上面所述《婚姻法司法解释（三）》的第七条，否则都应当按照一般情况处理，以此才能维持我国法律体系的一贯性，避免适用中法官自由心证导致的不公平和个案偏差问题。

二是从我国现行《婚姻法》的立法目的看。我国对于夫妻关系存续期间所取得的财产除非夫妻双方有明确约定、取得时原所有权人做出明确的意思表示及一方专属的财产之外，一般认定为夫妻共同财产，侧重保护家庭。笔者认为只要赠与人在赠与合同中并无明确约定只赠与夫妻一方所有的情况下，均应认定该赠与财产是夫妻共同财产，如果过多地考量赠与时的动机，不符合我国婚姻法立法中重点保护家庭的目的。《婚姻法司法解释（三）》第七条的特殊规定不能视为普遍原则而是特殊社会情况下的产物。该条将赠与人的范围限制在父母，主要是考虑到目前我国房价高涨，年轻一代往往无力支付购房款，大量出现夫妻一方父母付出高额资金为子女购买房屋用于结婚等的情况；该条司法解释考虑到赠与人与夫妻双方的关系比较特殊，假如强制要求父母在赠与时明确只归一方所有可能会影响到家庭关系，从出于保护父母的合法权益，以及兼顾公平的目的出发，才设立了这一特殊原则，这与我国《婚姻法》重点保护家庭和夫妻共同利益的目的并不冲突，但只能是特例。

三是从司法实践的角度看。赠与人与受赠人的关系一般都比较特殊，甚至是比较亲密的关系，对于赠与动机的确定，莫过于是由赠与人亲自表达，而在离婚诉讼中，赠与人为了维护一方的利益，不管赠与时的动机如何，很大可能会偏向夫妻一方而做出有利于一方的证言，这势必对另一方不公平。法律已明确规定了只有在赠与时明确只赠与一方时才认定为个人财产，并没有要求考虑赠与人当时的目的及与受赠人的配偶的关系。因此，适用法律时不应当对相关法条进行特殊的解释，应当严格按照法条规定适用相关法律，保证法律适用的公平、公正。

编写人：广东省广州市越秀区人民法院　郑晓婷

<table><tr><td>29</td></tr></table>

照顾女方权益原则的适用

——王某某诉江某离婚案

【案件基本信息】

1. 裁判书字号

北京市第三中级人民法院（2014）三中民终字第 13771 号民事判决书

2. 案由：离婚纠纷

3. 当事人

原告（被上诉人）：王某某

被告（上诉人）：江某

【基本案情】

王某某、江某于 1987 年 11 月 7 日登记结婚，王某某系再婚，江某系初婚，双方婚后未生育子女。婚后初期双方感情尚可。自 2006 年开始，王某某因为生病搬至女儿处居住，王某某、江某双方联系减少。王某某曾以夫妻感情破裂为由起诉江某离婚，法院于 2012 年 12 月 14 日做出（2012）朝民初字第 37959 号民事判决书，驳回王某某要求与江某离婚之诉讼请求。现王某某再次以夫妻感情破裂为由起诉江某离婚，江某表示不同意离婚。

登记在王某某名下有位于北京市朝阳区安慧里房屋（以下简称安慧里房屋）一套，系夫妻共同财产。审理中，王某某申请对房屋价值进行鉴定，经法定程序，确定估价对象于价值时点（2014 年 3 月 5 日）的房地产市场价值为 3210036 元。王某某、江某对此份报告均予以认可。王某某预付鉴定费 19840 元。审理中，王某某表示安慧里房屋应作为夫妻共同财产予以分割，其可以分得房屋给江某房屋折价款，也可以江某分得房屋给其房屋折价款。江某表示安慧里房屋是房改房，2000 年折算了王某某、江某的工龄、江某的教龄，且是其唯一住房，要求分得房屋，不给王某某房屋折价款。

江某提出王某某、江某以夫妻共同存款出资购买了北京市昌平区东小口镇天通苑小区房屋（以下简称天通苑房屋），要求对此房屋依法予以分割。王某某出具房屋所有权证，写明房屋所有权人为王某，表示此房屋所有权人系其女儿王某，非夫妻共同财产，不同意予以分割。为此，江某向法庭提供王某某所写证明，写明：我从工资里拿出拾万元给女儿还购房贷款。这笔钱作为死后遗产。这件事王某雨在场。下为王某某、王某雨签名和 2003 年 11 月 13 日日期。王某某对此份证明的真实性予以认可，但对江某的证明目的不予认可，认为此款项最多定义为夫妻之间的借款。

王某某向法庭表示江某隐匿夫妻共同财产存款，但未向法庭提供证据加以证明，且表示在本案中不要求予以分割。江某表示其没有隐匿夫妻共同财产。

江某表示王某某有存款和基金，但未向法庭提供证据加以证明。王某某表示现有基金，就此向法庭提供中国银行对私基金余额查询，写明基金代码为××××，基金名称为××××，当日总余额和当日有效余额为30013.63 元；基金代码为×××××××，基金名称为××××，当日总余额和当日有效余额为 29705.67 元。

【案件焦点】

夫妻共同财产应如何分割？是否应该适用照顾女方权益原则？

【法院裁判要旨】

北京市朝阳区人民法院认为：王某某、江某在生活中，因各种原因，长期未能生活在一起，因琐事引起矛盾后，不能珍惜感情，妥善处理，导致双方关系日渐淡漠，矛盾激化。在王某某提起诉讼后，双方关系未见好转，感情确已破裂。王某某现再次提起离婚诉讼，法院准予王某某、江某离婚。根据本案查明的事实，安慧里房屋系王某某、江某夫妻共同财产，根据本案的实际情况和房屋价值鉴定结论，法院酌情予以分割。本案中查明的登记在王某某名下的两只基金，属于夫妻共同财产，法院酌情予以分割。天通苑房屋非登记在本案当事人名下，法院无法在本案中予以分割。江某提出之为天通苑房屋出资 270000 元的意见及 2003 年 11 月 13 日王某某所写证明，因牵涉案外人的权益，且证明中写明这笔钱死后作为遗产，亦不应在本案的离婚诉讼中予以处理，如存在相关问题，应通过其他途径予以解决。王某某提出江某隐匿夫妻共同财产、江某提出王某某有其他存款和股票，双方均未就此提供相应的证据加以证实，法院在本案中无法予以分割。综上，依据《中华人民共和国婚姻法》（以下简称《婚姻法》）第三十二条、第三十九条之规定，判决如下：

一、依法准予王某某与江某离婚；

二、登记在王某某名下的位于北京市朝阳区安慧里房屋归江某所有，王某某于本判决生效后十日内协助江某办理房屋过户手续；

三、江某于本判决生效后十日内向王某某支付房屋折价款 160 万元；

四、登记在王某某名下的中国银行基金代码为××××××基金、基金代码为×××××基金归王某某所有；

五、王某某于本判决生效后十日内向江某支付基金折价款 3 万元；

六、驳回王某某其他诉讼请求；

七、驳回江某其他诉讼请求。

江某不服一审法院判决提起上诉。北京市第三中级人民法院认为王某某、江某虽系自由恋爱、自主结婚，共同经营家庭二十余年，但王某某于 2006 年搬至女儿处居住，且于 2012 年被法院判决驳回离婚诉讼请求后，双方关系未见好转，感情确已破裂。考虑到双方感情再无挽回的可能，本院准予王某某、江某离婚。关于安慧里房屋分割。根据本案查明的事实，该房屋系王某某、江某夫妻共同财产。考虑到双方结婚二十余年，江某是初婚，婚后没有子女，现在年近七旬，根据照顾女方权益的原则，结合本案实际情况和房屋价值鉴定结论，本院对一审法院酌情分割的数额予以调整。综上，依照《婚姻法》第十七条、第三十二条第二款、第三十九条之规定，《中华人民共和国民事诉讼法》第一百七十条第一款第（二）项之规定，判决如下：

一、维持北京市朝阳区人民法院（2013）朝民初字第 36648 号民事判决第一、二、四、五项；

二、撤销北京市朝阳区人民法院（2013）朝民初字第 36648 号民事判决第六、七项；

三、变更北京市朝阳区人民法院（2013）朝民初字第 36648 号民事判决第三项为江某于本判决生效后十日内向王某某支付房屋折价款 128 万元；

四、驳回江某其他诉讼请求；

五、驳回王某某其他诉讼请求。

【法官后语】

随着再婚组建家庭的日益增多，再婚家庭因离婚问题诉至法院的案件也日益增多。这类案件之所以产生，很大一部分原因是因为子女为方便照顾父母，将父母接至自己的住处。这种情况下，再婚夫妻缺乏共处的时间，子女在照顾父母方面有更多的优势，再婚夫妻之间容易产生误会隔阂。因双方婚后未育有子女，婚前子女易挑拨再婚夫妻之间的感情，再婚夫妻之间的矛盾缺乏调和的因素，最终导致再婚夫妻之间的感情破裂。

从更深层次的角度看，矛盾出现的根本原因是再婚夫妻感情基础差，再婚之前育有子女，再婚之后未育有子女；再婚夫妻中拥有房产等较高价值财产的一方及其子女担心再婚夫妻中的另一方会在身体不好的一方去世后分割继承财产。

本案之中，王某某名下有房产，王某某因身体状况不好，于2006年搬至女儿处居住，由女儿照顾。2012年，王某某认为与江某之间的感情已经破裂，向法院提起离婚诉讼，法院没有支持王某某的诉讼请求。但是2014年，王某某再次向法院提起离婚诉讼，要求解除与江某之间的婚姻关系。考虑到王某某第一次起诉后，和江某依然处于分居的状态，双方在感情上仍然缺乏沟通和交流，双方关系未见好转，婚姻关系名存实亡，王某某坚决要求离婚，为避免增加当事人诉累，最终法院认定双方感情再无挽回的可能，感情确已破裂，准予王某某、江某离婚。但是，双方结婚二十余年，江某是初婚，江某一直在努力维持二人的婚姻关系，在夫妻相处中没有重大过错，在王某某坚决提出离婚诉求的时候，依然希望两人继续维持婚姻关系，尽管法院认定双方感情确已破裂，准许双方离婚，但是江某是初婚，婚后没有子女，现在年近七旬，判决二人离婚后，江某在经济上和感情上都会陷入较为困难的局面应予以考虑。

依据《婚姻法》第三十九条之规定，离婚时，夫妻的共同财产由双方协议处理；协议不成时，由人民法院根据财产的具体情况，照顾子女和女方权益的原则判决。尽管该条款并未列举出"照顾子女和女方权益"的适用情形，但是本案之中，考虑到江某为维系婚姻关系所作出的努力、离婚后所面临的困难，应对江某予以照顾，最终在财产分割的问题上，法院根据照顾女方权益的原则，判决女方江某对房屋享有60%的份额，房屋归江某所有，由江某给予王某某房屋折价款。

编写人：北京市第三中级人民法院　陈烁琳

$$\boxed{30}$$

原配偶对申请政策性住房有贡献的，离婚后购买房屋的一方应当给予对方适当补偿

——周某某诉陈某某离婚后财产案

【案件基本信息】

1. 裁判书字号

北京市第一中级人民法院（2014）一中民终字第 03429 号民事判决书

2. 案由：离婚后财产纠纷

3. 当事人

原告（被上诉人）：周某某

被告（上诉人）：陈某某

【基本案情】

原告周某某与被告陈某某于 2001 年 2 月 19 日登记结婚，于 2008 年 7 月 15 日离婚，并签署了《自愿离婚协议书》，约定：一、陈某某与周某某自愿离婚；二、双方都是完全民事行为能力人，夫妻双方婚后无子女；三、婚后财产：1. 夫妻婚后无房产。2. 夫妻存续期间所有共同财产归女方所有。3. 双方各自名下的其他财产归各自所有。四、夫妻双方在婚姻关系存续期间内无其他共同债权债务；个人名下的债权债务离婚后各自享有和承担。

2008 年 6 月 20 日，陈某某与周某某以家庭名义由陈某某作为申请人申请了北京市家庭购买限价商品住房。双方离婚后继续共同以夫妻名义办理相关申请手续。审核通过后，陈某某于 2009 年 12 月购买了北京市昌平区陈家营西路某号限价商品房屋，建筑面积 81.64 平方米，房屋价款 532619 元，房屋登记在陈某某名下，陈某某交纳了房屋首付款并办理了贷款手续。周某某在办理房屋的相关手续时交纳了

税费 27067.94 元。陈某某表示该笔钱是向周某某的借款，现在尚未偿还。现该房屋由陈某某占有使用。周某某认为自己已经不能再申请任何形式的保障性住房，且尽管离婚协议并未写明该房屋，却是可以预见的申请的必然所得，故请求法院确认涉案房屋为夫妻共同财产，并判令被告以现金方式补偿原告 100 万元。陈某某认为涉案房屋是原被告离婚后自己个人出资购买的房产，不属于夫妻共同财产，离婚协议中已经明确了夫妻婚后无房产，故不同意进行补偿。

【案件焦点】

本案争议焦点为对限价商品住房相关政策如何理解。

【法院裁判要旨】

北京市昌平区人民法院经审理认为：根据《北京市限价商品住房管理办法（试行）》的规定，经审核符合条件的申请家庭只能购买 1 套限价商品住房，已购买限价商品住房家庭的成员不得再次享受其他形式的保障性住房。本案中，陈某某与周某某在夫妻关系存续期间以家庭为单位推举陈某某作为申请人申请限价商品房屋，故该房屋的取得与周某某有着不可分割的关系。在双方离婚后，陈某某交纳了房屋的首付款并自行偿还该房屋的贷款，且该房屋登记在陈某某的名下，故原告请求确认该房屋应为夫妻共同财产的诉讼请求于法无据，本院对该项诉讼请求不予支持。虽然周某某没有该房屋的所有权，但周某某作为家庭成员对房屋的取得做出了贡献，且根据相关的政策规定，周某某不得再次享受其他形式的保障性住房，这样会对周某某的利益产生一定的影响，且周某某亦支付了相关的税费。因此陈某某应给付周某某相应的补偿，补偿的金额本院根据本案所涉房屋的价值及周某某代为交纳的税费的金额酌情予以确定。

北京市昌平区人民法院依照《最高人民法院关于适用〈中华人民共和国婚姻法〉若干问题的解释（三）》第十八条之规定，作出如下判决：

被告陈某某给付原告周某某补偿款 26 万元，于本判决生效后十日内给付。

陈某某对一审判决不服提起上诉。北京市第一中级人民法院经审理认为：陈某某与周某某在夫妻关系存续期间以家庭为单位申请限价商品房屋，该房屋的日后取得与周某某存在着必然的关系。虽然该房屋不能认定为夫妻共同财产，但周某某作为曾经的家庭成员，对于陈某某在双方离婚后取得房屋的贡献在于根据相关的政策规定，周某某已不得再次享受其他形式的保障性住房，这样显然会对周某某取得自身利益产生一定的影响，且周某某亦为该房屋支付了相关的税费。因此一审法院认定陈某某应给付周某某相应的补偿，并根据该房屋的实际价值及周某某代为交纳的税费的金额酌情确定的补偿金额并无不当，本院予以认可。陈某某上诉称双方离婚时财产已分割完毕，不存在离婚后财产分割，即使周某某对该房屋的取得做出贡献而面临政策性风险也不应该由其承担的理由，有悖于公平原则，亦缺乏事实与法律依据，本院不予支持。综上所述，原判正确，应予维持。

北京市第一中级人民法院依照《中华人民共和国民事诉讼法》第一百七十条第一款第（一）项之规定，作出如下判决：

驳回上诉，维持原判。

【法官后语】

本案处理重点主要在于对限价商品住房相关政策的理解。2008 年 3 月 26 日，北京市人民政府印发了《北京市限价商品房住房管理办法（试行）》。限价商品住房的供应对象为本市中等收入住房困难的城镇居民家庭、征地拆迁过程中涉及的农民家庭及市政府规定的其他家庭。申请家庭成员之间应具有法定的赡养、扶养或者抚养关系，包括申请人及其配偶、子女、父母等。经审核符合条件的申请家庭只能购买 1 套限价商品住房，已购买限价商品住房家庭的成员不得再次享受其他形式的保障性住房。

具体到本案中，陈某某之所以还能在双方离婚后购买限价商品房，就是因为周某某牺牲了自己的利益，不能再次享受其他形式的保障性住房，而周某某作为曾经的家庭成员为涉案房屋的购买付出了相应的代价，故涉案房屋应当有其相应的财产权益。

另外，对于补偿数额的酌情因素，《中华人民共和国婚姻法》（以下简称《婚姻法》）无论是在基本原则还是在具体条文中都充分体现了保护弱者、保护妇女的基本原则。就目前现状而言，我国妇女从总体上经济收入和独立谋生的能力与男性还有一定的差距，为使妇女在离婚后生活有一定的保障，在处理财产问题时，会适当照顾女方。同时，周某某还支付了相应的税费，故不论从《婚姻法》适当照顾女方权益原则出发，还是从公平角度理解，这些都应该作为补偿数额应该考虑的酌情因素。

本案便是兼顾了法理和情理作出的判决，以此平衡各方利益，维护良好的公序良俗，促进社会的健康发展，以达到良好的法律效果和社会效果。

编写人：北京市昌平区人民法院　程杰　张焱

31

房地产宏观调控政策下公平原则在离婚案件房产分割中的适用

——徐某诉韩某离婚案

【案件基本信息】

1. 裁判书字号

天津市第二中级人民法院（2013）二中民一终字第0903号民事判决书

2. 案由：离婚纠纷

3. 当事人

原告（上诉人）：徐某

被告（被上诉人）：韩某

【基本案情】

2007年原、被告经亲属介绍相识恋爱，2009年9月9日登记结婚。双方未举行结婚仪式，未共同生活，未生育子女。为生活琐事等问题曾发生矛盾。2010年7月28日，原告徐某诉至本院，要求与被告韩某离婚。经本院（2010）西民二初字第1353号民事判决及天津市第二中级人民法院（2011）二中民一终字第0218号民事判决，双方婚姻关系已依法解除。

2009年4月原、被告购买坐落于本市河西区珠江道与白云山路交口西南侧商品房一套（诉争房屋），总价款为1115000元。诉争房屋先后缴纳了首付款465000元、定金50000元、契税和维修基金27875元、贷款保证金11304元，余款600000元以被告韩某名义贷款。其中公积金贷款218000元，按揭贷款382000元。该房屋权利人于 2009 年 4 月 27 日登记在原、被告名下。诉争房屋自 2009 年 6 月 25 日开始偿还贷款，还款方式为等额本息，每月偿还 2883.18 元。被告共偿还 16 期诉争房屋贷款，计 46130.88 元，其中偿还本金部分 14074.68 元。

天津市第二中级人民法院（2011）二中民一终字第 0218 号民事判决作出后，原告申请执行，并于 2011 年 8 月 10 日，一次性清偿了诉争房屋的贷款本金、利息及罚息，共计 607761.27 元。2011 年 9 月 26 日，原告办理了诉争房屋产权登记手续，将房屋登记在自己名下。

重审期间，双方当事人认定诉争房屋价值为 1650000 元，增值为 535000 元。

至 2010 年 6 月原告名下住房公积金余额为 5914.83 元，其中自 2009 年 9 月－2010 年 6 月原告徐某住房公积金账户余额为 4280 元。至 2010 年 6 月被告名下住房公积金余额为 5843.33 元。

原告徐某要求：1. 诉争房屋判归原告所有；2. 被告返还彩礼 5 万元，金首饰折合人民币 3 万元；3. 分割装修材料、家具、电器若干；4. 诉讼期间产生的费用、房屋采暖费及滞纳金、煤气费及其他费用由被告承担。

被告不同意原告诉讼请求，并提出诉争房屋应当判决给被告。受房地产限购政策影响，被告已经产生了贷款记录及不良征信记录，在以后无法申请房贷，导致无法购房。

【案件焦点】

因房地产宏观调控政策导致离婚案件中未取得房屋所有权的一方权益受到侵害，是否可以适用公平原则，由取得房屋所有权的一方对另一方进行补偿。

【法院裁判要旨】

天津市河西区人民法院经审理认为：关于诉争房屋归属问题，天津市第二中级人民法院（2011）二中民一终字第 0218 号民事判决发生法律效力后，原告依据该判决将诉争房屋落户至自己名下，从稳定财产关系角度仍以该房屋归原告所有为宜。同时考虑上述房屋由被告独自贷款，在国家现有相关政策下，对被告的个人贷款征信及今后实际生活确实造成了相当大的影响，从公平原则考虑，原告应给予被告一定经济补偿，数额以人民币 50 万元为宜。因房屋升值，原告应向被告支付折价款 200886.72 元。

关于贷款保证金 11034 元、装修押金 5000 元、原告从被告银行卡内支取的 20000 元、2009 年 4 月 26 日存入李某某名下 2000 元，原告应返还被告。彩礼 50000 元，被告返还原告。原、被告名下公积金，应归各自所有。原告其他诉讼请求不予支持。

天津市河西区人民法院依据《中华人民共和国民法通则》（以下简称《民法通则》）第四条，《中华人民共和国民事诉讼法》（以下简称《民事诉讼法》）第四十条第二款、第一百四十二条的规定，作出如下判决：

一、诉争房屋归原告所有；原告给付被告房屋折价款 200886.72 元；

二、原告给付被告补偿款 50 万元；

三、原告返还被告人民币 22000 元；

四、被告返还原告彩礼人民币 5 万元；

五、原告给付被告装修保证金 5000 元、贷款保证金 11304 元；

六、原告住房公积金归原告所有；

七、被告公积金归被告所有；

八、诉争房屋内现存装修归原告所有；被告已转移的装饰、装修材料归被告所有；

九、驳回原、被告的其他诉讼请求。

宣判后，原告徐某不服提起上诉，天津市第二中级人民法院经审理认为：原审法院认定事实清楚，适用法律正确，本院予以维持。天津市第二中级人民法院依照《民事诉讼法》第一百七十条第一款第（一）项之规定，作出如下判决：

驳回上诉，维持原判。

【法官后语】

《中华人民共和国婚姻法》（以下简称《婚姻法》）规定了夫妻离婚时进行财产分割的四项原则，即照顾原则、补偿原则、赔偿原则、帮助原则。这四项原则虽然考虑了对相关各方的保护，但是在现行房地产宏观调控政策的背景下，对于将来购房时被认定为"二套房"一方利益的保护具有不周全性，比如《婚姻法》第三十九条的"照顾原则"，仅适用于子女和女方，遗漏了男性配偶；第四十条的"补偿原则"，其仅适用于夫妻分别财产制，适用范围过窄；第四十六条"赔偿原则"的适用限制在一方有过错的情况下，并且存在受害方举证困难的情况；第四十二条的

"帮助原则"属于道德义务层面，缺乏强制性，难以执行。因此在离婚案件房产分割时，除了坚持婚姻法规定的原则外，还应适用公平原则，理由如下：

一、适用公平原则的必要性

公平原则是《民法通则》规定的原则。公平原则要求以利益均衡作为价值判断标准来调整民事主体之间的物质利益关系，确定其民事权利和民事责任。[①] 离婚不仅终止了夫妻二人的人身关系，还涉及夫妻及子女等家庭成员的经济利益。在离婚财产分割，尤其是在现有房地产宏观调控政策下对房产的分割时适用公平原则，能够更加公平有效地处理婚姻及由此引发的财产纠纷，从而保障因房地产宏观调控政策而受到影响一方的利益。

二、适用公平原则的优势

首先，公平原则具有纲领性，现有四项原则是公平原则的具体化。其次，公平原则的适用具有直接性，直接解决当事人因房地产调控政策影响而面临的实际生活困难。再次，公平原则适用范围广，弥补了四项原则的局限性。

结合本案，根据现有房地产调控政策，当被告再次购买住房时，因其有过贷款购房记录，所以会被认定为"二套房"，这就导致其购买房屋时的首付款及贷款利率大大增加，对被告生活带来较大影响，基于上述客观事实，法院依据公平原则判决原告给付被告补偿款 50 万元。判决生效后，原告已主动将补偿款一次性履行完毕。

在现有的房地产宏观调控政策背景下处理离婚案件中的房产分割，应避免简单机械的套用《婚姻法》所规定的四项原则。适用公平原则能够保障婚姻当事人的利益，尤其是保护弱者一方的利益，同时对于整个离婚财产分割制度的完善也将有所助益。

编写人：天津市河西区人民法院　翟永波　蔡常余

---

① 徐国栋：《民法基本原则解释——成文法局限性之克服》，中国政法大学出版社 1992年版，第 65 页。

四、同居关系纠纷

32

同居期间的男女双方是否享有对方财产的继承权

——虎某某诉陆甲同居关系案

【案件基本信息】

1. 裁判书字号

云南省宣威市人民法院（2014）宣民初字第 1278 号民事判决书

2. 案由：同居关系纠纷

3. 当事人

原告：虎某某

被告：陆甲

【基本案情】

被告陆甲与陆乙系兄弟关系，原告虎某某与陆乙于 2002 年正月十六开始同居生活，陆乙因病于 2005 年农历七月初七死亡。2005 年 9 月，原告虎某某与被告陆甲因位于岱海村委会上村"半个地"的土地承包经营权 1.2 亩发生纠纷。2006 年 6 月 5 日，经热水镇岱海村人民调解委员会组织调解，虎某某与陆甲达成了调解协议，内容为"（1）原陆乙有大房子一间，小房子一间归虎某某继承。土地有 4 亩左右，因还有陆甲，还有一个在外下落不明，陆乙应划出 1.8 亩土地归陆甲管用；（2）以前的债权债务及土地不再变动。"协议达成后，虎某某、陆甲在"当事人"处签了字，热水镇岱海村人民调解委员会并加盖了公章。另查明，虎某某与陆乙同居期间没有办理结婚登记手续，没有生育子女，陆甲系陆乙的长兄，陆甲的父母已死亡，2004 年 6 月 20 日由宣威市国土资源局出具的集体土地使用证上载明土地使用者为陆乙，调解协议中的小房子是集体土地使用证上的畜厩，该畜厩已被陆甲拆除，并于 2013 年 9 月在空地上用空心砖建盖了房屋。

【案件焦点】

未婚男女未履行结婚登记而共同生活，一方死亡，他方要求以配偶资格继承死者遗产的，能否得到法院的难许。

【法院裁判要旨】

云南省宣威市人民法院经审理认为：原告虎某某依据在热水镇岱海村人民调解委员会组织调解下达成的调解协议书主张被告陆甲排除妨害，拆除所建房屋，并将房屋所占的宅基地返还，审理中查明虎某某与陆乙在同居期间没有办理结婚登记手续，根据《最高人民法院关于适用〈中华人民共和国婚姻法〉若干问题的解释（一）》（以下简称《婚姻法司法解释（一）》）第六条的规定，未补办结婚登记的，男女双方间的关系按同居关系处理，任何一方不享有夫妻财产分割和以配偶身份继承对方财产的权利。本案中虎某某与陆乙从 2002 年农历 1 月 16 日开始未办理结婚证而以夫妻名义共同生活，在陆乙死亡后，虎某某以配偶身份主张享有继承权，不符合法律规定，虎某某不具备签订该协议的主体资格，同时审理中查明调解协议中涉及的小房子系陆乙的个人财产，虎某某无权处分陆乙的个人财产。根据《最高人民法院关于审理涉及人民调解协议的民事案件的若干规定》第五条规定"有下列情形之一的，调解协议无效：（一）损害国家、集体或者第三人利益；（二）以合法形式掩盖非法目的；（三）损害社会公共利益；（四）违反法律、行政法规的强制性规定。"因此，双方所签订的调解协议书依法认定为无效。根据《中华人民共和国民事诉讼法》（以下简称《民事诉讼法》）第六十四条第一款和《最高人民法院关于民事诉讼证据的若干规定》第二条的规定，对于原告虎某某主张被告陆甲排除妨害，拆除所建房屋，并将房屋所占的宅基地返还的诉讼请求，证据不足，本院不予支持。

综上所述，依照《民事诉讼法》第六十四条第一款及《最高人民法院关于民事诉讼证据的若干规定》第二条之规定，判决如下：

驳回原告虎某某的诉讼请求。

【法官后语】

首先，本案解决的问题是虎某某与陆乙之间的关系的认定。《中华人民共和国婚姻法》第八条规定："要求结婚的男女双方必须亲自到婚姻登记机关进行结婚登记。……"这一条文告诉我们，结婚必须登记，而本案中，虎某某与陆乙只是举行了民间意义上的婚礼，但实际上并没有结婚所必须的要件——进行结婚登记。所以，虎某某与陆乙之间不是合法的婚姻关系，法院只能认定两人之间在法律上是同居关系。

其次，对于由同居关系引发的财产分割问题。《最高人民法院关于人民法院审理未办结婚登记而以夫妻名义同居生活案件的若干意见》第十条规定："解除非法同居关系时，同居生活期间双方共同所得的收入和购置的财产，按一般共有财产处理。……"因此，虎某某与陆乙对共同生活期间的财产享有共同所有权。

最后，对于继承权问题。《婚姻法司法解释（一）》第六条规定："未按婚姻法第八条规定办理结婚登记而以夫妻名义共同生活的男女，一方死亡，另一方以配偶身份主张享有继承权的，按照本解释第五条的原则处理。"《婚姻法司法解释（一）》第五条规定："未按婚姻法第八条规定办理结婚登记而以夫妻名义共同生活的男女，起诉到人民法院要求离婚的，应当区别对待：（一）1994年2月1日民政部《婚姻登记管理条例》公布实施以前，男女双方已经符合结婚实质要件的，按事实婚姻处理；（二）1994年2月1日民政部《婚姻登记管理条例》公布实施以后，男女双方符合结婚实质要件的，人民法院应当告知其在案件受理前补办结婚登记；未补办结婚登记的，按解除同居关系处理。"在本案中，虎某某与陆乙的同居是在2002年，明显是在1994年2月1日之后，因此虎某某不适用事实婚姻关系关于继承权的规定，而应适用同居关系关于继承权的规定。那么，有关同居关系的继承权的规定又是什么呢？《最高人民法院关于人民法院审理未办结婚登记而以夫妻名义同居生活案件的若干意见》第十三条规定："同居生活期间一方死亡，另一方要求继承死者财产的，如认定为同居关系，而又符合《中华人民共和国继承法》第十四条规定的，可根据相互扶助的具体情况处理。"《中华人民共和国继承法》（以下简称《继承法》）又是如何规定的呢？《继承法》第十四条规定："对继承人以外的依靠被继承人扶养的缺乏劳动能力而又没有生活来源的人，或者继承人以外的对被继承人扶养较多的人，可以分给他们适当的遗产。"在本案中，虎某某与陆乙在共同生活中的确有一种相互扶助的关系，但是，虎某某有劳动能力和生活来源，所以，法院判令虎某某没有继承权。

编写人：云南省宣威市人民法院　浦迪

33

同居期间购房，产证登记为一人法院认定系共同财产

——焦某某诉王某同居关系析产案

【案件基本信息】

1. 裁判书字号

新疆维吾尔自治区生产建设兵团第八师中级人民法院（2014）兵八民一终字第 220 号民事判决书

2. 案由：同居关系析产纠纷

3. 当事人

原告（被上诉人）：焦某某

被告（上诉人）：王某

【基本案情】

1996 年焦某某与王某相识并建立恋爱关系，后双方以夫妻名义同居生活。2000 年 3 月，双方以王某的名义购置了北京市朝阳区的房屋（以下简称该房屋）一套。焦某某支付了首付款 199691 元，并办理按揭贷款 75 万元（每月还贷 8200 元），且以个人名义装修房屋、交纳物业费及购买家具，之后双方开始在该房屋同居生活。焦某某自 2000 年到 2004 年春节时，共还贷 347787.58 元。2004 年春节后，双方终止了同居关系，然而焦某某继续交纳房贷，并一直同家人居住在该房屋内。自 2004 年春节后到 2008 年年底，焦某某个人还贷 425089.43 元。2009 年，因双方为房屋的所有权发生纠纷，焦某某终止了还贷。王某遂于 2010 年 3 月 30 日付清剩余贷款及滞纳金共计 132902 元后办理了房产证，并私自将房屋以 246 万元的价格出售于

第三人。当第三人要求焦某某腾房时，焦某某得知其权利受到了侵害遂诉至北京市朝阳区人民法院（以下简称朝阳法院）要求确认王某与第三人的房屋买卖合同无效，并要求将该房屋过户至焦某某名下。朝阳法院依法驳回了焦某某的诉请。

【案件焦点】

本案的争议焦点为：1. 焦某某与王某是否为同居关系；2. 该房屋是否为双方同居期间的共同财产，应当如何析产；3. 焦某某是否应当对王某予以补偿。

【法院裁判要旨】

新疆维吾尔自治区石河子市人民法院认为：关于焦点一，大量证据证实焦某某与王某在长达七、八年的时间里，以夫妻名义持续、稳定地共同居住，并为当地群众所知晓和承认，而且双方有共同的经济生活，故可认定双方系同居关系。关于焦点二，房屋的权利人虽登记为王某一人，但首付款及银行按揭贷款一直由焦某某出资和偿还，再结合房屋实际由焦某某及其家人长期居住等事实，认定王某仅为名义上的产权人，该房屋实际属于焦某某与王某同居生活期间共同购置的财产。依照《最高人民法院关于人民法院审理未办结婚登记而以夫妻名义同居生活案件的若干意见》（以下简称《若干意见》）第十条的规定，同居生活期间共同购置的财产，按一般共有财产处理。经查明焦某某与王某共有该房屋的价值为1203432元。参照《中华人民共和国婚姻法》（以下简称《婚姻法》）第三十九条的规定，判决焦某某与王某对同居期间的共有财产部分予以平均分割；对于双方在终止同居关系后各自所交的款项，参照《最高人民法院关于适用〈中华人民共和国婚姻法〉若干问题的解释（三）》（以下简称《婚姻法司法解释（三）》）第十条的规定，判决双方各自还贷支付的款项及其相对应财产增值部分归各自所有。最后，考虑到焦某某与王某分居后，焦某某长期居住在以王某名义登记的该房屋内长达五年之久，为体现现行婚姻家庭法律对妇女利益保护的原则，酌情对王某予以补偿20万元。

依照《婚姻法》第十二条和《若干意见》第十条之规定，作出如下判决：

一、王某给付焦某某共有财产的折价补偿款1553736元；

二、焦某某给付王某住房的补偿费20万元。

二审法院经审理后认为：一审认定事实清楚，适用法律正确。根据《中华人民共和国民事诉讼法》第一百七十条第一款第（一）项之规定，判决：

驳回上诉，维持原判。

【法官后语】

本案主要的难点是该房屋系焦某某与王某的共有财产还是王某的个人财产，要解决这一难点的前提又要首先确定双方是否为同居关系，因此，厘清两者的关系对于共同财产的认定与分割起着至关重要的作用。同居关系与恋爱关系的主要区别就是双方有无稳定地长期共同居住。同居的一项构成要件就是要求双方在一起稳定地长期居住，若双方分居两地，仅是偶尔小聚，平时通电话、约会进行交往，则不能认定为是同居关系，而只能作为一般恋爱关系处理。根据一般意义上对同居关系和恋爱关系的理解，前者是后者的进一步发展，两个概念是递进关系，而非矛盾关系。

对于同居期间的共有财产的认定，根据《若干意见》第十条规定"解除非法同居关系时，同居生活期间双方共同所得的收入和购置的财产，按一般共有财产处理"的表述，同时要适用照顾儿童、妇女与无过错方的原则。但是，目前法律没有进一步明确同居期间的共同财产采用共同共有还是按份共有的形式，参照《最高人民法院关于适用〈中华人民共和国婚姻法〉若干问题的解释（一）》第十五条："被宣告无效或被撤销的婚姻，当事人同居期间所得的财产，按共同共有处理"的规定，结合本案查明的基本事实，认定王某仅是名义上的产权人，房屋实际属于两人共同购置的财产。根据双方同居期间和终止同居后交纳房款的实际情况，确定此房实际系双方个人财产与共同财产的混合体，析产时应予以区别对待。对于双方同居期间的共同财产部分，可参照《婚姻法》第三十九条之规定，本着公平原则予以平均分割；对于在终止同居关系后各自所偿还的按揭贷款，参照《婚姻法司法解释（三）》第十条的规定，判决两人所支付的还贷额及其相对应财产增值部分归各自所有。最后，本院综合了双方的具体情况，析产时判令焦某某额外对王某予以补偿，亦体现了现行婚姻家庭法律对妇女利益的保护。

编写人：新疆维吾尔自治区石河子市人民法院　李宛秋

34

仅凭开房记录不足以认定与他人同居

——李某某诉苏某某同居关系案

【案件基本信息】

1. 裁判书字号

四川省广安市前锋区人民法院（2014）前锋民初字第 2216 号民事判决书

2. 案由：同居关系纠纷

3. 当事人

原告：李某某

被告：苏某某

【基本案情】

2007 年 5 月李某某和苏某某经人介绍相识、恋爱后同居生活，并生育一女，其后双方补办了结婚登记手续，婚后又生育一子。在原、被告共同生活期间，双方曾因生活琐事发生纠纷。2014 年 4 月 23 日，被告苏某某与原告之父因家庭琐事发生纠纷，经义乌市公安局苏溪派出所调解后达成协议确定双方均有过错，相互道歉，损失自负。2014 年 7 月 18 日，因原告李某某怀疑被告苏某某与他人有不正当男女关系报警称有人卖淫嫖娼，经义乌市公安局苏溪派出所处警调查，原告系谎报，对原告进行批评教育。2014 年 9 月 4 日，原被告因琐事发生吵架，经义乌市公安局苏溪派出所处警后，告知双方协商解决。

2014 年 10 月 21 日李某某到法院起诉与苏某某离婚，并举示了义乌市公安局苏溪派出所出具《全省旅馆住宿人员［2012 年以来］列表》，证明苏某某与第三者吴某在 2012 年以来开房同居 11 次，长期与第三者同居生活，请求法院认定夫妻感情确已破裂，苏某某为过错方，离婚时财产分割方面适当考虑无过错方。苏某某在答辩中明确表示不离婚，对对方提供的《全省旅馆住宿人员［2012 年以来］列表》

的真实性不持异议，但认为记录上不止第三者吴某一个人进入酒店，且探望朋友也需要登记，所以不能证明他与吴某有不正当关系。

【案件焦点】

义乌市公安局苏溪派出所出具《全省旅馆住宿人员［2012 年以来］列表》是否能够认定被告苏某某非法同居。

【法院裁判要旨】

四川省广安区前锋区人民法院经审理认为：当事人对于自己的主张，有责任提供证据。对于原告李某某所提交的被告苏某某与其他女性在宾馆、酒店开房记录的证据，不能充分证明被告与他人有不正当男女关系。同时，被告在宾馆、酒店开房的时间不连续、地点不固定，缺乏持续性和稳定性，不宜认定原、被告夫妻感情确已破裂。

故此，四川省广安市前锋区人民法院认为原、被告的夫妻感情尚未完全破裂，对于原告要求与被告离婚的诉讼请求，本院不予支持。据此，四川省广安市前锋区人民法院依照《中华人民共和国婚姻法》（以下简称《婚姻法》）第三十二条第二款和《最高人民法院关于民事诉讼证据的若干规定》第二条之规定，作出如下判决：

驳回原告李某某的诉讼请求。

【法官后语】

本案处理重点主要在于对本案法律事实的认定。我国《婚姻法》第三十二条第三款中规定，"有下列情形之一，调解无效的，应准予离婚：（一）重婚或有配偶者与他人同居的……"；《最高人民法院关于人民法院审理离婚案件如何认定夫妻感情确已破裂的若干具体意见》第八条规定，"一方与他人通奸、非法同居，经教育仍无悔改表现，无过错一方起诉离婚，或者过错方起诉离婚，对方不同意离婚，经批评教育、处分，或在人民法院判决不准离婚后，过错方又起诉离婚，确无和好可能的"。从上述法律、司法解释中可以看出，在离婚案件中，对夫妻感情是否破裂应当考虑一方是否存在有与他人保持不正当男女关系或同居等情形。

具体到本案中，原告李某某举示了派出所出具的《全省旅馆住宿人员［2012

年以来]列表》，拟证明被告苏某某长期与他人同居生活，双方夫妻感情确已破裂，应当判决离婚。但《全省旅馆住宿人员[2012年以来]列表》仅证明了被告苏某某与他人有共同开房的事实，在无其他证据佐证的情况下，无法直接证明被告苏某某与其他异性保持不正当男女关系。同时，原被告双方一直共同生活在一起，被告苏某某与他人开房的时间不连续、地点不固定，缺乏持续性和稳定性，也不能认定被告苏某某系"有配偶者与他人同居"，对原告李某某拟证明的事实从证据上无法认定，故认定原告承担举证不力的后果，认定夫妻双方感情未破裂，驳回原告的诉讼请求。

编写人：四川省广安市前锋区人民法院　刘和谦

35

同居期间共同财产和共同债务的认定

——韦某某诉黄某宁同居关系案

【案件基本信息】

1. 裁判书字号

广西壮族自治区河池市都安瑶族自治县人民法院（2014）都民初字第644号民事判决书

2. 案由：同居关系纠纷

3. 当事人

原告：韦某某

被告：黄某宁

【基本案情】

2004年，被告委托原告代理其进行诉讼，双方由此相互认识，之后发展为同居关系，共同在都安瑶族自治县澄江乡八仙开发区城东大街居住生活，至今未办理结婚登记手续。2006年10月30日生育女儿韦某甲，2009年4月双方到都安县城租房居住，2013年5月，被告离开原告另行租房居住生活至今。2014年3月12日，被告曾到法院起诉，要求处理同居关系子女抚养及财产分割问题，后因故撤诉。2014年 7 月 7 日，原告向本院提起诉讼，请求依法判令：一、女儿韦某甲归原告抚养，被告每月支付抚养费 400 元（时间从 2013 年 5 月 1 日起计算），医疗费、教育费凭票据支付 50%，女儿成年后在校读书继续支付；二、由被告偿还信用社贷款本金5000 元及利息；三、本案诉讼费由被告承担；四、都安县澄江乡八仙开发区城东大街房屋归原告所有。

另，原告与前妻黄某红于 1994 年 11 月 17 日生育儿子韩某某，韩某某现系在校大学生，2005 年原告与前妻离婚，婚生儿子韩某某跟随原告居住生活；被告与前夫生育两个儿子，长子现年 16 岁、次子现年 13 岁，均系在校学生，2003 年 10 月被告前夫因事故去世后，两个儿子均由被告监护、抚养。都安瑶族自治县澄江乡八仙开发区城东大街房屋的第一至第二层于 2002 年建成，2013 年 6 月 5 日开始增建第三至第五层，2014 年 4 月增建完毕。本案庭审中，原、被告均承认同居期间无共同债权。

【案件焦点】

都安瑶族自治县澄江乡八仙开发区城东大街房屋第三至第五层是否为原、被告共同财产；信用社贷款本金 5000 元及利息是否为原、被告共同债务。

【法院裁判要旨】

广西壮族自治区都安瑶族自治县人民法院经审理认为，原、被告未依法办理结婚登记手续，双方的同居关系，不受法律保护。双方自动解除同居关系后，对居期间所生子女的抚养义务并未免除。关于子女的抚养问题，本院认为，本案被告与前夫生育的两个儿子均未成年，平时均需被告监护、抚养，而原告与前妻所生的儿子已成年，不需要监护，考虑子女的利益及双方的实际情况，双方分居后女儿韦某甲由原告抚养为宜；分居后，被告仍有负担女儿部分抚养费的义务。依照《最高人民法院关于适用〈中华人民共和国婚姻法〉若干问题的解释（一）》（以下简称《婚姻法司法解释（一）》）第二十一条的规定，抚养费包括子女的生活费、教育费、医疗费等费用，原告未提供证据证明被告自 2013 年 5 月 1 日至本案开庭审理前未尽抚养女儿义务，故其要求被告从 2013 年 5 月 1 日起按月支付女儿抚养费 400 元并分担女儿一半的医疗费、教育费的主张，本院不予支持。女儿的抚养费应于本案判决生效之日起按月支付，至女儿年满十八周岁止。根据双方的实际情况及当地的生活水平，应以每月 350 元为宜；关于原告主张由被告偿还信用社的贷款及利息，本院认为，信用社贷款催收通知书及利息计算单上写明的借款人为原告，借款时间为原告与其前妻的婚姻关系存续期间，且原告并不主张该债务用于其与被告同居期间的共同生活开支，依法不属于原、被告的共同债务，不宜在本案处理。原告主张该贷款是帮被告所贷，该债务应属于原、被告之间的个人债务，属于另一法律关系，应另案处理。被告提出其与原告共同出资增建都安瑶族自治县澄江乡八仙开发区城东大街房屋的第三至第五层，因其未在法定举证期限内提供相关证据证实，本院不予认定，被告要求按共有财产分割房屋，证据不足，本院不予支持。原告主张都安瑶族自治县澄江乡八仙开发区城东大街房屋归其所有，本院认为，该房屋是一个整体，共有五层，其中第一至第二层系 2002 年建成，原告未能提供证据证实第一至第二层系其个人财产，故原告要求该房屋归其所有，本院不予支持；被告庭审中主张双方同居期间的共同财产有：电视机两台、电冰箱一台、洗衣机一台、三轮摩托车一部，因其未在法定举证期限内提供相关证据证实，本院不予认定。依照《中华人民共和国婚姻法》第二十五条，《婚姻法司法解释（一）》第五条第（二）项、第二十一条，《最高人民法院关于适用〈中华人民共和国婚姻法〉若干问题的解释（二）》第一条，《最高人民法院关于人民法院审查未办结婚登记而以夫妻名义同居生活案件的若干意见》第八条、第九条，《中华人民共和国民事诉讼法》第六十四条第一款、第六十五条第一款之规定，判决如下：

一、原告韦某某与被告黄某宁所生育的女儿韦某甲跟随原告韦某某居住生活，由原告直接抚养至女儿成年，被告黄某宁自本判决发生法律效力之日起按月支付女儿韦某甲抚养费 350 元给原告，至女儿年满十八周岁止；

二、驳回原告韦某某的其他诉讼请求。

【法官后语】

同居是指符合婚姻的实质要件，但没有履行结婚登记手续的男女自愿共同生活在一起，相互享有权利、承担义务的一种两性结合方式。虽然双方以"夫妻"的名义同居生活，但解除同居关系时，在处理财产和债务方面与合法夫妻还是存在区别的。同居生活期间双方所得的收入和购置的财产，按一般共有财产处理，为共同生产、生活而形成的债权、债务可按共同债权债务处理。本案中，被告主张房屋的三到五层为共同财产，但没有提交证据证明自己出资建造，法院无法确认被告对该部分房屋享有份额。原告主张 5000 元债务为被告所借，亦不符合共同债务的要件，故法院不予处理。

编写人：广西壮族自治区河池市都安瑶族自治县人民法院　韦玉妮

$$36$$

同居关系认定以及同居期间的财产分割

——冯某某诉姜某同居关系析产案

【案件基本信息】

1. 裁判书字号

北京市第二中级人民法院（2014）二中民终字第 11710 号民事判决书

2. 案由：同居关系析产纠纷

3. 当事人

原告（上诉人）：冯某某

被告（被上诉人）：姜某

【基本案情】

冯某某与姜某原系男女朋友关系，于 2003 年开始同居，庭审中，双方均认可双方已于 2012 年 7 月结束同居关系。

另查，2006 年 3 月 15 日，姜某与北京万年花城房地产开发有限责任公司签订《北京市商品房预售合同》，姜某购买了樊家村危改房屋，房屋价格为 446864 元。2006 年 3 月 10 日，北京万年花城房地产开发有限责任公司出具发票，载明姜某已交来万年花城首付款 96864 元。2006 年 5 月 10 日，姜某与中国农业银行丰台支行营业室签订《北京住房公积金管理中心个人住房担保委托贷款借款合同》，姜某借款 350000 元。贷款期限为 30 年，每月还款额为 1800 元。2006 年 12 月 19 日，北京万年花城房地产开发有限责任公司出具发票，载明姜某已交来万年花城房款351629元。2008年8月11日，姜某取得上述房屋房屋所有权证，依据房屋所有权证记载，房屋所有权人为姜某，房屋坐落于丰台区。

再查，姜某曾以排除妨害纠纷为由将冯某某诉至本院，要求冯某某将丰台区房屋腾退交还。本院以房屋系在双方同居期间取得，双方对同居期间有关共同财产尚未进行明确分割处理为由判决驳回姜某的诉讼请求。判决后，姜某不服判决上诉至北京市第二中级人民法院，北京市第二中级人民法院以（2013）二中民终字第155号民事判决书判决驳回上诉，维持原判。

庭审中，针对首付款支付情况，姜某表示首付款系其向王某某及姜甲借款支付，就其主张，姜某提交姜甲中国光大银行借记卡交易记录，证明姜甲于2006年3月10日向姜某转账87087元。姜某亦申请王某某及姜甲出庭作证，王某某称其与姜某系同事关系，2006年姜某购买万年花城房屋时向其借款30000元支付首付款，后借款已由姜某偿还。姜甲表示其与姜某系兄弟关系，万年花城首付款及装修款均为其替姜某支付。针对姜某提交的交易记录及证人证言，冯某某表示两名证人与姜某存在利害关系，故对于证人证言法院不应予以采信，冯某某在购房时也有款项汇入姜某账户，故冯某某亦出资购房，就其主张，冯某某提交王某甲证言，证明购房时其向王某甲借款15000元用于购房，后该款用于房屋装修。

庭审中，针对姜某提出的反诉请求，其提交催缴通知书、京东商城订单、信用卡对账单、上海宝乔网络科技有限公司商家加盟合同书、美容费用发票、华西证券开户文本等证明冯某某在同居期间使用其财产，要求冯某某予以返还。冯某某表示上述证据与本案房屋无关，故不予认可。

庭审中，双方经协商同意如对房屋进行分割，则房屋价值为2400000元。

【案件焦点】

同居关系的认定及财产分割。

【法院裁判要旨】

北京市丰台区人民法院经审理认为：当事人对自己提出的诉讼请求所依据的事实或者反驳对方诉讼请求所依据的事实有责任提供证据加以证明。没有证据或者证据不足以证明当事人的事实主张的，由负有举证责任的当事人承担不利后果。姜某支付首付款购买丰台区房屋，该房屋亦登记在姜某个人名下，冯某某虽主张该房屋系同居期间购置，其亦就该房屋的购置支付了钱款，但庭审中其认可其借款 15000 元系用于该房屋装修而非用于购房款，其亦未提交其他证据证明支付了购房款，故该房屋属姜某个人财产；至于该房屋已还贷款部分，因双方同居期间，日常生活支出主要由姜某负担，房屋贷款亦均由姜某账户支付，故本院考虑冯某某在同居期间对于双方生活的贡献，对已还贷款部分及房屋增值部分予以分割，因双方已就房屋价值达成一致意见，故分割依此价值予以确定，分割份额由本院依据同居时间、同居期间还款情况、双方贡献等方面予以酌定；姜某提交的证据不足以证明其主张，故对于姜某的反诉请求，本院不予支持。

北京市丰台区人民法院依照《中华人民共和国民法通则》第五条、《最高人民法院关于民事诉讼证据的若干规定》第二条之规定，作出如下判决：

一、被告（反诉原告）姜某名下丰台区房屋归被告（反诉原告）姜某所有，被告（反诉原告）姜某于本判决书生效之日起三十日内给付原告（反诉被告）冯某某房屋折价款 12 万元；

二、驳回被告（反诉原告）姜某的反诉请求。

上诉人冯某某诉称，诉争的北京市丰台区房屋（以下简称诉争房屋）属于其与姜某的共同财产，其应当享有 50% 的产权份额。被上诉人姜某辩称，诉争房屋系其以个人名义购买，属于其个人财产。北京市第二中级人民法院经审理认为：本案的争议焦点是原判对诉争房屋的权属分配是否适当。依据查明的事实，诉争房屋由姜某支付首付款购买并登记在姜某个人名下，故其应属姜某个人财产。冯某某虽主张该房屋系同居期间购置，但未就其对该房屋的出资情况提供有效证据；冯某某亦不能举证证明其与姜某同居期间其本人的工作、收入情况，故对于冯某某要求享有诉争房屋 50% 的产权，本院不予支持。原审法院考虑到双方同居期间的日常生活支出状况、同居期间还款情况及双方对于共同生活的贡献等因素酌定由姜某给付冯某某相应数额的钱款，姜某亦对此表示同意，本院不持异议。综上，原判并无不当，应予维持。

【法官后语】

该案例涉及同居关系以及同居期间所得财产的认定和分割问题。同居关系与婚姻关系不同，不是受法律保护的法律关系，但在同居期间容易发生财产混同，故确定同居关系析产纠纷的案由来处理此类纠纷。

一、同居关系的认定

《最高人民法院关于适用〈中华人民共和国婚姻法〉若干问题的解释（二）》第一条规定："当事人起诉请求解除同居关系的，人民法院不予受理。但当事人请求解除的同居关系，属于婚姻法第三条、第三十二条、第四十六条规定的'有配偶者与他人同居'的，人民法院应当受理并依法予以解除。当事人因同居期间财产分割或者子女抚养纠纷提起诉讼的，人民法院应当受理。"

广义上的同居关系包括未婚同居、非法同居（有配偶者与他人同居）和经确认无效和被撤销的婚姻关系（按同居关系处理）。

本案原告、被告均认可双方从 2003 年开始同居，并未进行婚姻登记，因此按照法律规定，属于未婚同居关系。双方也认可于 2012 年双方结束同居关系，原告针对同居期间的财产分割提起诉讼，法院应当受理。

二、同居关系期间取得的财产性质的认定

《最高人民法院关于人民法院审查未办结婚登记而以夫妻名义同居生活案件的若干意见》第十条规定："解除非法同居关系时，同居生活期间双方共同所得的收入和购置的财产，按一般共有财产处理。"民事法律关系中的共有关系包括共同共有和按份共有，司法解释中的"一般共有"应当如何理解？同居关系与婚姻关系不同，同居关系不受法律保护，没有稳定的共同关系作为基础，因此不宜照搬婚姻关系关于关于共同财产的规定：直接推定共同共有，除非双方另有约定。同居关系期间的共同财产如果能够分出份额的，应当认定为是按份共有，如果财产混同的，应当认定为是共同共有。

本案争议的焦点问题就是同居期间所购房屋的权属问题。经过法院调查，房屋系同居期间被告借款并出资交付首付款购买，并登记在被告名下。虽然原告主张对购房也有出资，但其陈述表明出资用于房屋装修。《最高人民法院关于适用〈中华人民共和国婚姻法〉若干问题的解释（三）》第十条的规定："夫妻一方婚前签订不动产买卖合同，以个人财产支付首付款并在银行贷款，婚后用夫妻共同财产还贷，不动产登记于首付款支付方名下的，离婚时该不动产由双方协议处理。依前款规定不能达成协议的，人民法院可以判决该不动产归产权登记一方，尚未归还的贷款为产权登记一方的个人债务。双方婚后共同还贷支付的款项及其相对应财产增值部分，离婚时应根据婚姻法第三十九条第一款规定的原则，由产权登记一方对另一方进行补偿。"本案中原、被告对于房屋首付款的出资情况比较明确，被告用个人出资，而非共同财产出资，支付首付款，因此比照以上司法解释，判定房屋归被告所有。

三、同居关系析产纠纷中的财产分割

对于同居关系期间的还贷部分，考虑到双方同居期间日常生活支出状况、同居期间还款情况及双方对于共同生活的贡献等因素，法院按照司法解释的规定对于共同还贷支付的款项及其相对应财产增值部分，判决由被告对原告进行补偿。

编写人：北京市丰台区人民法院　张莹

五、抚养纠纷

37

父母约定一方与非婚生子女不具有亲子关系是否有效

——王某某诉夏某某抚养费案

【案件基本信息】

1. 裁判书字号

安徽省马鞍山市博望区人民法院（2014）博民一初字第00051号民事判决书

2. 案由：抚养费纠纷

3. 当事人

原告：王某某

被告：夏某某

【基本案情】

2002年2月，王某某与夏某某按当地习俗举行婚礼，并同居生活，双方未办理结婚登记手续。同年7月，双方分居生活。2003年2月1日，王某某生育一女，现取名王甲。2006年7月24日后，王某某因女儿抚养问题多次与夏某某发生纠纷。2007年2月6日，为女儿抚养权一事，经所在村委会调解达成协议：一、女儿王甲由乙方（王某某）带走，从此归她抚养，今后其生活费、上学费用等由王某某一人负担；二、甲方（夏某某）从此以后不再向乙方提供任何生活费用；三、今后任何一方不得再借口到另一方去找麻烦。次日，双方再次达成协议：一、王甲由王某某抚养，夏某某不得争夺抚养权；二、王甲今后生活情况与夏某某无关；三、王甲与夏某某不存在父女关系；四、双方不得再为此事发生争执。

王某某与王甲现居住在本市博望镇，就读四年级（住校）。王甲自出生后除 2007 年期间随夏某某生活 2~3 月外，其余时间和王某某一起生活，夏某某一直未支付子女抚养费。夏某某现已结婚，生育一子。在诉讼中，王甲表示愿随王某某生活。

另查明：根据王某某申请，经双方协商确定，本院委托南京医科大学司法鉴定所进行亲子关系鉴定。鉴定意见为：支持夏某某与王甲之间存在生物学亲子关系。王某某请求法院依法判令：一、非婚生女儿王甲由原告抚养；二、被告一次性给付原告自 2003 年 2 月起至 2013 年 12 月止的子女抚养费 100000 元，并按每月 800 元的标准负担自 2014 年 1 月起至王甲十八周岁止的子女抚养费。

【案件焦点】

夏某某与王某某协议约定夏某某与王甲不具有父女关系是否有效，以及夏某某的子女抚养义务如何承担问题。

【法院裁判要旨】

安徽省马鞍山市博望区人民法院经审理认为：王某某与夏某某未办理结婚登记而同居生活并生育子女，根据《中华人民共和国婚姻法》（以下简称《婚姻法》）规定，非婚生子女王甲享有与婚生子女同等的权利，双方都有抚养的义务。关于王某某请求抚养女儿王甲的问题。王甲一直随王某某生活，且双方已就王甲由谁抚养有协议约定，夏某某也未对王甲由王某某抚养提出异议。因此，双方对于王甲的抚养问题并无纠纷，王某某的该项诉请理由不能成立，本院不予支持。关于王某某请求夏某某支付其抚养女儿期间的抚养费问题。双方分别于 2007 年 2 月 6 日和 2 月 7 日，先后两次就王甲的抚养问题签订协议，前者约定了王甲的生活费、上学费用等由王某某一人负担，后者约定了王甲今后生活情况与夏某某无关。两份协议内容不一致，故应以后一份协议为双方最终约定，前一份协议对双方不再具有约束力。但后一份协议中，双方约定的"王甲与夏某某不存在父女关系"，与事实不符，且违反法律规定，该内容无效；双方约定的女儿抚养费内容不明确，而法律规定父母对子女有抚养教育的义务，故夏某某不直接抚养女儿，其应负担抚养费。王某某主张自 2003 年 2 月起至 2013 年 12 月抚养王甲期间的抚养费 100000 元，考虑到夏某某确未尽到抚养义务，根据公平原则，其应对王某某作出适当补偿，根据夏某某已婚并抚养一子等家庭实际情况，酌情确定 20000 元为宜，对超过部分不予支持。王某某主张自 2014 年 1 月起的抚养费，根据《婚姻法》等有关规定，该权利主张的主体应是王甲，可由王甲的法定代理人王某某另行诉讼解决。

安徽省马鞍山市博望区人民法院依照《中华人民共和国民法通则》第四条，《婚姻法》第二十五条，《中华人民共和国民事诉讼法》第一百四十二条的规定，作出如下判决：

一、被告夏某某于本判决生效后十日内，补偿原告王某某自 2003 年 2 月至 2013 年 12 月抚养女儿王甲期间的费用 20000 元；

二、驳回原告王某某的其他诉讼请求。

宣判后，当事人未上诉，本判决已生效。

【法官后语】

本案具有一定的典型意义。随着经济社会的快速发展，人们的生活观念、婚育观念等发生了很大的变化。男女双方未办理结婚登记而非婚生育子女，极易引起双方就子女是否系亲生以及抚养问题等发生纠纷。通过对此类案件的正确裁判，可发挥司法裁判的道德指引作用，弘扬优良的社会主义家庭家风。

第一，当事人身份关系的确定。夏某某对王甲是否其亲生提出异议，为了查明案件事实，保护当事人的合法权益，使当事人权利义务的承担有更充分的依据，在征求当事人同意的情况下，法院进行亲子关系司法鉴定，确定了夏某某与王甲的父女关系。双方虽在后一份协议中约定的"王甲与夏某某不存在父女关系"，但这一约定与事实不符，且违反法律规定，该内容无效，父女身份关系的存在不能因协议的约定而予以否定。

第二，抚养义务的承担。《婚姻法》规定，不直接抚养非婚生子女的生父或生母，应当负担子女的生活费和教育费，直至子女能独立生活为止。夏某某作为不直接抚养子女的生父，应对王甲承担支付抚养费的责任，双方约定的女儿抚养费内容不明确，故法院判决夏某某对王某某单独抚养子女期间已经发生的抚养费用，给予一定的经济补偿。

第三，主体资格问题。王甲虽系未成年人，不具备完全民事行为能力，但其有向不直接抚养其的父亲主张抚育费的权利，其应作为原告，由其母亲王甲作为法定代理人主张子女抚育费，而不能由王某某作为原告主张子女抚育费，故王某某主张子女抚育费，因主体不适格而被法院驳回。

编写人：安徽省马鞍山市博望区人民法院　刘肇玄

38

子女意见及抚养能力并非判定抚养权的决定因素

——夏某某诉林某变更抚养权案

【案件基本信息】

1. 裁判书字号

北京市海淀区人民法院（2014）海少民初字第 89 号民事判决书

2. 案由：变更抚养权纠纷

3. 当事人

原告：夏某某

被告：林某

【基本案情】

夏某某与林某结婚后于 1998 年 11 月 3 日生育一子小林。2013 年 10 月 22 日双方经北京市海淀区人民法院调解离婚，诉讼期间双方均曾主张小林的抚养权，后协议约定小林由夏某某抚养，抚养费由夏某某自行负担；各自名下存款、住房补贴、股票归各自所有。现夏某某起诉要求变更抚养关系。法庭审理期间，法庭当面征询了小林的意见，小林明确表示其跟妈妈夏某某的感情更好，但从实际情况考虑想跟父亲林某一起生活。林某对小林证言的真实性提出异议，认为小林选择与其共同生活系夏某某授意的结果，并非小林真实意思表示，但未向法庭提供证据证明。

法庭查明，夏某某自 2006 年作为随军家属来京后无业至今。夏某某现与儿子小林租住在安宁里南区某三居室中的一间卧室，与其他四名租户共用厨房、卫生间，屋内有双人床一张，写字台、大衣柜各一个。林某为部队团级干部，自述月工资收入 6000 元左右。林某现住在单位提供的单身宿舍，屋内有双人床一张，单人床一张，简易衣柜一个，卫生间、洗漱间在走廊内为全层居民共用，无厨房。

法庭另查明，小林现为北京市第二十中学初三年级学生，将于 2014 年 6 月参加中考。林某系现役军人，因其工作关系，夏某某与林某婚后长期聚少离多，婚生之子小林自幼由夏某某抚养长大。夏某某目前单身，林某与女朋友李某已向部队提出了结婚申请，且李某与夏某某关系不睦，双方曾因琐事激烈争吵并发展为肢体冲突，后由民警出面调解解决。

【案件焦点】

子女意见及抚养能力是否是判定抚养权的决定因素。

【法院裁判要旨】

北京市海淀区人民法院经审理认为：离婚后，父母对于子女仍有抚养和教育的权利和义务。离婚后的子女抚养问题，应当从有利于子女身心健康，保障子女的合法权益角度出发，并结合双方具体情况确认。本案中，夏某某与林某离婚诉讼期间，夏某某在对自身抚养能力有明确认知的情况下主动争取小林的抚养权，系其真实意思表示，后双方约定小林由夏某某抚养，应是综合双方各自情况作出的慎重决定。夏某某此次起诉变更抚养权距离达成调解协议之日仅四月余，其抚养能力未发生重大变化。且小林在林某与夏某某离婚后一直由夏某某抚养，与夏某某一起生活，已养成了自己的学习及生活习惯，由夏某某抚养孩子能确保教育关系的一致性、规律性和稳定性。鉴于小林将于 2014 年 6 月参加中考，处于学习教育关键期，此时不宜改变孩子的学习、成长环境，小林由其母夏某某继续抚养为宜。故对夏某某要求变更子女抚养关系的诉讼请求，本院不予支持。

北京市海淀区人民法院依照《中华人民共和国婚姻法》（以下简称《婚姻法》）第三十六条之规定，作出如下判决：

驳回夏某某的全部诉讼请求。

【法官后语】

《最高人民法院关于人民法院审理离婚案件处理子女抚养问题的若干具体意

见》（以下简称《意见》）规定，人民法院审理离婚案件，对子女抚养问题，应当从有利于子女身心健康，保障子女的合法权益出发，结合父母双方的抚养能力和抚养条件等具体情况妥善解决。其中，《意见》第十六条规定："一方要求变更子女抚养关系有下列情形之一的，应予支持……（3）十周岁以上未成年子女，愿随另一方生活，该方又有抚养能力的"。

本案中，小林已满 15 周岁，经法庭当面征询意见，小林明确表示其跟妈妈夏某某的感情更好，但从实际情况考虑想跟父亲林某一起生活，符合《意见》第十六条规定的"十周岁以上未成年子女，愿随另一方生活"的情况。被告林某为部队团级干部，自述月工资收入 6000 元左右，属《意见》第十六条规定的"有抚养能力的"一方。针对本案情况，能否支持原告夏某某变更小林抚养关系的请求，有两种不同意见。

一种意见认为，《意见》第十六条明确规定，一方要求变更子女抚养关系，应予支持的情形包括十周岁以上未成年子女，愿随另一方生活，该方又有抚养能力的情况。本案中小林明确表示愿与被告林某共同生活，且林某工作及收入稳定，经济条件优于无业的原告夏某某，有抚养能力，有能力为小林提供更好的生活条件，符合《意见》第十六条规定的应予支持变更抚养关系的情形，应支持原告夏某某的诉讼请求。

另一种意见认为，虽然法律规定变更抚养关系要征求十周岁以上未成年子女的意见，但孩子的意见并不是判案的唯一依据。《婚姻法》第三十六条规定，如双方因抚养问题发生争执不能达成协议时，由人民法院根据子女的权益和双方的具体情况判决。这是处理抚养关系案件的基本原则。笔者赞同第二种意见。

审理未成年人抚养权纠纷案件，法官应从国家亲权角度出发，坚持儿童最大利益原则，充分考虑未成年人父母双方抚养能力、未成年人个人意志、共同居住人态度等综合因素作为判定抚养权归属的重要参考依据。对于双方均不愿抚养孩子的案件，对于抚养能力的判断不仅要审查工资收入等经济状况，而且还要从对抚养孩子的时间、精力等方面进行考察，以全面了解客观事实。因为，从当前物质条件和社会保障体系情况来看，简单地吃饱穿暖以及完成九年制义务教育已经不是履行抚养义务的主要内容，是否有利于孩子健康成长，更重要的还要从精神抚养层面，即孩子是否快乐、是否有归属感、和直接抚养人及共同居住人相处是否融洽等方面综合来加以判断。

本案中，林某因与夏某某矛盾较为激化，平时既不探望小林，也未承担其抚养费，对小林的生活不够关心，现在又坚决拒绝接纳小林。此外，林某已计划重新组建家庭，其女友与夏某某素来不睦，如果变更抚养关系，极有可能引起家庭矛盾，对小林的身心造成隐形伤害。

夏某某与林某离婚诉讼期间主动争取小林抚养权，其在对自身经济能力有明确认知的情况下，同意自行负担小林的抚养费，说明夏某某具有一定抚养能力，即使其经济确实困难，也可以通过要求林某增加抚养费等途径解决。因林某系军人，小林长期随母亲共同生活，与母亲的感情较深，显然由母亲继续抚养对小林的身心健康更为有利。

虽然小林表示愿意跟随其父生活，但其亦表示与母亲的感情更好，其过于自信的认为只要法院判决其由林某抚养，林某就能自然接纳其。对于变更抚养关系的后果，小林并没有充分考虑到。鉴于小林将于2014年6月参加中考，处于学习教育关键期，此时不宜改变孩子的学习、成长环境，小林由其母夏某某继续抚养为宜。因此，不能仅仅根据孩子的意见判定监护权的归属。

此外，因为变更抚养关系案件涉及的标的是未成年人人身，在处理案件过程中还必须充分考虑到判决结果是否具有可执行性。在小林自幼由夏某某抚养长大，林某拒绝承担抚养职责的情况下，确认小林继续由夏某某抚养，还可以减少执行阶段可能因执行不能而导致的涉诉信访等相关问题，最大限度地实现法律效果和社会效果的有机统一。

综合考虑以上因素，为了小林能够健康成长，其仍由夏某某继续抚养为宜。所以，夏某某要求变更抚养关系的诉讼请求未得到法院的支持。

编写人：北京市海淀区人民法院　张莹

$\boxed{39}$

婚姻关系存续期间抚养费数额及给付期间的确定

——郭某某诉池某某抚养费案

【案件基本信息】

1. 裁判书字号

北京市第二中级人民法院（2014）二中少民终字第 08634 号民事判决书

2. 案由：抚养费纠纷

3. 当事人

原告（上诉人）：郭某某

被告（被上诉人）：池某某

【基本案情】

郭某某母亲郭某与池某某系夫妻，双方于 2012 年 4 月 25 日登记结婚，自 2012 年 11 月分居生活至今。2013 年 6 月 20 日郭某生育一子郭某某，郭某某跟随母亲郭某生活至今。郭某曾两次起诉池某某要求离婚，均撤诉。2014 年 7 月，池某某起诉郭某离婚，该案现在北京市顺义区人民法院审理中。另查，池某某与前妻育有一女，双方离婚后孩子随池某某前妻生活，池某某称每月支付其女抚养费 500 元。

在原审法院审理中，池某某要求与郭某某进行亲子关系鉴定，郭某最初同意，池某某为此预付郭某母子差旅费 3500 元，后郭某不同意继续做亲子鉴定，池某某要求差旅费在抚养费中一并扣除，郭某表示同意。池某某并未就其与郭某某不存在亲子关系提供证据。

另，在二审法院审理中，郭某某及其法定代理人提交郭某某生活费清单，欲证明郭某某每月花费 7000 余元；池某某对上述证据及证明目的均不认可。池某某提交其在汕头市社会保险基金管理局缴费情况表，上载其缴费工资为 4211 元，欲证明其月收入情况；郭某某及其法定代理人对此不予认可。

在二审法院审理中，郭某某及其法定代理人申请法院调查池某某的收入情况。二审法院函致池某某现工作单位汕头大学调查其收入情况，根据汕头大学人事处复函，池某某现任汕头大学商学院讲师（助理教授），其自2013年7月起至2014年9月的税前收入，除2013年8月另发放一次性安家费16000元外，为每月13000余元至15000余元不等。双方当事人对上述复函内容均认可，郭某某及其法定代理人认为住房公积金亦应计入月总收入，池某某称其税后收入每月为9000余元。

【案件焦点】

婚姻关系存续期间子女抚养费数额及给付截止期限的确定依据。

【法院裁判要旨】

北京市大兴区人民法院经审理认为：婚姻关系存续期间，父母双方或者一方拒不履行抚养子女义务，未成年或者不能独立生活的子女请求支付抚养费的，法院应予支持。本案中，郭某与池某某尚未离婚，但是双方自孩子出生后并未共同生活，孩子一直由郭某单独抚养，池某某并未举证证明其支付过孩子的抚养费，并且鉴于郭某某尚年幼，为了更有利于郭某某的成长，应由池某某给付抚养费为宜，但给付数额应参照当地生活水平、孩子的实际需要及父母双方实际情况，酌情予以确定，对数额过高部分，不予支持。池某某要求将之前所述的郭某某母亲郭某从其处取得的7000元不当得利在诉讼请求中扣除，郭某某母亲郭某不认可并且不同意，鉴于该要求与本案诉讼主张并非同一法律关系，法院对该意见，不予采纳。双方同意差旅费3500元在抚养费中一并扣除，法院不持异议。另外，郭某与池某某因为婚姻关系问题争执至今，希望双方能够为孩子考虑，妥善冷静处理婚姻问题，为子女创造健康的生活环境。

北京市大兴区人民法院依据《中华人民共和国婚姻法》（以下简称《婚姻法》）第二十一条第一款之规定，判决如下：

一、池某某给付郭某某2013年6月20日至2014年5月20日的抚养费7500元（于判决生效后十日内给付）；

二、自2014年5月21日起，池某某每月给付郭某某抚养费1000元，至郭某某独立生活止（于每月二十日之前给付）；

三、驳回郭某某的其他诉讼请求。

一审判决后，郭某某及其法定代理人上诉提出：原判确定抚养费数额过低，池某某月收入应为20000元，其应每月支付抚养费6000元，请求二审法院查清事实，依法改判。池某某同意原判。

北京市第二中级人民法院经审理认为：婚姻关系存续期间，父母双方或者一方拒不履行抚养子女义务，未成年或者不能独立生活的子女请求支付抚养费的，人民法院应予支持。本案中，郭某与池某某处于婚姻关系存续期间，双方之子郭某某自出生后并未与其父池某某共同生活，一直由其母郭某独自抚养。鉴于池某某未提供充分证据证明其曾向郭某某支付抚养费，考虑郭某某的实际需要，原审法院依法判决池某某给付郭某某抚养费是正确的。由于郭某与池某某尚处于婚姻关系存续期间，其婚姻关系是否最终解除、离婚后郭某某直接抚养权的归属等目前尚不确定，在本案中处理今后抚养费可能与之后离婚诉讼、抚养关系确定等发生矛盾冲突，本院认为，本案仅就审理终结前池某某所欠抚养费进行处理，后续抚养费可待实际发生后，根据实际情况另行解决。原审法院在郭某与池某某婚姻关系存续期间直接判决池某某给付抚养费至郭某某独立生活时止有误，本院予以纠正。考虑到郭某某自出生至今均处于低龄婴幼儿阶段，在饮食起居各方面均需要特殊照顾，花费较高，为了更有利于郭某某的健康成长，综合考虑郭某某实际生活状况、当地生活水平及池某某、郭某的负担能力，本院确定池某某自2013年6月至2014年10月按每月2500元给付郭某某抚养费为宜，原审法院确定数额过低，本院予以更正。郭某某及其法定代理人上诉主张抚养费数额过高部分，缺乏事实及法律依据，本院不予支持。

另，原审法院根据双方当事人一致意见，对因鉴定产生的差旅费3500元在抚养费中予以扣除并无不当，依法对郭某与池某某的7000元其他经济争议所作处理亦无不妥。

二审法院依照《中华人民共和国民事诉讼法》第一百七十条第一款第（二）项之规定，判决：

一、撤销北京市大兴区人民法院（2014）大民初字第748号民事判决第二、三项；

二、变更北京市大兴区人民法院（2014）大民初字第748号民事判决第一项为：池某某给付郭某某2013年6月至2014年10月的抚养费39000元（于本判决生

效后十日内执行);

三、驳回郭某某的其他诉讼请求。

【法官后语】

本案争议焦点涉及婚姻关系存续期间子女抚养费数额及给付截止期限的确定。

关于焦点一，婚姻关系存续期间，未成年子女抚养费数额应如何确定，审判中存在两种意见。一种意见认为，婚姻关系存续期间，未成年子女抚养费的数额，可以参照《最高人民法院审理离婚案件处理子女抚养问题的若干具体意见》第七条之规定确定，根据子女的实际需要、父母双方的负担能力和当地实际生活水平确定，同时应考虑婚姻关系存续期间夫妻法定共有财产制的情况，酌情降低婚姻关系存续期间抚养费的给付数额；第二种意见认为，在参照上述意见第七条之规定确定婚姻关系存续期间抚养费时，应优先考虑未成年子女的实际需要，不考虑夫妻法定共有财产制度问题。

二审法院合议庭最终采纳了上述第二种意见。合议庭一致认为：

1. 优先考虑未成年子女的实际需要符合法律规定。《最高人民法院审理离婚案件处理子女抚养问题的若干具体意见》第七条规定，子女抚养费的确定，根据子女的实际需要、父母双方的负担能力和当地实际生活水平确定。有固定收入的，抚养费一般可按其月总收入的20%至30%的比例给付。有特殊情况的，可适当提高或降低上述比例。本案中，郭某某自2013年6月出生至判决时均处于低龄婴幼儿阶段，在饮食起居各方面均需要专人特殊照顾，处于花费较高的年龄，郭某某随母亲生活，其母郭某日常生活中既要上班获得收入，也要找专人照顾郭某某，同时还要负担房租等生活支出，经济上确实需要一定的保障，二审法院综合考虑郭某某实际生活需要、北京当地生活水平及法院在二审审理中所调查池某某收入为每月13000元至15000元的具体情况，确定池某某按每月2500元给付郭某某抚养费符合法定比例。

2. 不考虑夫妻法定共有财产制度符合法律、司法解释订立的目的。《婚姻法》第二十一条规定，父母对子女具有抚养教育的法定义务。父母不履行抚养义务时，未成年的或不能独立生活的子女有要求父母付给抚养费的权利。《最高人民法院关于适用〈中华人民共和国婚姻法〉若干问题的解释（三）》第三条规定，婚姻关系存续期间，父母双方或一方拒不履行抚养义务，未成年的或不能独立生活的子女请求支付抚养费的，人民法院应予支持。子女抚养费的立法目的就是保障子女的健康成长及丧失独立生活能力子女的生存权，子女抚养费请求权来源于子女与父母的身份关系，由法律直接规定，与父母是否离婚，是否分割夫妻共有财产，并无关联。从夫妻之间的关系来看，婚姻关系存续期间，夫妻共有财产没有分割前，如果一方不支付子女抚养费，另一方单独承担在经济上产生困难，子女抚养费用不足，影响子女健康成长的，此时子女抚养费请求权的行使，是夫妻共同承担子女抚养义务的一种方式，该种方式不以财产所有权的转移为标志，即一方支付子女抚养费，并非将抚养费的所有权转移给另一方，而是将夫妻共有财产的使用权交由另一方，用于支付子女抚养费。因此，婚姻关系存续期间支持抚养费请求权，不必考量夫妻法定共有财产制度的影响，该制度不应对子女抚养费数额的确定造成障碍。

3. 优先考虑未成年子女的实际需要符合国际公约儿童最大利益的价值取向，有利于保护未成年子女的合法权益。1989 年《儿童权利公约》第三条第一款规定："关于儿童的一切行动，不论是由公私社会福利机构、法院、行政当局或立法机构执行，均应以儿童的最大利益为一种首要的考虑。"所谓儿童最大利益原则包含两方面内涵：一是应将儿童视为拥有权利的个体，二是儿童利益必须高于成人社会利益，即凡是涉及儿童的任何事宜都必须以儿童的最大利益为重。这一原则得到了国际社会的普遍接受，并在解决有关儿童问题时被作为解释相关法律条文的依据。我国是联合国《儿童权利公约》的签约国，并通过国内立法贯彻对儿童权益的保护，因此，在相关婚姻家庭法解释中，应体现儿童最大利益原则。本案中，虽然每月 2500 元抚养费在北京地区同比亦属不低，但考虑到郭某某属于低龄婴幼儿，自出生即单独随其母共同生活，其在饮食起居各方面均需要专人特殊照顾，需要较高花费，该抚养费既是对郭某某生活质量的合理保障，也体现了法律、司法解释对儿童最大利益的价值追求。

关于焦点二，如何确定婚姻关系存续期间抚养费给付的截止期限，审判中存在三种意见。一种意见认为，婚姻关系存续期间抚养费应给付至子女年满十八周岁止；第二种意见认为，婚姻关系存续期间抚养费应给付至子女独立生活时止；第三种意见认为，婚姻关系存续期间抚养费应给付至法律文书作出之月止。

二审法院合议庭最终采纳了上述第三种意见，合议庭认为：

1. 婚姻关系存续期间抚养费给付至法律文书作出之月止符合未成年子女抚养

关系现状。笔者认为，上述第一、二种意见认为应当给付至子女年满十八周岁止或子女独立生活时止，应在未成年子女父母已经离婚或解除同居关系后，未成年子女直接抚养权相对稳定的情况下适用。本案中，郭某与池某某尚处于婚姻关系存续期间，双方的离婚案件正在一审法院审理中，二人分居状态以及郭某对郭某某的直接抚养均是暂时状态，具有不稳定性，二人婚姻关系是否最终解除、何时解除、离婚后郭某某直接抚养权的归属等问题目前均不确定。如在本案中处理判决之后发生的抚养费可能与正在进行的离婚诉讼、直接抚养权的确定等发生冲突或造成不当影响。本案审理中，由于二审法院对抚养费数额作出变更，考虑到池某某欠付抚养费状态一直延续至二审，故二审法院法院就本案审理终结前池某某所欠抚养费进行处理。

2. 婚姻关系存续期间抚养费给付至法律文书作出之月止不影响当事人今后的权利救济。判决后，未成年子女父母离婚前，未成年子女仍可以继续向不直接抚养方主张父母分居期间的抚养费，不影响未成年人主张抚养费请求权。紧急情况下，未成年子女及其法定代理人亦可依法就抚养费问题申请先予执行。对于支付抚养费一方，在对方提起后续抚养费诉讼时，亦可就其在该诉讼期间收入情况的变化提供证据，作为该案中法院确定抚养费数额的事实依据，使法院依法作出最符合双方当事人实际利益的合理判决。

编写人：北京市第二中级人民法院　张春燕

40

生母死亡，生父和继父谁有权成为孩子的抚养人

——陈某某诉黄某某变更抚养关系案

【案件基本信息】

1. 裁判书字号

云南省昆明市寻甸回族彝族自治县人民法院（2014）寻民初字第 564 号民事判决书

2. 案由：变更抚养关系纠纷

3. 当事人

原告：陈某某

被告：黄某某

【基本案情】

原告陈某某与李某某原系夫妻关系，双方在婚姻关系存续期间生育两个孩子：女儿陈甲，现年 8 岁；儿子陈乙，现年 6 岁。2013 年 6 月 28 日，因陈某某下落不明，法院通过公告程序缺席判决准予原告陈某某与李某某离婚，两个孩子陈甲、陈乙由李某某抚养，抚养费由李某某自负。2013 年 11 月 27 日，李某某与被告黄某某办理结婚登记手续后，两个孩子就随李某某和黄某某一起生活。2014 年 3 月 30 日，李某某不幸死亡。李某某死亡后，陈甲、陈乙一直随黄某某生活。原告陈某某认为两孩子的生母李某某死亡后，作为孩子的亲生父亲，应当由自己抚养两个孩子，遂诉至本院，请求判令孩子陈甲、陈乙由原告抚养。

【案件焦点】

本案争议焦点是：两个孩子的生母死亡后，其生父和继父谁有权对孩子进行抚养，是否应变更两个孩子的抚养关系。

【法院裁判要旨】

云南省寻甸回族彝族自治县人民法院经一审审理认为：父母离婚后，子女通常随抚养条件较为优越的父母一方生活，另一方要求变更抚养关系的前提是自身条件符合法律规定的变更抚养关系的情形或条件。本案中，原告陈某某虽系陈甲、陈乙的亲生父亲，但在陈某某与李某某婚姻关系存续期间，由于陈某某长期外出，两个孩子一直由李某某照管，加之法院判决陈某某与李某某离婚后，两个孩子也是由李某某抚养，李某某再婚后，两个孩子随李某某及被告一起生活，原告陈某某没有履行过相关义务，也未曾照顾过孩子，原告自身条件不符合变更抚养关系的条件。依照《中华人民共和国婚姻法》第二十七条规定：继父或继母和受其抚养教育的继子女间的权利和义务，适用本法对父母子女的有关规定。本案中，被告黄某某与两个孩子之间已形成事实上的抚养关系，两个孩子虽然年纪尚小，但经过征求孩子意见，两个孩子均表示不愿意随陈某某一起生活。考虑到目前若违背孩子意愿和改变孩子的学习生活环境，会对其身心健康成长不利，故原告陈某某的诉讼请求本院不予支持。

云南省寻甸回族彝族自治县人民法院依照《中华人民共和国民事诉讼法》第六十四第一款，《中华人民共和国婚姻法》第二十七条之规定，作出如下判决：

驳回原告陈某某的诉讼请求。

宣判后，原告陈某某不服一审判决，提出上诉。云南省昆明市中级法院二审审理认为：一审判决认定事实清楚，适用法律正确。终审判决：

驳回上诉，维持原判。

【法官后语】

近年来，随着离婚率的不断上升，关于抚养权纠纷的案件也越来越多。本案从表面上来看是一起普通的变更抚养关系纠纷，但又有其特殊性。因本案中两个孩子的生母与生父离婚后再婚又死亡，生父与继父谁享有孩子的抚养权，谁具备抚养两个孩子的条件是本案的争议焦点。按常理，陈某某作为两个孩子的亲生父亲，在其生母死亡后，应当然承担起两个孩子的抚养责任，但由于其长期在外打工，未对两个孩子进行照顾和抚养，不具备抚养两个孩子的条件。而黄某某作为两个孩子的继父，与两个孩子间存在抚养的事实，且在两孩子的生母死亡后仍然对孩子履行抚养义务，悉心照顾孩子的学习和生活，虽然与两个孩子一起生活的时间不是太长，但并不影响双方之间事实抚养关系的成立。综合考虑各方面的因素后，本案驳回了原告陈某某的诉讼请求。本案的处理结果看似有悖常理，但从有利于子女健康成长的角度，又是合情合理、合法的，对今后类似案件的审理具有一定的参考和借鉴作用。

编写人：云南省昆明市寻甸回族彝族自治县人民法院　马继英

$\boxed{41}$

亲子关系和一次性给付抚育费条件的认定

——吴甲诉吴乙抚养费案

【案件基本信息】

1. 裁判书字号

四川省成都市中级人民法院（2014）成少民终字第 159 号民事判决书

2. 案由：抚养费纠纷

3. 当事人

原告（上诉人）：吴甲

被告（被上诉人）：吴乙

【基本案情】

原告吴甲诉称，原告系其母宋某某与被告吴乙的非婚生子，现跟随其母生活。被告吴乙系私营企业主，因陷于借贷纠纷无力偿还，现与原告失去联系，其资产已被冻结，且原告之母也因借贷纠纷出现经济困难。为解决原告的抚养问题，故诉至法院，请求判令：一、原告由母亲宋某某抚养，被告一次性支付原告抚养费 60 万元。二、本案诉讼费由被告承担。

原告为证实自己的主张，提交了如下证据：

1. 出生医学证明、手术知情同意书、输血治疗同意书、病人离院责任书、入院知情同意书、病情知情同意书和采血同意书各一份；证明原、被告之间系父子关系。

2. 2013 年 5 月份的通话记录单一份和 4 张被告与原告及其母亲的照片，证明原告之母与被告联系频繁、关系亲密，原告系被告之子。

3. 工商查询通知单、基本信息、公告、机动车查询、房屋登记信息和房屋信息各一份；证明被告有一次性支付抚养费的能力。

4. （2013）新津民初字第 1628 号民事判决书、（2013）青羊民初字第 3008 号民事判决书、成都市青羊区人民法院生效证明书（复印件）、房屋信息摘要 2 份、履行保证责任通知书、申请执行书、执行通知书、个人汇款摘要各一份；证明原告之母宋某某在经济上没有能力抚养原告。

被告吴乙未发表答辩意见，亦未提交证据。

为查明案件事实，本院依法调取了（2013）新津民初字第 1119 号民事判决书、（2013）新津民初字第 1116 号民事判决书、（2013）新津民保字第 69—1 号民事裁定书及强制执行申请书、公证书各一份，同时向诸某某、杨某某、王某某和李某某四人进行了询问，形成询问笔录 4 份。原告对法院调取的证据中关于诸某某的证言不认可，对其他证据无异议。

本院对原告提交证据的质证意见：对证据 1 的真实性、关联性和证明力予以确认；对证据 2 中通话记录因无法考证手机号的归属，不予采信，4 张照片与杨某某、王某某、李某某三人的证言能够相互印证，予以采信；对证据 3 的真实性予以确认，工商查询通知单和基本信息等证据虽能证明被告开办公司，从事园艺苗圃行业的经营活动，但不能证明被告财产的实际状况，且被告名下的房屋和车辆均存在查封的情况，故该组证据的证明力不足；对证据 4 中的生效证明书，因系复印件，故不予认可，对其他证据予以采信。

根据当事人的陈述和上述有效证据，本院确认如下事实：原告之母宋某某与被告吴乙于 2011 年 8 月认识，双方同居生活，未办理结婚登记。2013 年 2 月 25 日，原告吴甲出生，被告吴乙在医院的入院知情同意书等材料上多次以吴甲父亲的名义签字捺印。吴甲的出生医学证明载明，宋某某系其母亲、吴乙系其父亲。现被告吴乙下落不明，未履行抚养原告的义务，为解决原告的抚养问题，2013 年 10 月，原告诉至本院，请求判令：一、原告由母亲宋某某抚养，被告一次性支付原告抚养费 60 万元。二、本案诉讼费由被告承担。

另查明，经青羊、新津等地法院审理查明，被告吴乙现已承担巨额债务。

【案件焦点】

非婚生子女与生父母关系的认定及权利义务关系。

【法院裁判要旨】

一审法院经审理认为：被告吴乙经法庭合法传唤无正当理由拒不到庭，其法律后果自行承担。本案中原告出示的证据可以推定宋某某系吴甲之母、吴乙系吴甲之父，被告吴乙未答辩也未提交证据，其举证不能的法律后果自行承担；非婚生子与婚生子享受同等的权利，其父母对其负有抚养义务，且被告吴乙现下落不明，客观上无法照顾原告，故对原告要求随其母宋某某生活，被告吴乙承担抚养义务的诉讼请求予以支持。关于原告主张的一次性支付其抚养费的诉讼请求，原告提供的证据不足以证明被告财产的实际状况，且经查明被告现存在巨额债务，不能认定被告具有一次性支付抚养费的能力，故对该项诉讼请求不予支持。

二审法院经审理认为：根据《中华人民共和国婚姻法》（以下简称《婚姻法》）第二十五条规定，非婚生子女享有与婚生子女同等的权利，任何人不得加以危害和歧视。不直接抚养非婚生子女的生父或生母，应当负担子女的生活费和教育费，直至子女能独立生活为止。上诉人吴甲在一审中提供的证据可以证明吴甲系吴乙之子，吴乙应承担抚养吴甲的义务。但是，最高人民法院《关于审理离婚案件处理子女抚养问题的若干具体意见》第八条规定，抚育费应定期给付，有条件的可以一次性给付，因吴乙目前下落不明，现有证据不足以证实吴乙具备一次性给付抚养费的条件，原审法院据此判决由吴乙按月支付吴甲生活费，在每年 12 月 30 日前付清并无不当。对上诉人吴甲上诉提出的改判由被上诉人吴乙一次性支付抚养费 60 万元的上诉请求，本院不予支持。关于上诉人吴甲申请对所有权人为李某琼、吴乙的房屋等进行司法鉴定问题，本院认为，本案纠纷的处理不涉及对吴乙与他人共有房屋的司法鉴定问题，对上诉人提出的该项申请，本院不予准许。综上，原审判决认定事实清楚，使用法律正确，本院予以维持。

【法官后语】

非婚生子女，是指父母非婚姻关系所养育的子女，包括婚前、婚外性行为所生子女、养子女、有扶养关系的继子女以及未经丈夫同意、事后丈夫又不予认可的人工授精所生的子女。在我国司法实践中出现的非婚生子女权益未得到充分保护的主要原因是生父母基于各种原因逃避自身的法律责任，而我国《婚姻法》第二十五条对非婚生子女合法权益的保护是建立在非婚生子女与生父母关系明确的基础上，所以该类案件的裁判要点首先要解决的问题就是非婚生子女与生父母关系的认定。

一、非婚生子女与生父母关系如何认定

为了确定非婚生子女与其父母之间的权利义务，许多国家的亲属法中都设有准正和认领制度。

（一）准正。准正，即是指已出生的非婚生子女因生父母结婚或司法宣告而取得婚生子女资格的制度。该制度始于罗马法，现代大陆法系和英美法系国家，大都设立有准正制度，将尊重正式婚姻与保护非婚生子女的理念相连结；其形式有三种，1. 仅以生父母结婚为准正的要件，如德国民法典第1719条规定："生父同生母结婚者，非婚生子女成为婚生子女。"2. 以生父母结婚和认领为准正的双重要件，如日本民法典第789条规定："经父认领的子女，因其父母结婚而取得婚生子女的身份。""婚姻中的父母认领的子女，自认领之时起，取得婚生子女的身份。"3. 宣告准正，指男女订立婚约后，因一方死亡或有婚姻障碍存在，使婚姻准正不能实现时，可依婚约一方当事人或子女的请求，由法官宣告子女为婚生子女的制度。德国、法国、瑞士等国的民法典，均有此规定。我国现行法律虽无书面的准正规则，但也确定了"非婚生子女享有与婚生子女同等的权利，任何人不得加以危害和歧视。"的原则，且实践中也认可非婚生子女因生父母结婚而取得婚生子身份。

（二）认领。认领是非婚生子女的生父生母，特别是生父确认其为自己子女的法律程序，如德国民法典第1723条规定："认领须由生父申请，经监护法院宣告认领"，其形式有两种：一是自愿认领，也称任意认领，即生父自愿承认该非婚生子女是自己的子女，愿意承担对子女的抚养义务。自愿认领一般须经生母同意方为有效；二是强制认领，又称生父的寻认或生父的搜索，即生父不自愿认领时，子女、生母或其他请求权人，可通过诉讼程序强制确认子女的生父，使其承担对子女的抚养义务。我国现行《婚姻法》未确定明确的认领制度，但在审判实践中还是适用强制认领的，如人民法院在必要时，可以委托专门的血液鉴定部门进行亲子鉴定，经鉴定证据确凿的，人民法院可以强制孩子的生父对其认领并负担子女出生以来的生活费和教育费，直至子女独立生活时为止。

本案就是典型的强制认领。虽然由于被告吴乙未到庭，无法进行亲子鉴定，但原告在本案中提供了相关证据证实了原告之母与被告同居的关系，特别是被告在原告出生前后以原告之父的名义在多份材料上签字捺印，按照《中华人民共和国民事诉讼法》第六十四条："当事人对自己提出的主张，有责任提供证据。"和《最高人民法院关于民事诉讼证据的若干规定》第七十五条："有证据证明一方当事人持有证据无正当理由拒不提供，如果对方当事人主张该证据的内容不利于证据持有人，可以推定该主张成立。"的规定，足以推定原告吴甲系被告吴乙之子。

由本案可以看出，根据我国现行法律规定，要通过司法机关确认亲子关系，需要满足以下四个条件：1. 认领人一般是非婚生子女的生父本人，因为生母与非婚生子女因分娩的客观事实，一般无须经过认领就已发生自然的父母子女关系；2. 被认领人必须是非婚生子女，婚生子女不存在生父认领问题；3. 生父母在认领时应具有完全民事行为能力，无民事行为能力或限制民事行为能力的人的认领，不发生认领的法律效力；4. 主张亲子关系成立的一方应当举证证明认领人与被认领人之间可能存在事实上的血缘关系。

二、适用一次性支付抚育费的前提条件如何理解

对于未成年的非婚生子吴甲而言，其生父母均应当承担抚养义务，由于吴乙下落不明，客观上无法照顾吴甲，故吴甲只能随其母宋某某生活，按照《婚姻法》第三十七条："离婚后，一方抚养的子女，另一方应负担必要的生活费和教育费的一部或全部，负担费用的多少和期限的长短，由双方协议；协议不成时，由人民法院判决"的规定，吴乙就应当支付相应的抚育费。而本案的第二个要点，也是原告吴甲的主要诉求就在于吴乙承担抚育费的方式，按照最高人民法院《关于审理离婚案件处理子女抚养问题的若干具体意见》第八条："抚育费应定期给付，有条件的可以一次性给付。"的规定可以看出，定期给付抚育费才是法律确认的正常给付方式，一次性给付的方式只能在特殊情况下才能适用。从实践角度来看，在未成年人成年的数年或十几年的过程中，生活水平的变化、物价的上涨和突发事件的发生等等因素都会对抚养费的给付金额产生不确定的影响，且由于缺乏有效监管，实践中曾经出现实际抚养孩子一方挥霍了一次性给付的抚养费的情况，故在我国现行法律体制内不宜判决一次性支付抚养费。

当然，也不是说一次性支付的方式完全不能适用，笔者认为，适用该方式至少应当满足三个条件：1. 支付抚育费的义务人具备一次性支付的能力，而是否具备这种能力，需要对义务人的收入能力、财产状况和负债情况进行综合评估来确定。以本案为例，原告吴甲虽然提供了一些证据证明吴乙的资产状况，但未证明吴乙的收入能力和负债情况，而经过法院调查，证实吴乙经法院审理判决承担了大量债务，也就是说吴乙的实际经济状况并不像吴甲诉称的那么好，吴乙事实上不能一次

性支付抚育费，故一、二审法院均未支持原告要求一次性支付抚育费的诉讼请求。2. 适用一次性支付的方式无损他人的合法权益，如本案中若适用该方式判决吴乙一次性支付吴甲抚育费，无疑会对那些已经进入或即将进入执行程序的债权人最终实现债权造成影响，对他们而言是极不公平的，且吴乙的财产有部分是与他人共有的，这也使执行工作存在困难。3. 管理抚育费的一方不会损害未成年子女的利益，可以通过对管理人的经济状况、道德水准等进行综合评估，降低管理人实施侵害行为的风险，增加对其进行监管的可能性，若管理人自身经济困或存在赌博等恶习，那么其侵权的可能性就极大，不宜将巨额抚育费交到他手上。

综上所述，随着我国经济发展，社会道德教育和青少年性道德教育的滞后，非婚子女的问题日益严重，保护非婚生子女的合法权益也日益重要。但如何保护，需要对个案进行认真仔细的分析研究，不能只讲"保护"不讲"义务"，切实保护非婚生子女的"合法"权益，力争取得法律效果和社会效果的双赢。

编写人：四川省新津县人民法院　邓万坤

42

婚内抚养费如何确定

——陈甲诉陈乙抚养费案

【案件基本信息】

1. 裁判书字号

北京市第二中级人民法院（2014）二中少民终字第 2364 号民事判决书

2. 案由：抚养费纠纷

3. 当事人

原告（被上诉人）：陈甲

被告（上诉人）：陈乙

【基本案情】

原告的法定代理人即原告母亲孙某与被告陈乙于 2007 年 8 月 10 日登记结婚，2008 年 10 月 24 日生有一子陈甲，即本案原告。2011 年 1 月 7 日起，被告因家庭矛盾与原告之法定代理人一直处于分居状态，原告随母亲及外祖母共同生活。

原告认为其出生 1 年后，被告便从家中搬出，原告母亲独自一人照顾原告的衣食住行及教育。被告一直未给付过抚养费，经原告母亲曾多次催要，被告亦未给付。故起诉至法院，要求被告补付 2010 年 4 月至 2013 年 8 月的抚养费共计 18 万元，并自 2013 年 9 月起每月给付抚养费 4000 元；被告承担本案诉讼费用。原告向本院提交法院判决书一份，证明原告母亲与被告尚处婚姻存续期间，对此被告表示认可。

对原告诉讼请求，被告答辩称原告出生后，其一直尽己所能帮助打理家务和照顾孩子。2011 年 1 月 7 日离开家也是因为与原告母亲及外祖母发生冲突被迫离开，之后也曾回去看望过孩子，但因与原告母亲及外祖母进一步发生纠纷，门锁被更换，被迫没能继续看望孩子。离开家后，被告虽然没有给付过陈甲抚养费，但是原告及其母、外祖母现在所住的房子是被告父母出了大部分钱购买的；且分居前房内各项费用都是被告支出；被告离开家之前，与原告母亲有存款 40 余万，且存折在原告母亲处，此存款足以折抵孩子的生活等费用。同时，被告认为其经济和家庭条件都比原告母亲好，愿意直接抚养孩子，不强求对方给付抚养费，故不同意原告全部诉讼请求。

为证明答辩内容，被告向本院提交工资卡存折明细单 10 页，用以证明其收入情况，对此原告表示认可；提交基金申购材料 5 页，用以证明其与原告母亲有 15 万元共同存款在原告母亲名下，可供抚养孩子，原告对此证据真实性认可，但认为与本案无关；提供租赁合同一份，用以证明其分居后租房住，需要支付房租，原告对此真实性和关联性皆不认可。

另，法院查得分居期间，被告曾两次起诉原告母亲要求离婚，皆被法院判决驳回诉讼请求。

【案件焦点】

本案的争议焦点是婚姻关系存续期间的抚养费给付问题。具体包括三个方面：

其一，婚内是否存在抚养费给付；其二，给付抚养费的时间段如何确定；其三，给付抚养费的具体数额如何确定。

【法院裁判要旨】

北京市东城区人民法院经审理认为：父母对于子女有抚养教育的义务，父母不履行抚养义务时，未成年子女有要求父母给付抚养费的权利。本案中，被告作为原告之父，在与原告法定代理人分居后，未与原告共同生活，且未给付抚养费，现原告主张要求被告补付抚养费的诉讼请求，本院予以支持，关于抚养费的具体数额，本院将结合分居时间、被告的收入情况酌情确定。对于被告所提愿意抚养孩子，因此不同意给付抚养费的辩论意见，因抚养费的给付是基于被告未与原告共同生活，且在分居期间未支付抚养费的客观事实，故本院对该辩论意见不予采纳。另，被告从分居至今有稳定的工作及收入，应依法按照收入的一定比例给付抚养费，被告与原告法定代理人间共同财产的存在及多少并不影响其履行给付抚养费的义务，且被告与原告法定代理人婚姻关系尚在存续期间，共同财产并未分割，故对于被告所称与原告法定代理人的共同财产可用于抚养原告的辩论意见，本院不予采纳。对原告要求被告支付今后抚养费的诉讼请求，其中2013年9月至11月诉讼期间，因分居及子女抚养状态仍然持续，故对此部分抚养费本院予以支持；其中2013年12月及以后的诉请部分，因缺乏事实依据，本院不予支持。

北京市东城区人民法院依照《中华人民共和国婚姻法》（以下简称《婚姻法》）第二十一条之规定，判决如下：

一、被告陈乙于本判决生效之日起十日内支付原告陈甲2011年1月至2013年8月间的抚养费102400元；

二、被告陈乙于本判决生效之日起十日内支付原告陈甲2013年9月至2013年11月间的抚养费每月3200元，共计9600元；

三、驳回原告陈甲的其他诉讼请求。

被告陈乙以原审判决其承担抚养费偏高为由提起上诉。北京市第二中级人民法院经审理认为：父母对子女有抚养教育的义务，父母不履行抚养义务时，未成年或不能独立生活的子女，有要求父母给付抚养费的权利。孙某、陈乙分居及离婚诉讼期间，陈甲由孙某抚养，陈乙应给付陈甲抚养费。抚养费的给付，应根据子女的实际需要，父母双方的负担能力和当地实际生活水平综合确定。陈乙所提一审判决抚养费数额过高的上诉主张，缺乏事实和法律依据，不能成立，本院不予支持。原审法院考虑陈甲的实际需要，陈乙的收入情况，判决陈乙给付陈甲抚养费的数额适当，应予维持。

北京市第二中级人民法院依照《中华人民共和国民事诉讼法》第一百七十条第一款第（一）项之规定，判决如下：

驳回上诉，维持原判。

【法官后语】

对应本案争议焦点，首先，婚内是否存在抚养费给付。随着婚内分居的增多及公民维权意识的增强，近几年索要婚内抚养费的案件逐渐增多。根据我国《婚姻法》第二十一条规定，只要出现了"父母不履行抚养义务"的情形，子女就可以行使权利，离婚并不是子女主张抚养费的前提条件，婚姻关系存续时，子女也可以主张抚养费。

其次，给付抚养费的时间段如何确定。因婚姻关系还存在，加之每个家庭中各成员分工不尽相同，所以很难从生活琐事上判断孩子父亲或母亲哪一方尽的抚养义务多，哪一方尽的抚养义务少或没有尽抚养义务。审判实践中多以分居时间作为关键节点来判断是否给付抚养费，即子女可以向未与自己共同生活的一方父或母主张父母分居期间的抚养费。

本案可具体区分为三个阶段：第一阶段，2011 年 1 月即分居起始月至 2013 年 8 月，此阶段属于原告主张的补付抚养费部分，因分居事实存在，原告由母亲抚养，一审对该部分诉讼请求予以支持；第二阶段，2013 年 9 月至 2013 年 11 月，即本案一审诉讼期间，因分居及子女抚养状态仍然持续，故一审对此部分抚养费亦予以支持；第三阶段，原告主张 2013 年 12 月及以后的抚养费，因原告法定代理人与被告婚姻关系尚且存在，分居只是婚姻关系存续期间的特殊状态，不能推定其必然延续，同时缺乏事实依据，因此不予支持。

第三，如何确定抚养费的具体给付数额。分居作为一种准离婚状态，期间的抚养费给付数额可以参考离婚时抚养费的计算方式，即我国《婚姻法》第三十七条及最高人民法院《关于人民法院审理离婚案件处理子女抚养问题的若干具体意见》第七条的规定。抚养费的给付在一定时间内具有持续性，因此作为抚养费计算基数的月总收入也应当具有一定的持续性。

结合本案，被告每月的工资、福利、津贴，及每年相对固定时间能够获得的季度奖、年终奖、过节费等收入都计入月总收入。需要指出，公积金亦属每月可以持续获得的收入，通常情况下也应计入月总收入之中，但结合本案具体情形，被告提取的公积金的目的是偿还房贷，而此房屋正由原告及其母亲居住使用，考虑到原告已经享受被告所得公积金带来的利益，不应再在索要抚养费中重复评价于被告，故承办人在确定被告月总收入时并未将其公积金收入计算在内。同时，对于被告所提与原告母亲有共同财产，可以用来给付抚养费的答辩意见，承办人认为被告与原告母亲的婚姻关系尚且存续，共同财产并未分割，因此该共同财产的存在及多少并不影响被告履行给付抚养费的义务。

编写人：北京市东城区人民法院　罗兰

43

双胞胎子女直接抚养权的归属问题

——郑某某诉肖某离婚案

【案件基本信息】

1. 裁判书字号

广东省广州市中级人民法院（2014）穗中法民一终字第 5385 号民事判决书

2. 案由：离婚纠纷

3. 当事人

原告（上诉人）：郑某某

被告（被上诉人）：肖某

【基本案情】

原告郑某某与被告肖某于 1999 年 10 月登记结婚，之后经历了离婚、复婚，现原告再次起诉离婚，被告肖某同意离婚。原、被告双方婚后于 2010 年 9 月 30 日生育一对双胞胎子女,儿子取名郑甲、女儿取名郑乙。原告郑某某工作于河源市运输汽车有限公司并担任董事长职务。被告肖某为公务员,工作于广州市委社会工作委员会,年收入为 169000 元。原告诉请由原告携带抚养男孩郑甲、被告携带抚养女孩郑乙;被告则诉请由被告携带抚养两双胞胎子女,且不要求原告方支付子女抚养费。关于子女探望权方面,双方均同意在节假日或周末由对方来探望两双胞胎子女。

被告为支持其诉讼请求,在举证期限内提供了以下证据予以证明:1. 房间照片及农林上路房产水电费单,拟证明双胞胎子女长期一起共同生活、成长;2. 两小孩一起玩耍照片及视频(光盘),拟证明双胞胎长期一起共同生活、成长;3. 就读省二幼的赞助费、学费单,拟证明女方为双胞胎提供优质教育,两孩子一起上幼儿园;4. 广州医科大学附属第三医院诊断证明书、女方病历、广州医学院第三附属医院核医学科检验报告单、广州医学院第三附属医院出院诊断证明书及高危产科出院小结、女方母亲日记,以上证据拟证明女方为生育两小孩尝试了三次试管,现生育困难。对于上述证据,经质证原告方均无异议,并表示对被告在生育两双胞胎子女过程中所付出的艰辛予以理解,本院依法予以确认。

在双胞胎子女应共同生活方面,被告方申请了专家证人袁某亲出庭作证。袁某亲现工作于广东省心理职业培训学校,具有高级心理咨询师、婚姻家庭咨询师及执业医师资格,其出庭对双胞胎儿童分开抚养不利于儿童健康成长方面充分陈述相应的意见。对此原告方的质证意见为证人受个人委托出庭作证而不是受相关单位委托不合法,且证人的意见仅为一家的学术之见不能来认定相关事实,但对兄弟姐妹分开生活肯定不利于其成长,原告方也予以认可。

关于子女出生后的生活现状情况,原告方陈述因其工作在河源周末才回到广州家里,其也认为两个子女应共同生活、共同抚养才有利于子女的健康成长。2014 年 1 月 27 日原告将儿子郑甲带走后,两个子女才正式长时间分离。对此被告认可两个孩子从出生到 2014 年 1 月一直共同生活。

【案件焦点】

本案争议焦点为原、被告双方所生育的双胞胎子女抚养权如何归属。

【法院裁判要旨】

广东省广州市越秀区人民法院一审认为：关于子女抚养问题，应以有利于子女的成长为依据，故应由被告肖某携带抚养两双胞胎子女。具体理由：一、被告在生育两子女过程中付出较多，对两子女感情更深且强烈要求由其一方抚养两子女，并且被告作为母亲生育该两双胞胎子女后的再生育风险极高；二、被告工作及生活于广州市越秀区，而原告则在河源市；被告已为两子女提供了越秀区的幼儿园教育，也能为其提供相应的小学教育；越秀区的教育、医疗、生活等硬件设施属广东省最好的地方，明显优于河源地区；三、被告提供的视频中显示出两子女一起生活时幸福、开心，且专家证人也提出双胞胎子女在一起生活比分开生活更好，对此原告也认可；四、两双胞胎子女出生后较长时间都是居住生活在广州市，改变生活环境对其健康成长不利。

一审法院依照《中华人民共和国婚姻法》第三十二条第三款第五项、第三十七条第一款、第三十八条第一款、第二款及《最高人民法院关于人民法院审理离婚案件处理子女抚养问题的若干具体意见》第三条第一项、第二项之规定，作出判决：

一、郑某某与肖某离婚予以准许；

二、郑某某与肖某所生育的双胞胎子女郑甲、郑乙由肖某携带抚养，郑某某不用支付抚养费；郑某某在不影响两子女正常生活、学习的情况下，对两子女享有探望权，具体时间和方式由双方协商。

二审法院的观点，在吸收一审法院观点的基础上又补充了两点：原告工作于河源且任董事长职务，而被告工作于广州并为公务员，父母的经济条件并不是决定子女直接抚养权归属的主要条件，更为关键的则是父母双方哪一方能有更多时间和精力能陪伴和照顾两个子女，对此被告肖某明显优于原告。另外一点就是父母双方是否丧失生育能力是确定婚生子女抚养权的众多优先考虑的条件之一，但并不是唯一的条件，子女抚养权应当依据有利于子女身心健康、保障子女的合法权益，结合父母双方的具体情况予以确定。

综上所述，广州市中级人民法院认为原审认定事实清楚，适用法律正确，应予维持；郑某某的上诉请求法院不予支持。依照《中华人民共和国民事诉讼法》第一百七十条第一款第（一）项的规定，判决如下：

驳回上诉，维持原判。

【法官后语】

美国儿童心理学家李·索尔克先生就认为：对孩子而言，父母离婚对其所造成的身心创伤仅次于父母死亡。[①] 根据国际司法实践中逐渐形成的主流理念"子女利益最佳原则"或者"子女利益最大化原则"为指导，妥善处理离婚中的子女抚养权问题就显得非常重要。而离婚案件中子女抚养权归属问题的处理，最关键的方面就是未成年子女直接抚养的归属问题，换言之就是子女直接抚养权归属于离婚的男方或者女方。本案中所涉及的问题，则更进一步明确为离婚案件中双胞胎子女的直接抚养权归属问题。

各国婚姻家庭法中关于亲子部分的规定，其发展过程大致是刚开始为父权主义或者父权优先原则，后发展为幼年原则，之后又是父母权利平等原则，最后才是子女利益最佳原则。以儿童最大利益原则或子女最佳利益为指导，在离婚案件审理中就要从以下几个方面考虑：其一，在处理一切涉及儿童利益的问题时，要将儿童利益放在首要位置，而不应考虑其他利益，如父母利益、家庭利益等；其二，将儿童置于独立的权利主体地位来考虑其最大利益，不应将其作为成人或者家庭的附属来考虑，儿童具有独立的人权和独立的人格，我们要尊重儿童的独立主体地位，这也是实现儿童权利的基础；其三，儿童最大利益原则强调儿童个体权利的最大化，因此在处理涉及儿童的问题时不应将儿童利益与家庭利益、父母利益混杂在一起，应将儿童利益独立出来考虑；其四，儿童最大利益原则涉及儿童作为独立主体所应享有的全部权利，而这些权利也是儿童生存和发展所必需的，这就要求法律对这些权利予以确认，由国家、社会和家庭保障其实现全部权利。[②]

对双胞胎子女的抚养权归属，有观点认为应由离婚双方各自携带抚养一个子女。对此，西南政法大学王洪教授认为："在兄弟姊妹间感情融洽之场合，除非有特殊的必要，否则不宜将子女分别交由父或者母各自监护，以免危害子女心理健全发展。法院将子女分别交由不同监护人，担任监护的动机，往往是顾及监护人的经济负担，或仅是为平息监护人间对子女的争夺，然而这两个理由都不够充分，显属罔顾子女利益的做法。故为追求子女最佳利益，应尽量将兄弟姊妹置于相同监护权

---

① 陈苇、王鹍："澳大利亚儿童权益保护立法评介及对我国立法的启示"，载《甘肃政法学院学报》2007 年第 92 期。

② 沈志先主编：《婚姻家庭案件审判精要》，法律出版社 2013 年版，第 105～106 页。

人之下。"①

在本案的裁判中，因原、被告双方即双胞胎子女的父母亲均具有较好的经济条件，如果由其中任一方来抚养两个子女，都不会存在较大的经济负担，那么对于该双胞胎子女直接抚养权的归属应以"子女利益最佳"为指导原则，而不能将子女视为可有可无的"附属物"或者财产来进行分配。依据"子女利益最佳原则"，将双胞胎子女归属一方当事人来直接抚养，显然要比将其分开抚养更能满足和符合"子女利益最佳"原则之规定。

编写人：广东省广州市越秀区人民法院　毛磊　陈亮

44

生父能否以侵犯其生育权为由拒绝"私生子"的抚养请求

——小远诉苏某抚养费案

【案件基本信息】

1. 裁判书字号

广西壮族自治区南宁市隆安县人民法院（2014）隆少民初字第 6 号民事判决书

2. 案由：抚养费纠纷

3. 当事人

原告：小远

被告：苏某

【基本案情】

苏某与黄某曾经在南宁七天酒店开房同居。黄某怀孕后，经双方协商一致同意终止妊娠。为此，苏某依约向黄某支付堕胎、营养费 2000 元，该费用由黄某的父亲代领并出具《收条》给苏某收执。此后黄某没有终止妊娠。2012 年 8 月 1 日，

---

① 王洪："论子女最佳利益原则"，载《现代法学》2003 年第 6 期。

黄某在隆安县人民医院生下小远。2014 年 5 月 16 日，黄某为小远办理《出生医学证明》，该证明记载小远的母亲是黄某、父亲是苏某。黄某认为该《出生医学证明》足以证明苏某就是小远的亲生父亲，代理小远请求苏某支付抚养费。苏某予以否认，认为一夜情不可能这么巧就怀孕，小远非其亲子。即便是亲子，其并不同意生育，黄某违反双方约定的生育行为侵犯其生育权，其有权拒绝履行抚养义务。《出生医学证明》不能证明其与小远存在亲子关系，要求亲子鉴定。经法院委托，广西公仆司法鉴定中心对此进行了司法鉴定，鉴定意见为"依据 DNA 分析结果，支持苏某与小远之间存在亲生血缘关系。"苏某与黄某对该鉴定结论无异议。

【案件焦点】

小远是否有权利要求生父苏某支付抚养费。苏某能否以小远的生母黄某不履行终止妊娠约定生下小远的行为侵犯其生育权为由拒绝履行抚养义务。

【法院裁判要旨】

广西壮族自治区隆安县人民法院经审理认为：尽管黄某没有履行终止妊娠的承诺，导致非婚生子。但是非婚生子女一旦降生，就享有与婚生子女同等的权利，不直接抚养孩子的生父或生母，在孩子成年之前，应当负担 50% 的抚养责任。小远是苏某和黄某的非婚生子，苏某是不直接抚养小远的生父，小远尚未成年，苏某应当负担 50% 的抚养责任。苏某以侵犯其生育权为由拒绝履行抚养义务依法无据，法院不予支持。小远要求苏某支付抚养费的诉求符合法律规定，法院予以支持。

广西壮族自治区隆安县人民法院依照《中华人民共和国婚姻法》（以下简称《婚姻法》）第二十一条第一、二款、第二十五条，《最高人民法院关于人民法院审理离婚案件处理子女抚养问题的若干具体意见》第七、八条之规定，作出如下判决：

一、从本判决生效之次月起，由被告苏某于每月支付原告小远的抚育费 400 元，直至原告小远年满 18 周岁止；

二、原告小远从出生至本判决生效期间的抚育费，由被告苏某于本案判决生效之日起十日内支付。

判决后，原、被告双方均没有上诉，该判决已经发生法律效力。

【法官后语】

本案处理的重点在于对"私生子"法律地位的理解。

"私生子"在法律上被称为非婚生子女,是指合法婚姻之外生育的子女。我国《婚姻法》第二十五条规定,"非婚生子女享有与婚生子女同等的权利,任何人不得加以危害和歧视。不直接抚养非婚生子女的生父或生母,应当负担子女的生活费和教育费,直至子女能独立生活为止。"

具体到本案中,小远是苏某和黄某的非婚生儿子,苏某是不直接抚养小远的生父,小远尚未成年,其向不直接抚养自己的生父苏某要求支付抚养费于法有据,法院予以支持。终止妊娠约定是具有人身性质的契约,与一般的合同约定,不能等同看待,作为女性,黄某有自主选择生育的权利,在小远出生后,苏某应依法履行抚养孩子的法定义务。黄某不履行终止妊娠约定不能成为苏某拒绝支付抚养费的理由。故法院判决由苏某负担小远的抚养费。

值得注意的是,本案涉及《出生医学证明》能否确认亲子关系的问题。对于非婚生子女与生父母之间亲子关系的确认要以事实上的血缘关系为前提,仅凭孩子的出生医学证明,不能推定亲子关系的存在,应进行亲子鉴定来确认,本案就是依据司法鉴定结果作出由苏某支付小远的抚养费的判决。

编写人:广西壮族自治区南宁市隆安县人民法院 陈桂英

45

法院能否根据一方当事人的申请启动亲子鉴定程序

——俞某诉俞某某抚养关系案

【案件基本信息】

1. 裁判书字号

江苏省无锡市南长区人民法院(2014)南扬民初字第346号民事判决书

2. 案由:抚养关系纠纷

3. 当事人

原告：俞某

被告：俞某某

【基本案情】

俞某与沈某某于 2009 年 7 月相识恋爱，2009 年 12 月登记结婚，2010 年 7 月生一子俞某某。2011 年 7 月，俞某诉讼至本院，要求与沈某某离婚，经本院组织调解，双方自愿达成调解协议，本院出具（2011）南扬民初字第 374 号民事调解书，俞某与沈某某经法院调解离婚，儿子俞某某由沈某某抚养。2013 年 9 月 9 日，俞某因探望权纠纷诉讼来院，并经本院及无锡市中级人民法院判决后，俞某向本院申请强制执行。后在法院强制执行过程中，沈某某再次拒绝探视。俞某遂再次诉讼来院，要求启动亲子鉴定程序，判令俞某与俞某某非父子关系，并由沈某某承担亲子鉴定费用。被告俞某某的法定代理人沈某某认为，俞某的诉请没有法律和事实依据，俞某并未提供初步证据证明其与俞某某非父子关系，故不同意进行亲子鉴定，要求驳回俞某的诉请。

【案件焦点】

法院能否在仅有一方当事人申请的前提下启动亲子鉴定程序。

【法院裁判要旨】

江苏省无锡市南长区人民法院经审理认为：亲子鉴定因关系到人权问题，应以双方自愿为前提，人民法院不能强制当事人做亲子鉴定。俞某某系俞某与沈某某婚姻关系存续期间所生，且双方在本院离婚诉讼中亦予确认。俞某要求确认其与俞某某不存在亲子关系，应对此承担举证责任。现俞某未能提供证据证明其与俞某某之间不存在亲子关系，本院对其确认请求依法不予支持。

江苏省无锡市南长区人民法院依照《最高人民法院关于适用〈中华人民共和国婚姻法〉若干问题的解释（三）》第二条，《中华人民共和国民事诉讼法》第六十四条第一款，《最高人民法院关于民事诉讼证据的若干规定》第二条之规定，作出如下判决：

驳回俞某的诉讼请求。

【法官后语】

最高人民法院 1987 年 6 月 15 日作出的《关于人民法院在审判工作中能否采用人类白细胞抗原作亲子鉴定问题的批复》中指出：鉴于亲子鉴定关系到夫妻双方、子女和他人的人身关系和财产关系，是一项严肃的工作。因此，对要求作亲子关系鉴定的案件，应从保护妇女、儿童的合法权益，有利于增进团结和防止矛盾激化出发，区别情况，慎重对待。对于双方当事人同意作亲子鉴定的，一般应予准许；一方当事人要求作亲子鉴定的，或者子女已超过三周岁的，应视具体情况，从严掌握，对其中必须作亲子鉴定的，也要做好当事人及有关人员的思想工作。

本案中，俞某要求确认与俞某某非亲子关系，并提出亲子鉴定申请，但法院经审理认为，亲子鉴定不仅涉及法律方面的问题，同时也涉及社会伦理道德的问题，不能随意启动。

一方面，亲子鉴定涉及未成年人保护以及隐私权、家庭和睦等问题。对于原告申请启动亲子鉴定程序的，应当审慎判断，看是否有足以证明当事人之间不存在亲子关系的初步证据。本案中，俞某因离婚后探视权未得到实现而提起确认非亲子关系之诉。在审理过程中，原告又无法举出对与亲子关系不存在的合理怀疑及初步证据。在此情形下，随意启动亲子鉴定程序对孩子的成长、俞某与孩子之间的感情都会产生十分不利的影响，无论鉴定结果如何，子女都是受害者。

另一方面，亲子鉴定应以当事人双方自愿为前提。对于亲子鉴定的启动应当从严掌握，不仅应当充分考虑保护妇女、儿童合法权益，更要符合社会公序良俗。家庭是社会的细胞，社会的稳定依靠家庭的和睦。随意启动亲子鉴定忽视了中国婚姻家庭的社会伦理，凸显中国婚姻家庭中的情感和信任危机，不利于社会的稳定。亲子鉴定作为一项司法鉴定内容，在诉讼中只有被合理运用，才能真正起到保护妇女儿童、维护家庭和睦、确保社会稳定的作用。法院正是基于以上考虑和权衡，才作出上述判决。

编写人：江苏省无锡市南长区人民法院　丁舟扬

$$\boxed{46}$$

一方要求变更子女抚养关系应符合法定情形

——路某某诉唐某某变更抚养关系案

【案件基本信息】

    1. 裁判书字号

    山东省淄博市中级人民法院（2014）淄民一终字第 644 号民事判决书

    2. 案由：变更抚养关系纠纷

    3. 当事人

    原告（被上诉人）：路某某

    被告（上诉人）：唐某某

【基本案情】

    原、被告于 2008 年 6 月 19 日结婚，于 2009 年 3 月 23 日生一女，取名唐某甲。原、被告离婚时原告无工作，无抚养能力，双方协议婚生女唐某甲由被告唐某某抚养。双方离婚后，婚生女由被告抚养期间，原告的探视权多数时间未能实现，抚养义务无法履行，现原、被告均具备抚养能力。原告以此为由，起诉要求抚养婚生女唐某甲，被告不支付抚养费。被告唐某某与原告离婚后已再婚，并再次生育一女孩，尚在哺乳期。

【案件焦点】

    本案中原告要求变更子女抚养关系是否符合法定情形。

【法院裁判要旨】

    山东省淄博市临淄区人民法院经审理认为：原告路某某、被告唐某某抚养其婚生女唐某甲既是权利，也是义务。原、被告离婚后，因婚生幼女的抚养权发生争执，人民法院可根据子女权益和双方具体情况判决。就本案而言，首先，双方离婚时，原告无抚养能力，但现在原、被告均已具备抚养婚生女的基本条件，也均有亲自抚养的意愿，原告的抚养条件发生重大变化。其次，原告认为自己比被告具有更丰裕的生活基础和教育环境，而被告认为婚生女跟随自己生活较为稳定，双方的抚养条件各有所长。再次，被告抚养婚生女期间，不协助原告行使探视权、履行抚养义务，而原告表示如原告抚养婚生女，被告可随时探视。最后，被告唐某某已再次结婚并生育一女，尚在哺乳期，而婚生女唐某甲依然年幼。综合比较原、被告具体情况，虽然婚生女跟随被告生活较为稳定，但随着被告唐某某次女的成长，被告的经济压力将逐渐增加，而婚生女唐某甲由原告抚养可以有较理想的成长空间和环境，有利于婚生女唐某甲与原告母女感情的建立，原告对婚生女生活进行照顾也比较便利，故婚生女唐某甲由原告抚养较为有利。原告不要求被告支付抚养费，不违反法律规定，本院予以支持。

山东省淄博市临淄区人民法院依据《中华人民共和国婚姻法》（以下简称《婚姻法》）第三十六条，《中华人民共和国民事诉讼法》（以下简称《民事诉讼法》）第六十四条之规定，判决如下：

原、被告婚生女唐某甲由原告路某某抚养，抚养费由原告路某某自行负担。

唐某某持原审意见提起上诉。山东省淄博市中级人民法院经审理认为：子女在父母离婚后随父或母共同生活一段时间，如果父母双方的抚养条件发生了重大变化，或者子女要求变更抚养关系，父母双方可协议变更，或向人民法院提起诉讼。《最高人民法院关于人民法院审理离婚案件处理子女抚养问题的若干具体意见》规定，与子女共同生活的一方因患严重疾病或因伤残无力继续抚养子女的，或者与子女共同生活的一方不尽抚养义务或有虐待子女行为，或其与子女共同生活对子女身心健康确有不利影响的，一方要求变更子女抚养关系的，应予支持。本案中，上诉人唐某某虽然在与被上诉人路某某离婚后又与现在的妻子结婚并生育一女，被上诉人路某某现在也已具备抚养婚生女的条件，但双方的抚养条件各有所长，加之婚生女唐某甲在父母离婚后一直随上诉人唐某某生活，改变生活环境会对唐某甲的身心健康造成一定影响，且被上诉人路某某无证据证明上诉人唐某某有不协助其行使探望权的情形，亦无证据证明上诉人唐某某有上述规定中一方要求变更子女抚养关系的，应予支持的情形，因此，被上诉人路某某要求婚生女唐某甲由其抚养的诉讼请求，证据不足，应不予支持。原审判决上诉人唐某某与被上诉人路某某的婚生女唐某甲由被上诉人路某某抚养不当,本院予以纠正。

山东省淄博市中级人民法院依据《婚姻法》第三十六条第二款,《民事诉讼法》第六十四条、第一百六十九条、第一百七十条第一款第(二)项、第一百七十五条之规定,作出如下判决:

一、撤销淄博市临淄区人民法院(2013)临民初字第 1431 号民事判决;

二、驳回被上诉人路某某的诉讼请求。

【法官后语】

《婚姻法》第三十六条规定,父母与子女间的关系,不因父母离婚而消除。离婚后,父母对子女仍有抚养和教育的权利和义务。依照《最高人民法院关于人民法院审理离婚案件处理子女抚养问题的若干具体意见》第十六条的规定,一方要求变更子女抚养关系有下列情形之一的,应予支持:(1)与子女共同生活的一方因患严重疾病或因伤残无力继续抚养子女的;(2)与子女共同生活的一方不尽抚养义务或有虐待子女行为,或其与子女共同生活对子女身心健康确有不利影响的;(3)10周岁以上未成年子女,愿随另一方生活,该方又有抚养能力的;(4)有其他正当理由需要变更的。由此可见,在处理变更抚养权案件时,应从有利于子女身心健康成长、充分保障子女合法权益的角度出发,尊重有识别能力子女的意愿,尽可能减少因父母离异对子女的心灵造成更大创伤。

具体而言,在处理变更抚养权纠纷中,应坚持尊重有识别能力子女意愿的原则和有利于子女成长的原则,正确处理好抚养权的归属问题。对于后者,首先应综合考虑双方的经济条件和生活环境。由于抚养纠纷案件所涉及的子女多数是中小学生,随着社会经济的发展和人民群众生活水平的提高,子女读书和生活的开支将越来越大,所以在处理该类案件时,不能忽视抚养人的经济条件对子女接受良好教育的作用。如果双方的抚养条件相同,则要考虑子女的学习和生活环境的稳定性和连续性,权衡利弊,避免因变更抚养权对儿童的学习和生活带来太大的影响和冲击;其次,应认真考察抚养方的生活习惯是否健康正常。中小学时期是一个人成长过程中的重要时期,也是其世界观形成的最关键时期,抚养方生活习惯的好坏,对子女具有潜移默化的表率和导向作用,将直接影响子女能否健康成长和将来人生道路的选择。因此,在处理抚养权纠纷时,对家长或同住家庭成员有坏习惯的,要坚持予以变更；对家庭生活习惯良好的，即使其经济条件略差，在确定子女抚养权归属时，仍应优先考虑；再次，要注意考察抚养方是否有抚育子女的强烈愿望。在充分考虑双方经济条件和生活习惯的同时，还要注意考虑即将获得子女抚养权的一方是否真正具有养育子女健康成长的强烈愿望。在现实生活中，有的当事人与对方争儿女抚养权只是为了与对方赌气，而并非出于对子女成长考虑，这些人在获得子女的抚养权后，很可能对儿女的教育漠不关心，放任自流。对此，在处理时要注意细致调查，认真了解双方当事人及其主要家庭成员的性格特点、抚养能力、文化水平和对小孩的关心照顾情况等，综合予以考量。

本案中，唐某某虽然在与路某某离婚后又与现在的妻子结婚并生育一女，路某某现在也已具备抚养婚生女的条件，但双方的抚养条件各有所长，加之婚生女唐某甲在父母离婚后一直随唐某某生活，改变生活环境会对唐某甲的身心健康造成一定影响，且路某某无证据证明唐某某有不协助其行使探望权的情形，亦无证据证明唐某某有上述规定中一方要求变更子女抚养关系的应予支持的情形，因此，路某某要求婚生女唐某甲由其抚养的诉讼请求，证据不足，应不予支持。

编写人：山东省淄博市临淄区人民法院　刘海红

六、探望权纠纷

47

如何通过释明确保探望权的行使及执行

——刘某诉张某探望权案

【案件基本信息】

1. 裁判书字号

北京市朝阳区人民法院（2014）朝民初字第 35022 号民事判决书

2. 案由：探望权纠纷

3. 当事人

原告：刘某

被告：张某

【基本案情】

原、被告原系夫妻关系，2003 年登记结婚，婚后生育一子刘某某。后双方于 2005 年经法院判决离婚，关于刘某某抚养问题，法院判令刘某某由被告抚养，原告支付相应的抚养费用。双方曾在 2011 年对刘某某抚养费问题达成一致调解意见。在本案审理过程中，虽经调解，但双方就原告对子女探望权的行使未达成一致意见，双方的主要分歧在于：双方对于探望权的行使方式争议较大，被告认为刘某某年龄幼小，长期和被告生活，对原告有抵触心理，原告探望次数不应当过于频繁，时间不应过长，在探望的过程中，应当由被告进行陪伴，且刘某某不应当离开被告的视野范围。原告则认为因为被告阻挠，原告多次向被告主张行使探望权均未能成行，所以申请法院判处明确的探望时间和方式，以防止被告阻挠和不配合，关于探望时间，原告提出应当至少每周一次，每次不少于八小时。对此，被告当庭表示，原告探望方式不合理，即使法院判决，也不允许探望，但如何认定"不合理"，原告方并无明确标准。

【案件焦点】

如何确定探望权的行使方式有利于子女成长、且方便实际抚养人和探望权人执行。

【法院裁判要旨】

北京市朝阳区人民法院经审理认为，根据法律规定，离婚后不直接抚养子女的父或母，有探望子女的权利，另一方有协助的义务。行使探望权利的方式、时间由当事人协议；协议不成时，由人民法院判决。原告对子女享有探望权，被告应当对原告该权利的行使给予必要的协助；但探望权的行使应以有利于子女身心健康为度，原告行使对刘某某探望权，应当以不影响刘某某的正常生活起居为准。故对原告提出的行使探望权的诉讼请求予以部分支持。另，着重指出，探望权行使过程中，原、被告应当从刘某某健康成长的角度出发，妥善处理双方之间的分歧，讲究方式方法，避免对孩子造成精神伤害。最后，本院依照《中华人民共和国婚姻法》第三十八条之规定，判决：

一、原告于本判决生效当月起可于每月的第一周周六上午九点将刘某某从被告处接走探望，于每月第一周周六下午五点将刘某某送回被告处，被告对原告的上述探望应当予以协助；

二、驳回原告刘某的其他诉讼请求。

【法官后语】

在目前的司法实践中，探望权纠纷关于探望方式存在三种裁判类型：一是看望式探望，探望权人前往子女的居住场所进行短期看望；二是留宿式探望，探望权人将子女领走，和子女短期共同生活后将子女送回；三是陪伴式探望，双方确定时间地点，共同陪伴子女进行交流、娱乐等活动，然后探望权人离开。三种裁判类型的选用因家庭情况、抚养情况、子女情况的不同而存在差异。如何查明差异确定适当的方式便于双方执行，在探望权执行问题突出的今天，尤为关键。笔者经过实践总结发现，主动进行释明一方面可以了解双方对探望权的基本态度，进而有针对性的做出调解工作；另一方面，通过强制措施的告知，给予必要的威慑对于解决问题有良好效果。具体来讲，按照以下步骤释明对问题解决大有助益：第一步，释明探望权是一项法定权利，任何人无权剥夺；第二步，释明探望权对于子女形成完整人格具有重要意义；第三步，释明探望权行使方式经法院判决具有执行效力，干扰妨碍将会受到强制处罚措施；第四步，释明探望权的行使应当以不对子女正常生活造成影响为限；第五步，释明探望权行使过程中，出现法律规定的情形，子女抚养人可以申请中止探望权的行使；第六步，释明如果双方在探望权行使过程中采取不当方式可能对子女造成巨大的精神伤害。在释明以上观点基础上，将三种裁判方式向双方告知，由双方进行选择，并参考双方的意向做出最后的判决。截至目前，笔者按照上述释明过程审理的四起探望权纠纷案件都收到了良好的实践效果。

编写人：北京市朝阳区人民法院　宋学亮

48

探望子女是否是父亲或者母亲的法定义务

——陈某某诉徐某抚养费案

【案件基本信息】

1. 裁判书字号

江苏省连云港市灌云县人民法院（2014）灌少民初字第 0025 号民事判决书

2. 案由：抚养费纠纷

3. 当事人

原告：陈某某

被告：徐某

【基本案情】

被告徐某与原告父亲陈某明于 2002 年 4 月 21 日经灌南县民政局办理结婚登记手续，于 2010 年 10 月 20 日生育原告陈某某。被告徐某与原告父亲陈某明于 2012 年 10 月 10 日经灌南县民政局办理协议离婚手续，约定原告陈某某由陈某明抚养，口头约定被告徐某按其能力给付抚养费，被告可以随时探视原告陈某某。但至今已有一年多，被告徐某很少关心照顾原告，也未支付抚养费。因此，原告请求判令被告探视原告每月不少于四天（每月 4~8 天在休息日），要求被告给付原告抚养费每月 1000 元。

【案件焦点】

探望子女是否是父亲或者母亲的法定义务，子女能否要求父或者母进行定期探望。

【法院裁判要旨】

江苏省连云港市灌云县人民法院经审理认为，父母对子女有抚养的权利和义务。离婚后，一方抚养的子女，另一方应负担必要的生活费和教育费的一部或全部。关于离婚协议中子女抚养费的约定，不妨碍子女在必要时向父母任何一方提出超过协议原定数额的合理要求。不直接抚养子女的父或母，有探望子女的权利，另一方有协助的义务，但法律并未规定探望子女是父母的义务。即被告徐某在情理上应当对子女给予探望，但不应在法律上予以强制，现原告陈某某主张被告徐某每月探望其不少于 4 天的诉讼请求，无法律依据，本院不予支持。关于子女抚养费的数额，综合被告徐某的经济收入和实际状况及原告的实际学习、生活需要，本院酌定被告每月给付子女抚养费人民币 1000 元。

江苏省连云港市灌云县人民法院依照《中华人民共和国婚姻法》第三十七条、第三十八条，《最高人民法院关于人民法院审理离婚案件处理子女抚养问题的若干具体意见》第七条、第十一条、第十八条之规定，作出如下判决：

一、被告徐某从 2014 年 3 月 1 日起每月给付原告陈某某子女抚养费人民币 1000 元，给付至原告陈某某年满 18 周岁止（于每年的 6 月 30 日、12 月 31 日前各给付一次）；

二、驳回原告其他诉讼请求。

一审判决后，原、被告在法定期限内均未提起上诉，一审判决已发生法律效力。

【法官后语】

探望权不仅可以满足父或母对子女的关心、抚养和教育的情感需要，保持和子女的往来，及时、充分地了解子女的生活、学习情况，更好地对子女进行抚养教育，而且可以增加子女和非直接抚养方的沟通与交流，减轻子女的家庭破碎感，有利于子女的健康成长。同时这一规定对社会道德起到了重要的导向作用，减少了社会的不稳定因素。

我国婚姻法规定，不直接抚养子女的父或母，有探望子女的权利，另一方有协助的义务。但父亲或者母亲在情理上应当对子女进行探望，以此增加父母与子女之间的感情，但不直接抚养子女的父亲或者母亲不主动探望子女，在法律上子女能否要求父亲或者母亲对其进行探望？笔者认为，我国婚姻法只规定探望子女是父亲或者母亲的权利，并未规定探望子女是父母的义务。因此，子女要求父亲或者母亲对其进行探望，在道德上、情理上父亲或者母亲对其应予探望，但不应在法律上予以强制。

编写人：江苏省连云港市灌云县人民法院　孙华

49

子女探望权的内容及其行使方式

——朱甲诉朱乙探望权案

【案件基本信息】

1. 裁判书字号

江苏省溧阳市人民法院（2014）溧少民初字第 76 号民事判决书

2. 案由：探望权纠纷

3. 当事人

原告：朱甲

被告：朱乙

【基本案情】

朱甲、朱乙原是夫妻，双方在婚姻关系存续期间共生育一子一女，婚生子已成年，婚生女出生于 2006 年，现仍在学校就读。2011 年 9 月 28 日，朱甲与朱乙在民政局办理离婚登记手续，双方在离婚协议中约定，婚生子朱某天、婚生女朱某佳均由父亲朱乙监护且随其生活，子女的一切费用由朱乙承担；朱甲有探视子女的权利，朱乙应予以配合。双方离婚后，婚生子、婚生女一直随父亲朱乙一起生活，母亲朱甲偶尔探望。朱乙再婚后，与前妻朱甲逐渐交恶，在子女抚养与教育方面也产生较大分歧，且双方互不相让，最终发展到朱乙拒绝前妻朱甲与婚生女短暂相处。两人多次交涉无果后，朱甲于 2014 年 9 月 29 日至法院起诉，称其每次要求探望女儿朱某佳时，朱乙均以各种理由拒绝，或故意制造各种阻碍，严重影响了原告与女儿的母女感情，请求依法判令朱乙协助其行使探望权，并确保自己每月能将女儿接回自己住处同住一至两天，在国家法定节假日期间与女儿适当同住数日。朱乙在诉讼中及庭审中一直坚称，其同意朱甲看望女儿，但仅限于看望，不同意其与女儿共同居住，理由是双方在子女教育方面观念差异较大，朱甲对女儿的教育方式非常宽松，不利于女儿的健康成长，与女儿同住会影响到自己对女儿的教育；并强调，如果法院判决支持朱甲的要求，自己会将女儿送至外地去读书。

在案件审理过程中，法院组织双方进行调解，但双方争执不下，尤其是朱乙仍坚持不让婚生女与朱甲偶尔同住，案件最终调解未果。

【案件焦点】

探望权的内容以及行使方式。

【法院裁判要旨】

江苏省溧阳市人民法院经审理认为：父母与子女间的关系，不因父母离婚而消除。离婚后，子女无论由父或母直接抚养，仍是父母双方的子女，不直接抚养子女的父或母，有探望子女的权利，另一方有协助的义务。父母探望子女的权利不仅限于与子女会面，而是包含探望、联系、会面、交往、短期共同生活等一系列与抚养、教育子女相关的权利。本案中，原告要求确保其与婚生女短期共同生活的权利，依法有据，被告应予以配合。被告提出的因双方存在教育理念方面的差异而可能对婚生女健康成长产生不利影响的意见，本院不予认可，因为原告也有教育婚生女的权利，如果原、被告双方对婚生女的教育问题拥有不同的理念，则双方应本着求同存异的原则充分协商加以解决，而不宜简单采取阻止原告与婚生女共同生活的方式来应对。同时，考虑到原、被告双方离婚后，婚生女一直随被告一起生活，故在不影响婚生女正常学习、生活的前提下，原告与婚生女短期生活的时间不宜过长，频率不宜过高，且应征得婚生女的同意并通知被告。

最终，江苏省溧阳市人民法院依照《中华人民共和国婚姻法》（以下简称《婚姻法》）第三十六条第一款、第二款，第三十八条第一款、第二款及其他相关民事政策之规定，判决如下：

一、在不影响婚生女朱某佳正常学习、生活的前提下，原告朱甲有探望婚生女的权利，被告朱乙应予以配合。

二、在不影响婚生女朱某佳正常学习、生活的前提下，原告朱甲在征得婚生女同意并通知被告后，每月可将婚生女接回自己住处与其共同生活两天；每年寒、暑假期间，可分别将婚生女接回自己住处与其共同生活一周。

三、驳回原告朱甲的其他诉讼请求。

【法官后语】

审判实践中，对于一般离婚案件的处理，往往涉及财产分割与子女抚养这两个重点问题，探望权的内容一般都囊括在子女抚养部分，故法院对探望权的判决内容往往比较笼统，不具有可执行性。而离婚后的男女，关系恶化的很多，与子女共同生活的一方往往会阻挠或限制另一方对子女的探视。本案即是一起典型的子女探望权纠纷，此类纠纷在离婚的男女双方之间时常发生，处理不好会导致各种矛盾甚至伤害事件的发生。如何解决此类纠纷，首先须明确探望权的含义，其次根据诉讼双方当事人的实际情况，从重点维护子女利益的角度出发，平衡好各方的权利义务。

探望权，是指夫妻离婚后，不直接抚养子女一方对子女进行探望的权利。我国《婚姻法》第三十八条第一款明确规定，离婚后不直接抚养子女的父或母有探望子女的权利，另一方有协助的义务。但对于探望权的内容，我国《婚姻法》并无明文规定。实践中，一般认为，父母探望子女的方式包括看望式探望与逗留式探望，看望式探望是指非与子女共同生活一方的父母以看望的方式探望子女，如定期见面、共同进餐等；而逗留式探望是指与子女短期共同生活的探望方式。

处理此类纠纷，首先应着重进行调解。父母之间的各种矛盾无论走向如何，最终受伤害的仍然是子女。法院在处理探望权纠纷时，仍应将调解放在重要的位置，从当事人双方的心理入手，尽可能帮助双方求同存异、达成共识。但是，实践中也有双方当事人矛盾非常突出无法达成一致意见的情形，这时，应注重向与子女共同生活的一方当事人做好法律释明工作，明确告知其相关法律规定，然后，当判则判，结合双方当事人的工作、生活实际情况，综合考虑未成年子女的实际需要，确定合适的探望子女的方式。

编写人：江苏省溧阳市人民法院　龚雪

50

未给付子女抚养费是否丧失探视权

——和某某诉木某某探视权案

【案件基本信息】

1. 裁判书字号

云南省玉龙纳西族自治县人民法院（2014）玉法民一初字第113号民事判决书

2. 案由：探视权纠纷

3. 当事人

原告：和某某

被告：木某某

【基本案情】

原、被告原系夫妻，2011年11月11日生一子和某宇。婚后双方因性格不合，被告木某某提出离婚诉讼，2013年4月古城区法院作出（2013）丽古民一初字第

59 号判决书，判决原、被告离婚；婚生子和某宇由木某某直接抚养，和某某暂不支付抚养费。原告和某某不服提起上诉，丽江中院以（2013）丽中民一终字第75号维持原判。离婚后，原、被告双方对婚生子和某宇的探视问题未能达成一致意见。为此，原告诉至本院要求判令：一、原告每月将儿子和某宇带回原告家中与原告共同生活7天。二、大年三十、大年初一，双方家春客、清明节、中秋节、生日（阳历和阴历）等特殊日子，原告享有与儿子和某宇共同相处一半时间的权利。三、寒暑假期间，原告享有与儿子和某宇共同相处一半时间的权利。本案在审理过程中，本院多次组织调解未果。

【案件焦点】

原、被告对婚生子和某宇的探视问题如何解决。

【法院裁判要旨】

云南省玉龙纳西族自治县人民法院经审理认为：离婚后，不直接抚养子女的父或母，有探望子女的权利，另一方有协助的义务。行使探望权利的方式、时间由当事人协议；协议不成时，由人民法院判决。原告和某某作为孩子的父亲，有探望的权利，故原告要求探望和某宇的诉请符合法律规定，应予支持。本案中，原、被告双方在关爱子女的根本目的上并无冲突，双方仅就如何实现探视权利上存有不同观点，但双方如能互相谦让，梳理好各自的情绪，共同营造一个宽松、温馨的氛围，有利于子女成长的同时也有利于自身今后的生活。为了孩子的身心健康和相对稳定的生活环境，原告的探视次数不宜过于频繁，本院综合本案的实际情况，确定为原告和某某可每周探视和某宇一次，具体探视时间为每周六，被告木某某应予以协助。

云南省玉龙纳西族自治县人民法院依照《中华人民共和国婚姻法》（以下简称《婚姻法》）第三十八条第一款、第二款之规定，判决如下：

一、原告和某某于本判决生效后于每周六（9：00～20：00）探视和某宇。

二、原告和某某的其他诉讼请求不予支持。

【法官后语】

在法理上，探视子女的权利是亲权的一项内容，最早可溯至罗马法中的家长权。婚姻家庭法中的亲权是以主体间特定的亲属身份为发生依据的。父母婚姻关系的终结并不改变父母子女的血缘身份关系。我国《婚姻法》第三十六条明确规定，父母与子女之间的关系，不因父母离婚而消除。因此，在将监护权判给一方的情况下法律赋予了不直接抚养子女的另一方以探望的权利。本案被告未给付子女抚养费能否成为其丧失探视权的理由。我国《婚姻法》第三十八条规定，探视权的中止只有一个法定事由，即"父或母探视子女，不利于子女身心健康"，且探视权利与抚养义务是两个不同的法律关系，不能认为一方不给付抚养费即剥夺或限制对方的探视权利。探视权的取得和丧失并不以是否负担子女抚养费为前提条件，而是要看父或母探视子女是否存在不利于子女身心健康的因素。在本案中，和某某探视儿子不存在不利于子女身心健康的因素，则木某某及其亲属不能以其未给付子女抚养费阻止其行使探视权。木某某若要主张子女抚养费，可以孩子的名义向法院起诉，依法维护权利。

生活是一场永不休止的博弈，婚姻亦如此。当婚姻画上休止符，因一方拒绝或不合理限制对方探视子女而引起的探视权纠纷就成了离异夫妻间的另一场博弈。在这场博弈中最大的受害者是孩子。孩子是无辜的，当父母离婚不能给孩子一个完整的家时，那请尊重探视权，给孩子完整的父爱和母爱。

编写人：云南省丽江市玉龙纳西族自治县人民法院　王学海

七、赡养纠纷

51

赡养协议的效力问题

——周甲诉周乙等赡养案

【案件基本信息】

1. 裁判书字号

四川省乐山市夹江县人民法院（2014）夹江民初字第 1422 号民事判决书

2. 案由：赡养纠纷

3. 当事人

原告：周甲

被告：周乙、周丙、周丁、周戊、周己

【基本案情】

原告周甲与沈甲夫妻共育有五个子女，分别为：长子周乙，次子周丙，大女周丁，二女周戊，三女周己，并抚养成人。1996 年 10 月 31 日，周乙与周丙就赡养问题签订了《关于周甲财产分摊和老人供养以及安葬之协议》。协议签订后，周乙与周丙没有按协议履行赡养义务。现原告周甲已年满 77 周岁，生活困难。2014 年 12 月 31 日，原告周甲起诉来院，请求人民法院依法判决：1. 五被告每人每月各付给原告生活费壹佰元；2. 原告生病治疗费用由五被告平均负担；3. 原告日后死亡由被告周丙负责安葬，费用由周丙负担。庭审过程中，原告周甲主张赡养费应于每年 6 月 30 日前和 12 月 31 日前分两次支付，并自愿撤回第三项诉讼请求。审理中，被告周丁、周戊、周己均认可原告的全部诉讼请求,被告周乙称其已与被告周丙已达成分别赡养母亲和父亲的协议,其已履行了赡养母亲的责任,不再承担赡养父亲的责任,并出示了《关于周甲财产分摊和老人供养以及安葬之协议》。被告周丙称没有能力履行赡养义务,但未提供证据证明。

【案件焦点】

子女间就父母赡养问题达成的协议是否可以免除某一子女对父母的赡养义务。

【法院裁判要旨】

四川省夹江县人民法院审理认为,子女有赡养父母的义务,子女不履行赡养义务时,无劳动能力或生活困难的父母,有要求子女给付赡养费的权利。赡养人对患病的老年人应当提供医疗费用和护理。本案中,原告周甲已年满 77 周岁,生活困难,五被告作为原告的子女,依法应当承担赡养原告的义务。原告周甲要求五被告每人每月给付其生活费 100 元的请求,参照四川省 2013 年度农村居民人均生活消费支出标准,结合本地平均生活水平,并无不当,本院依法予以支持;原告周甲提出要求五被告平均承担日后生病的医疗费用,符合法律规定,本院依法予以支持。被告周丁、周戊、周己均认可原告的全部诉讼请求,是其真实意思表示,本院依法予以采信。被告周乙提出其与被告周己已达成分别赡养母亲和父亲的协议,其已履行了赡养母亲的责任,不再承担赡养父亲的责任的抗辩,于法无据,本院不予采信;被告周乙提出其曾经一氧化碳中毒,无力赡养原告的抗辩,但未向本院提交充分证据证明其主张,应当承担举证不能的法律后果,对该抗辩,本院依法不予采信。被告周己辩称没有能力,大家都给钱才承担赡养责任的抗辩,于法无据,本院不予采信。据此,依照《中华人民共和国婚姻法》(以下简称《婚姻法》)第二十一条第一款、第三款,《中华人民共和国老年人权益保障法》(以下简称《老年人权益保障法》)第二条、第十四条、第十五条、第十九条的规定,判决如下:

被告周乙、周丙、周丁、周戊、周己自 2015 年 2 月 1 日起每月各支付原告周甲生活费 100 元,原告周甲的医疗费用凭正式发票由被告周乙、周丙、周丁、周戊、周己各承担五分之一,以上费用由被告周乙、周丙、周丁、周戊、周己于每年 6 月 30 日前和 12 月 31 日之前分两次付清。

判决后,原被告双方均未上诉,判决已经生效。

【法官后语】

我国目前尚未制定关于赡养问题的专门法律法规，相关规定散见于《婚姻法》《老年人权益保障法》等法律中。实践中处理赡养纠纷案件时会出现没有具体法律规定可以适用的情形，此时应当依据上述法律的立法精神、法律原则，以民法中的公序良俗原则为指导，考虑传统道德观念和当地民风民俗，结合案件具体情形加以判断处理。

就本案而言，子女之间虽然曾经达成过赡养父母的协议，依照农村风俗约定由二子分别赡养父亲或母亲。诉讼中被告周乙也据此提出抗辩，以已经根据协议约定对父母中的一方履行了赡养义务为由，拒绝对本案原告履行赡养义务。但协议中没有原告签名，且原告对协议中的该内容不予认可，这种情况下，应当认定该协议仅在签订协议的周乙与周丙之间生效，不能就此免除被告周乙对原告的赡养义务。

编写人：四川省乐山市夹江县人民法院　蒋思平

52

赡养父母是子女的法定义务，对于年迈、体弱多病的父母，能否由女儿固定赡养母亲

——李某某诉宋甲等赡养案

【案件基本信息】

1. 裁判书字号

四川省凉山彝族自治州宁南县人民法院（2014）宁南民初字第 652 号民事判决书

2. 案由：赡养纠纷

3. 当事人

原告：李某某

被告：宋甲、宋乙、宋丙、宋丁、宋戊

【基本案情】

原告李某某与丈夫宋某某共生育了5个子女（即五被告），均已成家，原告已78岁、体弱多病。1993年6月13日在宁南县松新镇法律服务所工作人员周某某的主持下，原告夫妇与四个儿子达成了赡养协议，协议约定：1. 二老单独生活，其承包地由被告宋乙、宋丁各种一份。（父母去世时如现行土地政策不变，土地属原种人不动，但应承担安葬父母时所用粮食的不够部分。）2. 由被告宋乙、宋丁每年各付父母黄谷500斤，零用钱80元，被告宋甲、宋丙各付120元。3. 妹（被告宋戊）出嫁后，父母喂不起猪时，兄弟四人每年各给父母猪肉15斤、猪油5斤。4. 父母生病住院其医药费由弟兄四人平摊，轮流护理。父母去世时，母亲由被告宋甲、宋乙安葬，父亲由被告宋丙、宋丁安葬。5. 现未分财产（包括入电站股金）待双老去世后由弟兄四人平摊。6. 此协议一式六份需共同遵守。之后，双方按照协议履行了赡养事宜。1997年原告之夫宋某某去世后，由被告宋丙、宋丁进行了安葬。被告宋戊出嫁后，原告李某某到被告宋丁家生活，直到2011年。2012年原告李某某到被告宋乙家生活至今。原告李某某现持有宁南县龙洞河联办电站股金18000元，每年有3000余元的分红收入，每月有55元的养老保险补助。四被告宋甲、宋乙、宋丙、宋丁为河坝土地补偿款及赡养父母事宜发生纠纷，2012年10月18日经宁南县松新镇人民政府调解未果，原告李某某遂诉至法院，要求五被告履行赡养义务，要求与被告宋戊共同生活。被告宋甲、宋乙、宋丙均不愿单独赡养原告，也不愿与原告长期生活，坚持每个儿子轮流赡养原告2～3个月的方案。由于与儿子、媳妇们相处不睦，不愿意受辗转、奔波之苦，原告李某某坚持要由被告宋戊赡养，与其共同生活。被告宋戊与原告李某某居住地在相邻村组，与原告感情融洽，亦愿意接原告李某某到家中居住赡养。被告宋丁同意原告的诉求。本案经法院多次协调，双方坚持己见，调解未果。

【案件焦点】

本案双方争议焦点系赡养父母的方式方法。对于年老、体弱多病的父母，能否由女儿固定赡养母亲？

【法院裁判要旨】

四川省宁南县人民法院经审理认为：赡养父母是子女的法定义务，子女对父母有赡养扶助的义务，子女不履行赡养义务时，无劳动能力或生活困难的父母，有要求子女给付赡养费的权利。赡养父母应当履行经济上供养、生活上照料和精神上慰藉的义务，照顾老年人的特殊需要。原告李某某已是 78 岁高龄的妇女，体弱多病，生活、起居有困难，1993 年订立的赡养协议，应结合现在的实际情况予以适当变更。子女间赡养父母有同等的权利义务，被告宋甲、宋乙、宋丙的主张原告轮流在儿子间生活的赡养方案，因原告年事已高，体弱多病，不堪遭受辗转流离之苦，固定与一个子女共同生活更有利于其安度晚年生活、医疗之便，对被告宋甲、宋乙、宋丙的主张本院不予支持。被告女儿宋戊与原告相邻居住，母女感情甚好，由其赡养原告，合乎法律规定。对原告李某某的合理需要，本院予以尊重、支持。原告李某某每年有一定的收入，可适当减少子女应付的赡养费。依照《中华人民共和国婚姻法》第二十一条"父母对子女有抚养教育的义务；子女对父母有赡养扶助的义务。子女不履行赡养义务时，无劳动能力的或生活困难的父母，有要求子女付给赡养费的权利。"及《中华人民共和国老年人权益保障法》第十四条"赡养老人应当履行对老年人经济上供养、生活上照料和精神上慰藉的义务，照顾老年人的特殊需要。"的规定，作出了由被告宋戊赡养原告李某某，负责其生活起居、生老病死；由被告三个儿子给付原告赡养费并分摊医疗费的判决。

【法官后语】

该案例涉及案件的具体处理情况与当地的人文风俗不一致时，法官应该怎么办理的问题。在我省大多数地区的人文风俗中，出嫁的女儿一般是不承担赡养义务的，都是由儿子赡养父母。女儿出嫁之后一般凭自己的道德良心、财产状况，不固定地给予父母一些钱粮物品，但不承担具体的赡养义务、特别是共同居住赡养。在父母与儿子之间就赡养问题没有纠纷时，这样的赡养方式自然是没有任何问题，可一旦父母与儿子间发生赡养纠纷，特别是当父母提起赡养诉讼时，儿子、儿媳就会提出女儿也应该养父母。在我县审理的大部分的赡养纠纷案件里，多是儿媳与父母相处不好，进而影响儿子对父母的正常赡养。法院在处理这类赡养案件时，本来简单的案子调解难度也非常大，而且不利于保护父母的合法权益。本案从法律的一般角度来说很简单，法律关系简单、法律事实清楚、法律适用明了。可如果简单地按法律规定审理判决此案，不仅执行困难，社会效果也不好。习俗与法律的冲突从由来已久，处理不好就会对法律的实施造成影响，审判人员要灵活应用法律，熟悉风俗习惯，多思虑、多释明，使案件的处理结果起到良好的示范效应、社会效应。本案判决后，经承办法官从法理、情理释明后，被告方积极主动履行了义务。

编写人：四川省凉山彝族自治州宁南县人民法院　张闯

53

子女对父母尽赡养义务的方式不仅仅限于支付赡养费

——李某某诉李甲、李乙赡养费案

【案件基本信息】

1. 裁判书字号

山东省济南市天桥区人民法院（2014）天民园初字第 54 号民事判决书

2. 案由：赡养费纠纷

3. 当事人

原告：李某某

被告：李甲、李乙

【基本案情】

原告李某某共生育 5 个女儿，被告李甲、被告李乙均系原告之女。原告的女儿均已成家独立生活，现原告独自一人居住。原告称其每月有退休金 4000 元左右，参加了医疗保险，但部分医疗费无法报销。关于日常支出费用，原告称其每月生活费大约 3000 到 4000 元，护理费每月 2000 余元，租房费每月 1800 元，医药费每月 1200 元，医疗费每月 10000 元左右。两被告不认可原告以上所述，认为原告每月退休金为 5000 元左右，原告的日常支出费用过高且没有证据予以证明，认为原告有医疗保险和商业保险，大部分医疗费用都能报销。

坐落于济南市天桥区工人新村北村房屋及济南市天桥区工人新村南村东区房屋，上述两套房屋原房屋所有权人系原告李某某，原告分别于 2009 年 10 月 30 日、

2013 年 5 月 18 日将上述房屋出售给他人，房屋价款分别为 25 万元、30.5 万元。原告称，因为其生病及生活支出等需要费用，向两被告索要赡养费，两被告不予支付，在其无奈情况下，卖掉了两套房产，房款用于看病、日常生活、护理、租房等支出及偿还借款，售房款现已经没有了。两被告不认可原告所述，认为原告退休金很高，医疗费也能报销，也不存在欠款的事实，原告的经济状况足以维持其生活，不应再向子女要求承担赡养费。

两被告同意以其他方式尽赡养义务，但不同意支付赡养费。原告认为其与两被告之间存在矛盾，两被告以其他方式尽赡养义务不具有操作性，不同意变更其他方式对其进行赡养。

原告要求两被告各支付自 2004 年 1 月至 2013 年 12 月的赡养费 7.2 万元，原告认为综合其情况，要求每月支付赡养费的标准为 600 元，自 2004 年 1 月开始自己搬出来居住后，两被告没有尽到赡养义务，所以计算至 2013 年 12 月，共计 7.2 万元。两被告对此提出异议，认为原告的诉请不能成立，赡养费是对现在和今后生活的保障，原告主张前 10 年的赡养费没有依据。

原告要求两被告自 2014 年起每月各支付赡养费 600 元，要求两被告承担其以后较大支出的医药费用（各按实际支出费用的 1/5 计算）。两被告认为原告每月有 5000 元收入，且有卖房款 56 万元，还有其他存款，原告的经济状况足以维持其生活，不应要求子女承担赡养费，对于原告以后较大支出的医药费用未实际产生，以后可以另行主张，现在不应支持。

【案件焦点】

李某某自己每月有固定收入足以维持其生活需要且其曾经出卖过两套房屋，在此情况下是否还能够要求李甲、李乙每月支付赡养费。

【法院裁判要旨】

山东省济南市天桥区人民法院经审理认为：根据《中华人民共和国婚姻法》（以下简称《婚姻法》）第二十一条规定，子女对父母有赡养扶助的义务；子女不履行赡养义务时，无劳动能力的或生活困难的父母，有要求子女付给赡养费的权利。可见，赡养关系的成立需要具备赡养的必要性，被赡养人以无劳动能力或者生活困难为限，因为赡养关系是基于被赡养人与赡养人之间一定亲属关系存在而产生的求助性法律权利义务关系，只有无独立谋生能力与生活来源的人才能要求他人赡养。本案中，原告称其每月退休金为 4000 元左右，参加了医疗保险。可见，原告有固定的经济收入，能够满足其基本生活需要。另外，原告分别于 2009 年 10 月 30 日、2013 年 5 月 18 日将其所有的两套房屋予以出售，得房屋价款分别为 25 万元、30.5 万元，该款项也可以用于支付其日常生活支出等相关费用。原告称上述房款已全部用于花费及偿还借款，但未提供相关证据予以充分证明，应不予采信。且原告因病进行治疗而产生的医疗费用可以通过医疗保险进行相应的报销。

原告称其支出每月生活费大约 3000 到 4000 元、护理费每月 2000 余元、租房费每月 1800 元、医药费每月 1200 元、医疗费每月 10000 元左右，其收入不足以支付上述费用。对原告的上述主张，两被告不予认可，其提供的证据亦不能充分予以证明，本院不予采信。

对老人尽赡养义务包括经济上的供养、生活上的照料、精神上慰藉等方面，赡养人不履行赡养义务，老年人有要求赡养人付给赡养费的权利，但是这并非意味着赡养义务仅仅限于经济上供养的义务。本案中，两被告虽不同意向原告支付赡养费，但是其同意以其他方式向原告尽赡养义务，对此并非不可，但原告不同意两被告的该意见。综上所述，在原告的经济收入及医疗保险等能够满足其基本生活需要和医疗费支出的情况下，原告再要求两被告各支付自 2004 年 1 月至 2013 年 12 月的赡养费 7.2 万元及自 2014 年起各按月支付赡养费 600 元，其诉请没有事实根据和法律依据，本院不予支持。

对于原告要求两被告承担其以后较大支出的医药费用（各按实际支出费用的 1/5 计算）的诉讼请求，因原告以后较大支出的医药费尚未实际发生，无法确定数额，原告可待该费用实际发生后，再根据实际情况，另行主张权利。因此，对原告的该项诉讼请求，本院不予支持。

综上所述，依照《婚姻法》第二十一条第一款、第三款，《中华人民共和国民事诉讼法》第六十四条、第一百四十二条之规定，作出如下判决：

驳回原告李某某的诉讼请求。

【法官后语】

本案处理重点主要在于对支付赡养费条件及赡养方式的理解。值得注意的是，对老人尽赡养义务包括经济上的供养、生活上的照料、精神上慰藉等方面，赡养人不履行赡养义务，老年人有要求赡养人付给赡养费的权利，但是这并非意味着赡养义务仅仅限于经济上供养的义务。在原告的经济收入及医疗保险等能够满足其基本生活需要和医疗费支出的情况下，原告可以要求子女以其他赡养方式对其尽赡养义务，这样既可以妥善处理原告与子女之间的关系，又能使原告在感情上得到慰藉，愉快地安度晚年。

编写人：山东省济南市天桥区人民法院　张清国

54

无劳动能力人的赡养义务

——李某会诉李某赡养费案

【案件基本信息】

1. 裁判书字号

黑龙江省齐齐哈尔市甘南县人民法院（2015）甘民初字第 304 号民事判决书

2. 案由：赡养费纠纷

3. 当事人

原告：李某会

被告：李某

【基本案情】

原告李某会诉称，1993 年原告李某会与被告母亲李某荣登记结婚。被告李某是其母亲李某荣与其前夫的女儿。原告与被告母亲将被告抚养至 18 周岁。在被告结婚前，原告与被告母亲离婚。2013 年原告因患视网膜脱落导致双目失明，丧失劳动能力和生活能力，原告要求被告每月支付赡养费 800 元，庭审中，原告因欠房租，生活支出等费用将诉讼标的增加至每月 1800 元。

被告李某辩称，被告没有生活来源，无能力单独打工。原告与被告母亲结婚时候被告仅 2 岁左右，小学没毕业，被告就随母亲与原告一起去打工到 18 周岁。在被告结婚之前原告与被告母亲离婚，被告没有支付能力。被告丈夫身体有病，腰间盘突出，不能从事体力劳动。一直是被告的公公婆婆负担被告的家庭生活费用。被告有 10 亩地，每年对外的承包费用为 3000 元左右，还不够给被告家两岁孩子的抚养费。

【案件焦点】

原告诉讼请求的证据支持及被告经经济收入状况。

【法院裁判要旨】

齐齐哈尔市甘南县人民法院审理认为，成年子女对父母有赡养协助义务，原告李某会与被告李某形成婚姻法上的父女关系，并将被告抚养至 18 周岁，被告应该承担对原告的赡养义务。综合李某因自身生活支出以及李某婚生子的抚养费用，本院认为以李某收入的 20% 即 213 元作为原告赡养费用的支出较为合理。在原告有证据证明被告收入情况有所改善时，原告可另行起诉提高赡养费用。依照《中华人民共和国婚姻法》（以下简称《婚姻法》）第二十一条，《中华人民共和国老年人权益保障法》（以下简称《老年人权益保障法》）第十一条、第十五条、第十八条，《中华人民共和国民事诉讼法》第一百四十八条，《最高人民法院关于民事诉讼证据的若干规定》第二条规定，判决如下：

被告李某给付原告李某会赡养费每月 213 元，自 2015 年 2 月起，每 6 个月结算一次。

【法官后语】

赡养是指子女在物质上和经济上为父母提供必要的生活条件；扶助则是指子女对父母在精神上和生活上的关心、帮助和照料。子女对父母履行赡养扶助义务，是对家庭和社会应尽的责任。根据《中华人民共和国宪法》第四十九条的规定，成年子女有赡养扶助父母的义务。《老年人权益保障法》的第十条规定，老年人养老主要依靠家庭，家庭成员应当关心和照料老人。有经济能力的子女，对丧失劳动能力，无法维持生活的父母，都应予以赡养。

经济能力如何衡量，需要证据证明，通过被告的自诉以及原告的举证，证实被告的经济能力。本案被告李某在诉讼中曾申请进行无民事行为能力和无劳动能力的鉴定。但我国法律并没有免除无民事行为能力人和无劳动能能力人的赡养义务。是否应当承担赡养义务应以经济能力为准。因此被告撤销了鉴定申请。本案被告经济收入较少，根据《婚姻法》的规定酌情以能够证实的经济收入计算赡养费用较为合理。因被告还需要抚养一个两岁的孩子，法院酌情以李某已查明收入的 20% 作为赡养费用。原、被告双方接到判决书后均不上诉。

编写人：黑龙江省齐齐哈尔市甘南县人民法院　刘勇民

55

赡养费支付与刑事财产刑的冲突和适用

——吴某某诉黄某某赡养费案

【案件基本信息】

1. 裁判书字号

广东省中山市中级人民法院（2014）中法民一终字第 509 号民事判决书

2. 案由：赡养费纠纷

3. 当事人

原告（上诉人）：吴某某

被告（被上诉人）：黄某某

【基本案情】

吴某某与黄某某系母子关系。吴某某与前夫生育了女儿黄某澜、儿子黄某某，后吴某某与前夫离婚，女儿黄某澜由前夫抚养，儿子黄某某由吴某某抚养。1992 年 6 月 1 日，吴某某与吴某荣再婚，再婚后没有生育子女。再婚时，吴某荣已有两个儿子吴某明（1978 年 1 月 19 日出生）、吴某文（1980 年 3 月 2 日出生），均住中山市石岐区仙湖正街。现吴某某与吴某荣分居。2012 年 12 月 15 日，吴某某因病入中山市中医院住院治疗 16 天，出院诊断为：动脉粥样硬化血栓性脑梗死（右侧颈内动脉)、颈椎病、骨质疏松症高血压病 3 级等疾病。2013 年 8 月 2 日,吴某某到中医院门诊,诊断为:脑梗塞、血压病 3 级。吴某某认为,黄某某长期不履行赡养义务,过去几年吴某某要求黄某某支付赡养费未果。为此,向法院提起诉讼主张黄某某履行赡养义务。另,2013 年 1 月 30 日,广东省中山市中级人民法院作出 (2012) 中中法刑一初字第 154 号刑事判决,以黄某某犯贩卖毒品罪,判处无期徒刑,剥夺政治权利终身,并处没收个人全部财产。宣判后被告黄某某不服,上诉于广东省高级人民法院,2013 年 5 月 10 日,广东省高人民法院作出 (2013) 粤高法刑一终字第 245 号刑事裁定,驳回上诉,维持原判。

【案件焦点】

在黄某某因刑事犯罪被判处刑罚并没收个人全部财产的情况下是否要履行对其母亲的赡养义务,如何履行。

【法院裁判要旨】

广东省中山市人民法院经审理认为:本案是赡养费纠纷。赡养人黄某某与被赡养人吴某某是母子关系。根据《中华人民共和国婚姻法》(以下简称《婚姻法》)第二十一条第三款规定,子女不履行赡养义务时,无劳动能力的或生活困难的父母,有要求子女付给赡养费的权利。黄某某对吴某某有赡养的义务,但黄某某因犯罪被判处无期徒刑,剥夺政治权利终身,并处没收个人全部财产。现正在监狱服刑期间,不具有赡养能力,吴某某是退休人员,有稳定的生活来源,如生活确有困难,可向另外的赡养人或扶养人主张权利予以解决。现吴某某要求黄某某支付赡养费的证据不足,本院不予支持。

广东省中山市第一人民法院依照《中华人民共和国民事诉讼法》(以下简称《民事诉讼法》)第六十四条第一款、第一百四十四条之规定,作出如下判决:

驳回原告吴某某的诉讼请求。

吴某某以黄某某对其有赡养义务,而黄某某虽因犯罪被判处无期徒刑并处没收个人全部财产,但赡养义务并不因此而终止,现黄某某的财产没有被执行没收,黄某某应支付的赡养费可从其尚未被执行没收的财产中执行为由提起上诉。广东省中山市中级人民法院经审理认为:子女负有赡养父母的义务,子女不履行此义务的,则无劳动能力或生活困难的父母,可行使追索赡养费的权利。本案中,吴某某虽有退休金，但其已年过六旬，患有脑梗塞、颈椎病、高血压 3 级等高危疾病，需要继续治疗，其退休金数额不足以保证吴某某得到较好医疗救治的同时，仍能维持在本地区的平均生活水准。故此，吴某某向子女追讨赡养费系出于实际需要，合法有据。本案现有证据证明吴某某离婚时，女儿黄某兰已十岁，黄某兰现更名为黄某澜并在本市生活。黄某澜在吴某某离婚之后，虽未与吴某某共同生活，但吴某某在此前抚育黄某澜多年；而吴某某再婚时，其继子吴某明、吴某文均未成年，二人亦由吴某某抚育多年，故黄某澜、吴某明、吴某文与黄某某负有共同赡养吴某某的法定义务。现吴某某仅向黄某某主张赡养费，但吴某某没有提供证据证明另外三个子女不具备支付赡养费的经济负担能力，吴某某要求黄某某个人承担全部的赡养义务没有事实根据，亦不具备法律基础。考虑到吴某某需要治疗的情况与收入状况，其主张的 2000 元/月的赡养费并无畸高，鉴于黄某某同意支付赡养费，且吴某某尚有其他赡养义务人，本院酌定黄某某按 500 元/月的标准向吴某某支付赡养费用。赡养费原则上应定期给付，但黄某某被判处无期徒刑并被没收全部个人财产，其不具备按月给付的履行条件，故吴某某主张一次性支付赡养费，本院可以支持。本院酌情认定黄某某应按 500 元/月的标准支付赡养费给吴某某（自 2011 年 9 月起支付至2032 年 9 月止），合共 126500 元。同时，根据私权保障和私权优先的原理，本案赡养费应优先于黄某某被没收全部个人财产的刑事责任。上诉人吴某某的上诉部分有理，本院对其上诉合理部分予以支持。原审判决认定基本事实清楚，但适用法律错误，处理失当，应予纠正。

广东省中山市中级人民法院依照《婚姻法》第二十一条，《中华人民共和国老年人权益保障法》第十四条、第十五条以及《民事诉讼法》第一百七十条第一款第（二）项的规定，作出如下判决：

一、撤销广东省中山市第一人民法院（2013）中一法民一初字第 1955 号民事判决；

二、被上诉人黄某某自本判决生效之日起 10 日内向上诉人吴某某支付赡养费126500 元（自 2011 年 9 月起支付至 2032 年 9 月止）；

三、驳回上诉人吴某某的其他诉讼请求。

【法官后语】

黄某某基于子女的赡养义务对吴某某应给付赡养费是民法上的责任，其因贩卖毒品罪被判处无期徒刑，剥夺政治权利终身，并处没收全部个人财产属于刑事法律规范调整的刑事责任，两者属于不同法律部门之间的责任。从上述类型化分析，两者属于非冲突性法规竞合和责任竞合，可以同时并存。也即黄某某被判处无期徒刑、剥夺政治权利终身，并处没收全部个人财产并不能免除其应负的赡养义务。相对应而言，权利人吴某某的给付赡养费请求权，并不因黄某某受到刑法处罚而受影响，该项权利作为私权，仍应得到法律保障。一审法院以黄某某因犯罪被判处无期徒刑，剥夺政治权利终身，并处没收个人全部财产，不具有赡养能力为由驳回吴某某的诉讼请求，其实质是将公法责任和公权置于优先地位，违背了私权优先这一普世价值和裁判理念，二审法院予以纠正是非常正确的。

但本案还存在一个问题需加以明确，即黄某某在 2013 年 5 月 13 日被广东高院生效刑事判决判处无期徒刑，剥夺政治权利终身，并处没收个人全部财产，而吴某某提起本案赡养费给付之诉是在 2013 年 9 月 24 日，即生效刑事判决判处没收财产在前，提起本案民事赡养给付在后，这个时间冲突怎么处理？能否支持赡养费给付请求权？《中华人民共和国刑法》第六十条规定"没收财产以前犯罪分子所负的正当债务，需要以没收的财产偿还的，经债权人请求，应当偿还。"本案可对黄某某所负的赡养费给付义务作扩张解释，在文义射程之内解释为黄某某被执行没收财产以前对吴某某所负的正当债务，法律规定"没收财产以前犯罪分子所负的正当债务"，并未限定是"判决确定时"还是"被执行没收财产时"，根据一般观念及从实证分析看，以"执行时"作为判断标准，判断其是否存在私法上所负债务并加以确定，既符合文义，也有利于保障吴某某的赡养请求权，正切合私权保障和私权优先的理念。

编写人：广东省中山市中级人民法院　张煌辉

56

赡养协议不免除赡养义务

——黄某某诉张甲等赡养费案

【案件基本信息】

1. 裁判书字号

广东省惠州市中级人民法院（2014）惠中法民一终字第 1013 号民事判决书

2. 案由：赡养费纠纷

3. 当事人

原告（被上诉人）：黄某某

被告（上诉人）：张甲

被告：张乙、张丙

【基本案情】

原告与丈夫张某清（2004 年 1 月 1 日病故）共生育了四个子女，分别是女儿张某某、儿子张乙、张甲、张丙。原告今年 75 周岁，无退休养老金，患有高血压、视网膜病变、骨刺、腰椎增生、糖尿病、冠心病等多种疾病，无法自食其力，靠女儿张某某在原告身边照顾生活。原告因赡养费问题与被告产生纠纷。

另查明：

1. 据 2014 年 4 月 20 日杨村镇杨村社区居委会、杨村派出所出具的《证明》，被上诉人黄某某年老多病，长期与女儿张某某生活，一切由张某某护理。

2. 上诉人张甲二审庭后提交两份材料：（1）广东省博罗县人民法院 1990 年 12 月 9 日作出的（1990）博杨法民字第 26 号《民事判决书》，该赡养纠纷一案的原告为本案被上诉人黄某某及其丈夫张某清，被告为本案上诉人张甲，要求被告支付两原告赡养费。该案判决：被告张甲每月给付原告张某清、黄某某赡养费人民币共 40 元。（2）落款时间为 2014 年 10 月 26 日的《赡养老人说明书》，拟证明上述赡养纠纷案件两年后,通过家人协商,商定由上诉人和弟弟张丙负责赡养父亲,母亲由长女张某某和长子张乙负责赡养。张乙、张丙作为证明人在该说明书上签名。

3. 张某某二审庭后提交两份证据:(1)张某某出具的《关于赡养父母说明书》,称父母一直都是其一人在赡养,父亲生前也是和其住在一起,生活费、医疗费、吃穿住行都是其负担,母亲患有十多种病,每月看病药费都要三千多元以上,二十多年来都是其一人承担;费用应由姐弟四人平均分担;1990年的判决书判决由四个子女平均负担父母的赡养费及医疗费,并没判决父亲去世后就可以不理母亲……张乙在该说明上签名。(2)杨村社区居委会2014年12月26日出具的一份《证明》,内容为:张某清、黄某某两夫妇,生活一直以来均由张某某一人承担赡养。

【案件焦点】

上诉人张甲主张的赡养协议是否有效,能否免除其对母亲黄某某的赡养义务。

【法院裁判要旨】

广东省博罗县人民法院经审理认为:《中华人民共和国婚姻法》(以下简称《婚姻法》)第二十一条明确规定,子女对父母有赡养扶助的义务,子女不履行赡养义务时,无劳动能力的或生活困难的父母,有要求子女付给赡养费的权利。因此,原告子女对原告有赡养的义务,现原告要求各被告履行赡养义务,本院依法予以支持。根据原告的实际年龄、劳动能力和被告的给付能力等情况,结合当地居民人均纯收入和消费性支出相关标准,确定原告子女每月各应给付原告赡养费300元。如有重大疾病,原告可根据实际开支另行主张权利。

广东省博罗县人民法院依照《婚姻法》第二十一条,《中华人民共和国民事诉讼法》(以下简称《民事诉讼法》)第一百四十四条的规定,作出如下判决:

一、被告张某某、张乙、张甲、张丙自2014年6月起每月20日前各付给原告黄某某赡养费300元;

二、驳回原告黄某某的其他诉讼请求。

张甲提起上诉。广东省惠州市中级人民法院经审理认为:《婚姻法》第二十一条规定,子女对父母有赡养扶助的义务,子女不履行赡养义务时,无劳动能力的或生活困难的父母,有要求子女付给赡养费的权利。张甲作为被上诉人的儿子,依法对其母亲有赡养的义务。被上诉人诉请要求上诉人给付赡养费有法律依据。广东省博罗县人民法院（1990）博杨法民字第 26 号《民事判决书》判决张甲每月给付父母赡养费人民币 40 元。随着时间迁移、物价调整，现黄某某要求子女增加赡养费的金额，符合实际需要。上诉人拟证明父母和四个子女之间曾经协商两个老人的赡养事宜，但张某某对协商分开各自赡养父母的事实予以否认，且此类赡养约定亦不能有违法律规定、公序良俗和道德伦常，在父母一方去世后，另一方生活、治病等确实需要开支的，众子女仍须承担赡养义务。就本案而言，自父亲在 2004 年 1 月 1 日去世后，黄某某至今长期由女儿张某某赡养照顾，现黄某某年迈多病，诉请要求各子女承担赡养的义务，有事实和法律依据，应予支持。一审判决黄某某的四个子女每个月各支付赡养费 300 元并无不当，应予维持。对于黄某某发生的重大疾病医疗费等重大开支四个子女亦应共同负担，黄某某可根据实际开支另行向子女主张权利。

广东省惠州市中级人民法院依照《民事诉讼法》第一百七十条第一款第（一）项、第一百七十五条之规定，作出如下判决：

驳回上诉，维持原判。

【法官后语】

赡养协议作为一种民事法律行为，首先应符合《中华人民共和国民法通则》（以下简称《民法通则》）第五十五条规定的民事法律行为生效必须同时满足的三个条件，同时，不存在《民法通则》第五十八条规定的排除民事行为有效性的若干情形。同时，如《婚姻法》第二十一条的规定，赡养属于法定义务，赡养协议不能免除或转移子女的赡养义务，否则亦为无效。《中华人民共和国老年人权益保障法》对赡养协议首次进行了明确的规定。该法第二十条规定："经老年人同意，赡养人之间可以就履行赡养义务签订协议。赡养协议的内容不得违反法律的规定和老年人的意愿。……"该规定再次强调了尊重被赡养老人的真实意愿、不得违反法律规定两个关键点。实践中如只有口头协议，但父母和各赡养人都对曾协议的内容均没有异议的，对口头协议的事实亦可认定。

本案中，上诉人虽主张曾有四姐弟分开分别赡养一个老人的口头协议，但现姐姐对曾存在口头协议的事实提出异议。且居委会证明父亲去世前一直是女儿负责赡养照顾，上诉人没有尽到赡养义务。也即即使存在赡养协议，上诉人也没有按协议履行赡养义务。因此，上诉人的赡养义务依法不能免除。此类约定父母一方由子女分别赡养终老的协议，只是为了便于照顾和赡养费支付的一种方式，父母一方先行去世后，另一方的赡养责任仍应由众子女共同负担。如个别子女在照顾去世一方老人时确实负担了较多责任的，从公平原则的角度其对在世一方老人的赡养责任可适当调整。

编写人：广东省惠州市中级人民法院　曾莹

57

养老协议书的法律性质认定

——宋某诉宋甲赡养费案

【案件基本信息】

1. 裁判书字号

北京市通州区人民法院（2014）通民初字第 02470 号民事判决书

2. 案由：赡养费纠纷

3. 当事人

原告：宋某

被告：宋甲

【基本案情】

原告宋某与其妻周某婚后共生育子女三人。1998 年 11 月 29 日，在老两口的主持下，长子被告宋甲与其弟宋乙就赡养老人事宜达成《养老协议书》，约定被告宋甲与其弟负担其母周某的赡养费每人每月 40 元，日常医药费每人负担 50%。因原告宋某是退休职工，被告宋甲与其弟无需负担原告宋某的养老生活费，但对于原告宋某超出报销范围的医药费由二子分别负担 50%。在二老没有劳动能力的情况下，二子每人每年负担五袋麦子，二老其中一人百年之前由二子在生活上轮流各负担一个月，老人百年之后长子被告宋甲负担原告宋某，次子负担周某。《养老协议书》

同时还对房产分配等事项进行了约定。周某于 2011 年 10 月死亡注销户口,现原告宋某与其次子宋乙在一处共同居住。原告宋某现身患冠心病、心绞痛、高血压、糖尿病、高血脂等疾病,生活不能完全自理。

原告宋某称次子、女儿均履行了赡养义务,作为长子的被告宋甲未能履行赡养义务,故将被告宋甲诉至法院,要求被告宋甲支付护理费每月 1000 元、截止至 2013 年 12 月 31 日的医疗费的二分之一 27550 元。作为被告宋甲坚持认为,双方在《养老协议书》中约定了可以不用支付赡养费,仅用每年给付五袋麦子即可,如果不要麦子可以将麦子折成钱支付赡养费。双方调解未果。

【案件焦点】

分家单中约定的赡养费不能满足被赡养人生活需求时,可以要求增加赡养费。

【法院裁判要旨】

北京市通州区人民法院经审理认为:赡养父母是子女的法定义务。子女不履行赡养义务时,无劳动能力或生活困难的父母,有要求子女付给赡养费的权利。《养老协议书》中虽约定了原告宋某由长子负担赡养,但此后原告宋某与其次子共同生活,并未与被告宋甲长期共同生活,故现原告宋某要求被告宋甲支付赡养费并无不妥。本院结合原告宋某的经济收入水平、子女的生活水平、本地区经济发展水平等因素,对原告宋某主张的赡养费综合确定,对其主张的过高部分,本院不予支持。关于医疗费,原告宋某有三名赡养义务人,现原告宋某放弃对另外两名赡养义务人主张医疗费的权利,故被告宋甲应当承担原告宋某合理医疗费的三分之一,对原告宋某主张的过高部分,本院不予支持。被告宋甲认为应按分家单约定履行赡养义务的意见,于法无据,本院不予采信。

北京市通州区人民法院根据《中华人民共和国婚姻法》(以下简称《婚姻法》)第二十一条第三款之规定,判决如下:

一、被告宋甲自 2014 年 4 月起每月给付原告宋某赡养费人民币 500 元,于每月 20 日前执行清;

二、被告宋甲给付原告宋某截止至 2013 年 12 月 31 日的医疗费 39547.42 元的 1/3,即 13182.47 元,于本判决书生效之日起 7 日内执行清;

三、驳回原告宋某的其他诉讼请求。

【法官后语】

作为被赡养人的父母在生活困难、丧失劳动能力、没有固定经济收入的情况下，可以要求子女增加赡养费或者变更之前约定的赡养方式，理由如下：

1. 我国《婚姻法》规定：赡养父母是子女的法定义务。子女不履行赡养义务时，无劳动能力的或生活困难的父母，有要求子女付给赡养费的权利。

通过对该条规定的解读，我们可以得出两个结论：第一，赡养父母是成年子女的法定的义务。所谓法定就是无需约定，且不得以任何理由拒绝履行。第二，父母有要求子女给付赡养费的权利。该条虽未就赡养费的标准进行明确约定，但是立法的精神在于保证被赡养人基本的、与一般人持平的生活水平，所以，不论是否进行约定，也不论曾经约定以何种方式进行赡养，如果发生被赡养人不能维持其基本生活、不能像一般正常人生活水平生活时，有条件的子女就应当相应的增加赡养费。

2. 对《养老协议书》的解读。《养老协议书》一般情况下出现在农村，当成年子女要结婚单独生活时，父母会和成年子女就家庭共同财产分割、父母财产处理、父母日后赡养、父母百年之后相关事宜处理等方面进行约定。因此，分家单本质上是关于家庭事宜的合意。诉讼中出现的分家单大都是在十几年前，甚至是几十年前的分家单，其内容是父母把自己的房产分配给了几个子女，子女则按照当时的经济水平支付赡养费，有的是每年几元，有的是每年几十元。但是随着经济水平的发展和生活成本的提高，每年几元或者几十元的标准已经远远不能满足个人正常的基本生活。另外，子女当年分的父母的房产，现在的价值也已经远远超过当年的价值。因此，从公平的角度来说，当双方约定的赡养费标准过低时，父母有权要求增加赡养费。

编写人：北京市通州区人民法院　杜鹏

$$\boxed{58}$$

子女一次性支付大额赡养费后是否应继续支付赡养费

——赵某诉赵甲等赡养案

【案件基本信息】

1. 裁判书字号

北京市房山区人民法院（2014）房民初字第 11291 号民事判决书

2. 案由：赡养纠纷

3. 当事人

原告：赵某

被告：赵甲、赵乙、赵丙、赵丁

【基本案情】

赵某与赵甲、赵乙、赵丙、赵丁四人为父子女关系。赵某现年事已高，患病需长期住院治疗，其每月有退休金 1400 余元，每季度有民政部门补贴 4400 元。赵甲、赵乙、赵丙、赵丁均已成年且经济独立。赵甲每月工资约 4000 元，赵乙每月收入约 2000 元，赵丙称没有固定工作，赵丁已经退休，每月退休金 1600 余元。

赵某夫妇与赵丙曾就赡养问题达成协议。2006 年 6 月 15 日，赵某及其配偶李某某与赵丙签订《赡养协议书》，约定由赵丙一次性给付赵某、李某某 7 万元，作为今后的住房安置费、住院费、医药费、生活费等所有赡养费用，不足部分由其他赡养义务人承担，赵某、李某某不再重复主张以上各种费用。2006 年 7 月 1 日，赵某、李某某又与赵丙签订《协议书》，约定赵丙给赵某、李某某 69000 元赡养费，赵某、李某某说跟赵丙断绝父子、母子关系。赵丙实际给付赵某、李某某赡养费69000 元。现赵某需要长期住院治疗，称赵丙给的赡养费已经因住院花完。

【案件焦点】

本案争议焦点是，2006年6月15日和2006年7月1日赵丙与父母签订《赡养协议书》的效力，以及赵丙是否还应支付赡养费的问题。

【法院裁判要旨】

法院经审理认为，子女对父母有赡养扶助的义务。子女不履行赡养义务时，无劳动能力或生活困难的父母，有要求子女付给赡养费的权利。赵某与赵丙关于断绝父子关系的约定无效，赵丙已经给付的69000元赡养费，现不足以支付赵某的生活费、医药费，其仍应支付赡养费，所以对赵丙的抗辩意见未予采信。四被告仍应向赵某支付赡养费和医药费，具体数额，根据原、被告双方的收入情况和本案实际情况由法院酌定。因赵某需长期住院治疗，对其医药费应当由四被告分担。故依据《中华人民共和国婚姻法》（以下简称《婚姻法》）第二十一条第一款、第三款之规定，判决：

赵甲、赵乙、赵丙、赵丁自2014年10月起每月给付赵某赡养费400元，自2014年10月起原告赵某的医药费凭报销后票据由赵甲、赵乙、赵丙、赵丁每人负担四分之一。

【法官后语】

1. 2006年6月15日《赡养协议书》应为无效协议。赵丙与父母签订的《赡养协议书》，约定由赵丙一次性给付父母7万元赡养费，不足部分由其他赡养义务人承担，父母不再向其重复主张赡养费。通过该协议，赵丙在一次性支付7万元赡养费后，不再支付赡养费，即不再承担赡养义务。但《婚姻法》第二十二条规定，父母对子女有抚养教育的义务，子女对父母由赡养扶助的义务。父母对子女的抚养和子女对父母的赡养，均为公民的法定义务，该义务以父母子女之间的人身关系为基础，通过协议的方式亦不能变更或免除这一义务。故这一协议约定的内容违反了法律的强制性规定，应为无效协议。

2. 2006年7月1日《协议书》应为无效协议。赵丙与父母签订的《协议书》，约定赵丙给父母69000元赡养费，双方断绝父子、母子关系。本案中父母子女关系是基于血缘关系而形成的人身关系，这种人身关系是法定的，不能通过当事人之间的约定予以变更，故该协议书应为无效协议。

3. 赵丙应继续支付赡养费。虽然上述两个协议书均为无效协议，但通过该协议，可以认定赵丙已经于 2006 年向父母一次性支付赡养费 69000 元。在此情况下，赵丙是否应该继续支付赡养费成为本案的审理焦点。虽然赵丙已经一次性支付大额赡养费，但其仍应当继续履行赡养义务，支付赡养费，理由如下：其一，子女的赡养义务是基于父母子女之间的人身关系而产生的法定义务，这一义务没有期限限制，除非极少数情况下，经法定程序解除收养关系，赡养义务才会终止。其二，法律规定子女赡养义务的目的，是确保父母晚年的正常生活，当父母没有收入来源，生活因疾病、年老等原因陷入困境时，父母可以起诉子女要求支付赡养费。本案中，赵丙一次性支付的赡养费不足以支付其父亲看病就医的花费，故其仍应支付赡养费。其三，在判决时，可以将子女一次性支付大额赡养费这一情节作为确定赡养费数额的情节予以考虑，结合子女收入情况和当地消费水平，公平合理的确定子女支付赡养费的数额。

编写人：北京市房山区人民法院　赵玲

八、继承纠纷

59

继承份额赠与协议的法律效力

——罗某某诉罗甲等继承案

【案件基本信息】

1. 裁判书字号

重庆市潼南县人民法院（2014）潼法民初字第00368号民事判决书

2. 案由：继承纠纷

3. 当事人

原告：罗某某

被告：罗甲、罗乙、罗丙、罗丁

【基本案情】

罗甲与陈某某原系夫妻关系，婚后共生育了四个子女，即原告罗某某，被告罗乙、罗丙、罗丁。婚姻关系存续期间，罗甲购买了位于潼南县原梓潼镇正兴街混合结构住宅一套，建筑面积35.79平方米。2003年9月2日，该房屋以罗甲的名义办理了房屋产权登记。2013年10月27日陈某某因病去世。陈某某死亡时，其父母均已先于陈某某去世；陈某某死亡后，其遗产的第一顺序继承人有原告罗某某，被告罗甲、罗丙、罗乙、罗丁。原、被告因继承上述房屋发生纠纷，原告遂诉至本院，请求人民法院判决确认2013年9月10日罗甲、陈某某与罗某某签订的《关于房产继承权的决定》有效；位于潼南县梓潼镇正兴街混合结构35.79平方米私有住宅房屋中陈某某的遗产份额 17.895 平方米归原告罗某某继承所有；诉讼费由原告全部承担。

【案件焦点】

本案焦点为涉案房屋的归属如何确定。

【法院裁判要旨】

重庆市潼南县人民法院经审理认为：继承从被继承人死亡时开始。继承开始后，按照法定继承办理；有遗嘱的，按照遗嘱或者遗赠办理；有遗赠扶养协议的，按照协议办理。继承权男女平等。继承的第一顺序为配偶、子女、父母。同一顺序继承人继承遗产的份额，一般应当均等。

本案中，陈某某于 2013 年 10 月 27 日死亡。陈某某死亡时，其父母均已先于陈某某去世；陈某某死亡后，其遗产的第一顺序继承人为其配偶和子女，即原告罗某某，被告罗甲、罗乙、罗丙、罗丁。

本案双方的争议焦点为：涉案房屋的归属？围绕双方的争议焦点，本院认为：

第一，在夫妻关系存续期间，任何一方所得的财产，原则上属于夫妻共同财产。本案中，被告罗甲在其与陈某某婚姻关系存续期间购买了位于潼南县原梓潼镇正兴街混合结构房屋，且该房屋登记在罗甲名下，该房屋应属于罗甲与陈某某夫妻共同财产。原告主张该房屋系罗甲用其单位及就业局发放给原告的补偿款、失业救济金购买，该房屋系原告个人房屋，但未举示证据予以证明，对原告该主张本院不予支持。

第二，继承方式包括法定继承、遗嘱继承、遗赠、遗赠抚养协议四种，遗嘱继承的形式包括自书遗嘱、代书遗嘱、录音遗嘱、口头遗嘱及公证遗嘱。其中，代书遗嘱有效条件包括：（1）有两个合格的见证人当场见证；（2）其中一个见证人代书；（3）代书人、其他见证人、遗嘱人均签名。本案中原告与其父罗甲、其母陈某某于 2013 年 9 月 10 日签订的《关于房产继承权的决定》由原告之父罗甲代书，但见证人一栏中仅周某某一人签字确认，故该决定不符合代书遗嘱的有效条件，亦不符合遗嘱继承的任何形式。

第三，丧失继承权的情形包括：（1）故意杀害被继承人的；（2）为争夺遗产杀害其他继承人的；（3）遗弃被继承人的，或虐待被继承人情节严重的；（4）伪造、篡改、销毁遗嘱，情节严重的。本案中，原告称被告罗丙未尽到赡养义务，应当剥夺其继承权，但原告对该主张未举示证据予以证明，且未尽赡养义务亦不符合丧失继承权的情形，故本院对原告该意见不予采纳。

陈某某死亡后，其遗产的第一顺序继承人有原告罗某某、被告罗甲、罗乙、罗丙、罗丁，因原告与其父罗甲、其母陈某某于 2013 年 9 月 10 日签订的《关于房产继承权的决定》不符合代书遗嘱的有效条件，亦不符合遗嘱继承的任何形式，且被告罗丙对该决定的真实性存有异议，故陈某某遗产应当按照法定继承办理，即位于潼南县原梓潼镇正兴街混合结构住宅中陈某某应占 17.895 平方米份额由原告罗某某、被告罗甲、罗乙、罗丙、罗丁各继承 1/5。被告罗甲、罗乙、罗丁自愿将其应继承份额赠与给原告罗某某，该行为系当事人自愿处分行为，不违反相关法律规定，本院予以确认。

重庆市潼南县人民法院依照《中华人民共和国婚姻法》第十七条，《中华人民共和国继承法》（以下简称《继承法》）第二条、第三条、第五条、第九条、第十条、第十三条第一款，《中华人民共和国民事诉讼法》第一百三十四条第一款、第一百四十四条、第六十四条第一款，《最高人民法院关于民事诉讼证据的若干规定》第二条的规定，判决如下：

陈某某死亡后遗产位于潼南县原梓潼镇正兴街混合结构住宅中陈某某应占份额 17.895 平方米由原告罗某某继承 4/5，被告罗丙继承 1/5，即原告罗某某享有该房屋 14.316 平方米所有权，被告罗丙享有该房屋 3.579 平方米所有权。

【法官后语】

首先，《继承法》规定法定继承人之间可以协商解决继承份额，虽然没有关于"法定继承人是否可以将应继承的份额转让给其他继承人"的直接表述，但对于公民来说，法无明文禁止即可为，法定继承人之间将继承份额赠与其他继承人的行为并不违反法律规定。其次，承认转让或赠与协议的效力也是减轻当事人诉累之考虑。司法部（89）司公字第 10 号《关于办理继承权公证和赠与公证等问题的复函》虽规定："继承人放弃继承就不能再通过继承协议的方式将其应继承的份额转让给其他继承人。只有在办理了继承手续，对应继承的份额取得了所有权之后，继承人才能将该份额赠与他人所有。对此，公证处应先办理继承权公证，再办理赠与或转让公证。"也就是说，当继承发生后，法定继承人必须先到公证处办理继承权公证，持该房产继承公证书到房产部门更名过户后，再持房产证到公证处办理赠与或转让公证，然后通过该公证书到房产部门办理更名手续。这显然在实际操作中存在很大困难，不仅繁琐，增加了继承成本，也加重了继承人的诉讼负担。

再者，司法部的这一复函是就具体问题答复广东省司法厅公证管理处，对其他省份仅具有指导性作用，并不具有普适效力。另外，随着市场经济和改革的不断深入，运用契约精神（即协议或合同）化解此类农村继承纠纷必然成为大势所趋，这不仅可以节约司法资源，降低诉讼成本，也能为当事人提供极大便利。因此，本院遂作出了上述判决。

编写人：重庆市潼南县人民法院　李圣丹

60

遗嘱解释制度及遗嘱执行人身份的认定

——刘某某、刘丙诉李甲等继承案

【案件基本信息】

1. 裁判书字号

北京市第一中级人民法院（2014）一中民终字第 4036 号民事判决书

2. 案由：继承纠纷

3. 当事人

原告（上诉人）：刘某某

原告：刘丙

被告（被上诉人）：李甲、李乙

被告：丁

【基本案情】

刘某梁与李某原系夫妻，育有刘某获、李甲、李乙。1990年6月刘某梁死亡，2010年10月李某死亡。刘某获与丁系夫妻，育有刘丙、刘某某。1997年10月刘某获死亡。李甲提交李某所立遗嘱一份，内容为："我李某（新华社国际部离休干部）留此遗嘱：①将我的私有房产权及房内一切设备物品及衣物交由我大女儿李甲（银监会干部）全权处理；②我的银行存款及购买的国库债（三年期）交李甲保管处理；③此遗书交司法部门公证后并交李甲保存。李某。2008.8.24"。李乙认可该遗嘱。刘丙、刘某某及丁对遗嘱不予认可。李某于1998年购买八〇六号房屋，于2001年10月11日取得了房屋所有权证。李某还留有以下遗产：银行存款若干；有价证券等若干。八〇六号房屋价值经评估总价为487.98万元。

【案件焦点】

李某所立自书"遗嘱"的内容如何理解，李甲的身份如何认定。

【法院裁判要旨】

北京市海淀区人民法院经审理认为：刘丙、刘某某作为刘某获的晚辈直系血亲，有权代位继承李某的遗产。李某所立遗嘱，虽未写明其所留遗产由李甲继承，但是该遗嘱表明其将自己所留遗产交由李甲全权处理，故应视为李某对其个人财产进行了明确的处分。李某所留遗产，应按其遗嘱继承。对于李某所留基金，其并未在遗嘱中进行处分，故该部分按照法定继承进行分割。

北京市海淀区人民法院依照《中华人民共和国继承法》（以下简称《继承法》）第五条、第十条、第十一条、第十三条、第十六条、第十七条之规定，作出如下判决：

一、八〇六号房屋及存款归李甲所有；

二、有价证券按法定继承处理；

三、驳回刘丙、刘某某其他诉讼请求。

刘某某持原审起诉意见提起上诉。北京市第一中级人民法院经审理认为：遗嘱是指遗嘱人生前在法律允许的范围内，按照法律规定的方式对其遗产或其他事务所作的个人处分，并于遗嘱人死亡时发生效力的法律行为。遗嘱必须是遗嘱人的真实意思表示；需明确财产的归属。从李某所立遗嘱的字义上理解，李某死亡后，李某的房产及物品等由李甲全权处理。李某的银行存款交李甲保管处理。李某所立遗嘱的内容体现的实质是由李甲负责处理李某的遗产，不是由李甲个人继承李某的遗产。

北京市第一中级人民法院依照《继承法》第十一条、第十三条、第二十七条、第二十九条，《中华人民共和国民事诉讼法》第一百七十条第一款第（二）项之规定，判决如下：

一、李某名下的八○六号房屋、存款、有价证券按法定继承处理；

二、驳回刘丙、刘某某其他诉讼请求。

【法官后语】

本案涉及遗嘱继承中遗嘱解释及遗嘱执行人身份的确认两个问题。

一、遗嘱解释

遗嘱，旨在依遗嘱人之意思表示的内容发生一定的法律效果，如何确认遗嘱反映遗嘱人的真实意思表示是遗嘱继承纠纷案件的关键。由于种种原因，遗嘱人的意思表示可能会出现歧义或空白，惟有通过对遗嘱内容进行解释确认，才能确定法律行为的法律效果，保证遗嘱内容真实反映遗嘱人的意思表示。

根据我国《继承法》第二十二条的规定，遗嘱必须真实反映遗嘱人的意思表示，这是遗嘱解释的目标，其包含两个层次的问题：首先，遗嘱必须是遗嘱人真实意思的自由表达，即遗嘱人在头脑清醒状态下自愿、自由地订立遗嘱，不存在遗嘱人受欺诈、胁迫、行为能力受限制及遗嘱被伪造、篡改等导致遗嘱无效的情形。其次，在确认遗嘱是遗嘱人自由意思表示的情况下，如果对遗嘱的内容理解出现歧义，如何解释遗嘱才能反映遗嘱人的真实意思表示，最大程度还原遗嘱人当时的内心状态，真正契合遗嘱人所要表达的真实意思，这也是本案所需要解决的问题，涉及遗嘱解释的目标。

进一步而言，遗嘱是一种单方法律行为，其解释应属于意思主义，即以探求遗嘱人真实意思为目标。遗嘱解释的过程，实际上是判断遗嘱是否具有歧义，如有歧义，则在遗嘱可能具有的各种含义中，通过考量案件各种事实，确定其中最为反映遗嘱人真实意思的一种，并将其作为实现遗嘱法律效果的基础。遗嘱解释分为前后联系而又不可分割的两个阶段：首先，要判断遗嘱内容是否存在歧义。这个阶段解决的主要问题是遗嘱内容表达了什么意思，遗嘱内容所表达的意思是否是遗嘱人的真实意思表示。理论上，此阶段遗嘱解释主要是确认跟遗嘱有关的法律事实，属事实问题、事实判断。其次，确认遗嘱案件的有关法律事实后，在遗嘱内容可能具有的多种含义中选取其中最为正确的一种，即最接近遗嘱人内心真实意思表示。实际上，此阶段是确认何者为遗嘱法律效果的依据，属法律问题、价值判断。

本案中，李某所立遗嘱，存在的两种解释是遗嘱中涉及的财产全部归李甲继承还是李甲仅是遗嘱执行人，履行管理遗嘱职责，按照遗嘱或法律规定将遗产予以处分。在李某所留遗嘱理解存有争议的情况下，就需要解决哪一种解释是李某真实意思表示这个问题，这就需要对遗嘱执行人制度加以探究。

二、遗嘱执行人身份的确认

根据《继承法》第十六条：公民可以依照本法规定立遗嘱处分个人财产，并可以指定遗嘱执行人。遗嘱执行人制度的设立旨在促成遗嘱人生前的遗嘱意愿按其真实的意思表示得以执行，保障相关继承人及利害关系人的合法权利。根据法律规定，遗嘱执行人应该由遗嘱人指定担任。

本案中，根据李某所立遗嘱，李甲是否为遗嘱执行人成为案件的焦点。根据《继承法》第十六条之规定，李某可以指定李甲为遗嘱执行人，所以，李甲作为遗嘱执行人不存在身份及程序上的障碍。据此，问题主要集中于李甲是该遗嘱的遗嘱执行人还是遗嘱继承人，分析该问题，则需要结合遗嘱内容予以确认。首先，结合李某的文化程度及其工作岗位（新华社国际部离休干部），李某对于文字的含义以及如何表达自己的真实意思不存在障碍，其在遗嘱中所用的文字及语句可以反映其立遗嘱时的真实想法，不存在用语错误或表述错误的情况。其次，根据该遗嘱的表述及用语，"全权处理"、"保管处理"、"保存"均可以理解为一种管理或保管的意思表示，难以扩大解释为"所有"的意思表示；退一步而言，如果李某想在遗嘱中表达所涉财产归李甲所有的意思表示，按其水平，完全可以表达清楚，避免争议；综上所述，李某在遗嘱中并未有所涉财产全部归李甲的意思表示，李甲不是该遗嘱的遗嘱继承人。最后，根据《继承法》第十六条之规定，李某指定李甲为遗嘱执行人未违反相关法律的规定，合法有效，且更符合其真实意思的表示，所以李甲的身份为遗嘱执行人，其职责在于管理遗产，按照遗嘱内容或法律规定对遗产予以分割继承，保证遗嘱内容得以执行。

一审将李某所留遗嘱内容理解为李甲为遗嘱继承人，所涉财产归李甲继承依据不足。二审根据李某所立遗嘱的内容，结合遗嘱解释及遗嘱执行人等相关制度，确认李甲为遗嘱执行人而非遗嘱继承人，并将相关财产依据法律予以处分，反映了李某遗嘱的真实意思表示，保障了继承人的合法权益。

编写人：北京市第一中级人民法院　刘福春

61

遗赠抚养协议解除后的法律后果
——袁某某诉贾某遗赠扶养协议案

【案件基本信息】

1. 裁判书字号

北京市第三中级人民法院（2014）三中民终字第 2961 号民事判决书

2. 案由：遗赠扶养协议纠纷

3. 当事人

原告（上诉人）：袁某某

被告（被上诉人）：贾某

【基本案情】

贾某是袁某某的舅姥爷。2007 年 11 月 26 日，贾某与袁某某在密云县公证处签订了《遗赠扶养协议书》，载明："扶养人袁某某系遗赠人贾某的外孙，自二〇〇五年起扶养人袁某某承担扶养遗赠人贾某的义务，现经协商签订协议如下：一、遗赠人贾某和扶养人袁某某共同生活，在贾某有生之年，由扶养人袁某某负责照顾衣、食、起居和医药费等。贾某去世后，由袁某某负责丧葬事宜。二、坐落于密云县东邵渠镇东邵渠村的北正房四间，在贾某去世之日，上述房产遗赠给袁某某。三、袁某某如不对贾某尽扶养义务，则无权接受上述房产；如贾某不履行协议，应赔偿袁某某因此所支付的一切费用。四、此协议签订后，贾某未经袁某某同意，无权处分该房产。五、本协议经双方签字生效。六、本协议一式三份，遗赠人一份，扶养人一份，密云县公证处一份。"贾某、袁某某分别在协议上签字。协议签订后，袁某某与其妻曾共同来贾某家中居住，因袁某某在外工作，主要由袁某某之妻照顾贾某的起居生活。2013年5月底，贾某与袁某某之妻在共同生活中产生纠纷，贾某以袁某某之妻不认真扶养为由将袁某某之妻赶走。2013年7月，贾某在密云县医院做×线检查，诊断意见为："1考虑陈旧TB灶。2肺部感染，请结合临床复查对比。3右下肺大泡。"贾某表示做手术治疗需数万元，袁某某表示贾某得病已数年，平时多次为贾某治疗，无力负担数万元手术费用。贾某向本院起诉要求解除与袁某某之间的遗赠扶养关系。经本院调解，双方均表示协议无法继续履行，袁某某同意解除协议，但要求给予补偿。本院经审理认为，贾某与袁某某在共同生活中，因纠纷导致遗赠扶养协议书无法继续履行，现贾某、袁某某均同意解除遗赠扶养协议书，本院不持异议。协议解除后的相关后续问题，双方可另行解决。判令："解除原告贾某与被告袁某某于二〇〇七年十一月二十六日签订的《遗赠扶养协议书》。"后袁某某对该判决不服，提出上诉。在二审期间袁某某撤回上诉，北京市第三中级人民法院于2013年9月16日作出裁定："准许上诉人袁某某撤回上诉，双方均按原审判决执行。"现袁某某向本院提起诉讼，要求贾某给付补偿。

【案件焦点】

导致原、被告之间遗赠扶养协议书无法继续履行的责任如何认定，已尽扶养义务的补偿数额如何确定。

【法院裁判要旨】

北京市密云县人民法院经审理认为：扶养人或集体组织与公民订有遗赠扶养协议，扶养人或集体组织无正当理由不履行，致协议解除的，不能享有受遗赠的权利，其支付的供养费用一般不予补偿；遗赠人无正当理由不履行，致协议解除的，则应偿还扶养人或集体组织已支付的供养费用。贾某与袁某某在履行遗赠扶养协议书中出现纠纷，导致该协议无法继续履行，法院判决解除双方协议后，袁某某可以获得适当经济补偿，补偿的数额应相当于袁某某已支付的供养费用。袁某某主张以2012年北京农村居民人均消费性支出数额为标准补偿10年的费用无法律依据，法院不予支持。双方对袁某某已支付的供养费用数额存在较大分歧，袁某某作为主张自身权利的原告，对自己的主张负有举证责任。现贾某认可袁某某给付生活费 400 元、负担医疗费 1100 元，法院予以确认。袁某某提交的署名"杨某某"、"李某 1"、"李某 2"的证明及密云县医院、滦平县医院的住院病案，用于证明其为贾某支付医疗费的情况，但袁某某关于医疗费数额的陈述前后矛盾，与医疗费票据、报销记录等记载的费用数额不符，且"杨某某"、"李某 1"、"李某 2"均未出庭作证，医院病案无法反映医疗费的交纳情况；贾某提供的村民委员会证明、存折、利息清单、医疗费票据等证据，可以证明自身有收入，平时及在看病时有支出；故贾某提供证据的证明力明显大于袁某某提供证据的证明力，法院对贾某提交的证据予以确认，并认定双方争议的医疗费由贾某支付。密云县医院、滦平县医院的住院病案记载的联系人均为袁某某，可以证明袁某某及其家人在贾某治疗时对贾某进行了护理照顾，对于护理照顾价值，贾某应对袁某某进行补偿，具体数额由法院依据查证的事实予以酌定。贾某认可袁某某购买 5 袋米、2 袋面、5 桶油，但同时主张自己购买的物品多于袁某某。因生活物品用于双方共同生活，法院无法区分贾某、袁某某平时购买生活用品的多寡，故法院认定贾某、袁某某就日常生活费用无需相互补偿。双方均认可袁某某及其妻与贾某共同生活，法院予以确认。双方就共同生活的起止时间有分歧，袁某某未提交证据予以证明，法院以贾某认可的时间为准。袁某某及其妻居住环境的变化本身不会导致开支增加，但贾某因此获得一定利益，故法院酌情由贾某对袁某某进行补偿，具体数额由法院酌定。

北京市密云县人民法院依照《中华人民共和国继承法》第三十一条第一款，《中华人民共和国民事诉讼法》（以下简称《民事诉讼法》）第六十四条，《最高人民法院关于贯彻执行〈中华人民共和国继承法〉若干问题的意见》（以下简称《继承法意见》）第五十六条，《最高人民法院关于民事诉讼证据的若干规定》第七十三条之规定，判决如下：

一、贾某于判决生效之日起七日内补偿袁某某供养费用 17250 元；

二、驳回袁某某的其他诉讼请求。

袁某某对一审判决不服提出上诉。北京市第三中级人民法院经审理认为：扶养人或集体组织与公民订有遗赠扶养协议，扶养人或集体组织无正当理由不履行，致协议解除的，不能享有受遗赠的权利，其支付的供养费用一般不予补偿；遗赠人无正当理由不履行，致协议解除的，则应偿还扶养人或集体组织已支付的供养费用。

贾某与袁某某在履行遗赠扶养协议书的过程中出现纷争，导致该协议无法继续履行，法院判决解除双方协议后，袁某某可以获得适当经济补偿，补偿的数额应相当于袁某某已支付的供养费用。在双方对袁某某已支付的供养费用数额存在较大分歧、袁某某不能提供充分证据证明其主张的实际支出数额的情况下，原判根据双方陈述及所提供证据情况，并在考虑袁某某对贾某就医时的护理价值、双方共同生活期间贾某所获利益应予酌情补偿等情节后确定的贾某对袁某某的补偿数额并无不妥。袁某某上诉主张按 2012 年北京农村居民人均消费性支出标准计算 10 年供养费用于法无据，本院不予支持。袁某某主张其自 2005 年起扶养贾某，贾某不予认可，袁某某亦未提供充分证据予以证明，本院不予认定。综上，原判事实清楚，适用法律正确，处理并无不当，本院予以维持。北京市第三中级人民法院依照《民事诉讼法》第一百七十条第一款第（一）项之规定，判决如下：

驳回上诉，维持原判。

【法官后语】

遗赠扶养协议作为我国继承法中一项重要制度，在过去几十年的实施过程中，对于赡养孤寡老人、弥补国家社会保障之不足，发挥过重要作用。但我国目前的法律法规中遗赠扶养方面的法律规定确是比较笼统，《继承法意见》第五十六条规定："扶养人或集体组织与公民订有遗赠扶养协议，扶养人或集体组织无正当理由不履行，致协议解除的，不能享有受遗赠的权利，其支付的供养费用一般不予补偿；遗赠人无正当理由不履行，致协议解除的，则应偿还扶养人或集体组织已支付的供养费用。"对于扶养费用的偿还标准，法律并无明确规定，而实际生活中，因涉及亲情等因素，当事人一般也不会就扶养费用的支出留存证据，且法规对扶养协议解除的事由及归责问题规定亦不详细，在双方当事人各说各理又无证据佐证的情况下，只好通过法官自由裁量来确定双方责任及是否需要偿还扶养费，偿还多少扶养费。综上笔者认为应当从以下几个方面完善遗赠扶养协议相关的法律规定。

一是增加约定解除之规定。法律应当允许当事人在订立遗赠扶养协议时，在协议中自行约定可解除协议的事由；在约定事由出现时，任何一方均可依约定解除协议，而无须承担违约责任。

二是增加协议解除之规定。在协议订立后、履行过程中，因当事人意志以外的因素，导致协议的履行变得非常困难，双方也均不愿意继续履行协议。对此情形，法律应允许当事人通过协商的方式解除协议。协议解除的后果应当是遗赠人根据其返还能力全部或部分返还扶养人已支付的扶养费。

三是在《继承法意见》有关规定的基础上，再增加当事人可单方解除遗赠扶养协议的其他法定事由。其包括：（1）在扶养人故意杀害遗赠人以及遗弃或虐待遗赠人且情节严重的情形下，应赋予遗赠人单方解除遗赠扶养协议的权利，对扶养人已支付的扶养费用可不予偿还；（2）扶养人履行扶养义务不符协议约定，经催告后在合理期间内仍不符协议约定的，遗赠人可以解除遗赠扶养协议，但此时应当返还扶养人已支付的扶养费用；（3）因遗赠人的过错致使扶养人无法实现其受遗赠权的，扶养人有权解除协议并要求遗赠人返还其已支付的扶养费用；（4）扶养人丧失扶养能力的；（5）扶养人于遗赠人之前而死亡，这包括作为扶养人的社会组织解散和作为扶养人的自然人被宣告死亡。

四是设立协议监督人。在遗赠扶养协议中，受扶养人多为老弱病残之人，扶养人可能利用自己能力上的优势履行不完全、不符合约定，甚至虐待受扶养人。为保护受扶养人的利益，笔者建议可以仿照国外民法上的监护监督人和遗嘱执行人制度设立协议监督人。设立的目的，一方面是监督扶养人按照约定完全适当地履行扶养义务，另一方面，协议监督人可以监督受扶养人处分约定财产的行为，当受扶养人擅自处分约定的财产，监督人有异议的权利。如双方发生诉讼时，监督人亦可就遗赠扶养协议的履行情况进行证明。

编写人：北京市密云区人民法院　宿航

62

职工因其家属的户口、年龄符合单位房改房的条件是否意味着该家属享有该福利性房屋的所有权份额

——陈甲、杨某某诉陈乙法定继承案

【案件基本信息】

1. 裁判书字号

北京市第一中级人民法院（2014）一中民终字第 4521 号民事判决书

2. 案由：法定继承纠纷

3. 当事人

原告（被上诉人）：陈甲、杨某某

被告（上诉人）：陈乙

【基本案情】

被继承人陈某某与翟某某原系夫妻关系，婚后育有一女陈乙。1993 年 5 月 3 日，陈某某与翟某某二人经北京市石景山区人民法院调解离婚，婚生女陈乙由翟某某自行抚养。陈某某与杨某某于 1994 年 11 月 18 日登记结婚，婚后育有一女陈甲。

2000 年 12 月 30 日，陈某某与所在单位签订出售公有住房合同，购买位于北京市石景山区铸造一区某号房屋（以下简称涉案房屋），并于 2002 年 4 月 18 日取得产权，产权人登记为陈某某。审理过程中，经原、被告协商一致，确定涉案房屋的价值为 120 万元。陈某某于 2012 年 4 月 4 日死亡，生前未留有遗嘱，陈某某之父母均先于陈某某死亡。

陈甲、杨某某认为涉案房屋系杨某某与陈某某的夫妻共同财产，陈某某、杨某某对涉案房屋各享有 50% 的所有权份额，起诉至法院要求将陈某某享有的 50% 所有权份额由陈甲、杨某某继承所有，陈甲、杨某某给付陈乙房屋折价款 15 万元。

陈乙不同意原告的诉讼请求，主张涉案房屋是陈某某享受单位的福利性购房政策（房改房）而购买，当时购买涉案房屋的条件是"购房人（陈某某）为现住房是一居室的拥挤户，子女年满十三周岁以上，且具有北京市正式居民户口"，正是由于自己的存在才使陈某某满足了享受福利性购房政策的条件，故涉案房屋应为陈某某与自己的共同财产，不同意原告的诉讼请求。

【案件焦点】

陈某某在与杨某某的婚姻关系存续期间因陈乙的存在才满足单位福利购房的条件而购买的涉案房屋，应该是陈某某与杨某某的夫妻共同财产还是陈某某与陈乙的共同财产。

【法院裁判要旨】

北京市石景山区人民法院经审理认为：涉案房屋系陈某某与杨某某婚姻关系存续期间购买并取得产权，故应当认定为夫妻共同财产。关于陈乙以其户口及年龄符合陈某某单位出售公有住房的相关规定为由而主张应该相应涉案房屋一半份额的主张，法院认为，房改房是国家对职工工资中没有包含住房消费资金的一种补偿，是住房制度向住房商品化的过渡，其销售对象亦有限制，是符合分配住房条件的职工，房屋价格在标准价和成本价的基础上还有工龄、职务或职称方面的优惠。陈乙作为家庭成员并非涉案房屋在房改房销售政策中针对的福利对象，故对陈乙的这一主张不予支持。北京市石景山区人民法院依照《中华人民共和国继承法》（以下简称《继承法》）第三条、第五条、第十条、第十三条、第二十六条之规定，作出如下判决：

一、位于北京市石景山区铸造一区某号房屋归陈甲、杨某某共同所有，陈甲、杨某某于本判决生效后三十日内给付陈乙房屋折价补偿款 30 万元；

二、陈乙负有与陈甲、杨某某履行完毕上述给付义务之日起十日内协执陈甲、杨某某办理房屋产权变更登记手续之义务。

陈乙不服一审判决，向北京市第一中级人民法院提起上诉。北京市第一中级人民法院经审理认为：涉案房屋系陈某某与杨某某夫妇婚后共同出资购买的单位出售的成本价房屋，一审法院将涉案房屋认定为夫妻共同财产，是正确的，予以维持。陈某某死亡后，根据《继承法》第二十六条的规定，应当将涉案房屋的 50% 分出为杨某某所有，其余50%为被继承人陈某某的遗产，由法定继承人陈乙、陈甲、杨某某继承。一审法院把涉案房屋判决由陈甲、杨某某所有，陈甲、杨某某给付陈乙房屋折价补偿款30万元的做法是正确的，予以维持。陈乙对其要求将房屋折价款的标准增加至80万元的上诉请求，没有提供充分证据予以证明，不能成立，不予支持。关于陈乙主张其享有涉案房屋一半份额的问题，陈乙只提供了购房时的两份购房登记表证明自己的主张，没有提供其他有效证据。而且涉案房屋是单位出售给陈某某、杨某某夫妇的房改房，单位出售的该房屋的对象是单位职工陈某某，陈乙不是该单位职工，与涉案房屋的购房行为无关，故对陈乙主张享有涉案房屋一半产权份额的上诉请求不予支持。

北京市第一中级人民法院依照《中华人民共和国民事诉讼法》第一百七十条第一款第（一）项之规定，作出如下判决：

驳回上诉，维持原判。

【法官后语】

本案处理重点在于对被继承人陈某某因享受房改房这一福利购房政策而购买的涉案房屋的性质的认定。房改房，又称已购公有住房，是指城镇职工根据国家和县级以上地方人民政府有关城镇住房制度改革政策规定，按照成本价或标准价购买的已建公有住房。房改房是国家对职工工资中没有包含住房消费资金的一种补偿，是住房制度向住房商品化过渡的形式，它的价格不由市场供求关系决定，而是由政府根据实现住房简单再生产和建立具有社会保障性的住房供给体系的原则决定，是以标准价或成本价出售，其实质是一种福利房。

本案中的涉案房屋就是被继承人陈某某在单位实行房改房政策时因符合相关条件而购买的福利性住房。购房时，陈乙作为陈某某的子女，年满十三周岁，且具有北京市正式居民户口，陈某某由此具备了参加房改房的资格，从而购得涉案房屋。但这并不意味着陈乙因此而享有涉案房屋的份额。原因正如上文所述，房改房是单位针对其职工的一项福利性住房政策，陈某某虽然对涉案房屋支付了购房款，但是购房款低于市场价格。存在陈某某为单位职工这一前提，才使得陈某某可以享受房改房政策。如果陈某某不是该单位的职工，即使有了陈乙的存在，陈某某也不会享有参加该单位房改房政策的机会。

编写人：北京市石景山区人民法院　刘志凯

63

代书遗嘱与财产预处分协议的性质认定

——傅甲等诉傅丁析产继承案

【案件基本信息】

1. 裁判书字号

北京市第一中级人民法院（2014）一中民终字第 03365 号民事判决书

2. 案由：析产继承纠纷

3. 当事人

原告（被上诉人）：傅甲、傅乙、傅丙

被告（上诉人）：傅丁

【基本案情】

　　傅某某、郭某某共生育五个子女，大女儿傅乙、二女儿傅戊、大长子傅丁、三女儿傅丙、小儿子傅甲。傅某某系离休老干部，于 1993 年、1994 年购得单位优惠房二套且办理了房产证。1995 年，傅某某二女儿傅戊代笔写下材料一份，内容为："我叫傅某某，1935 年 3 月 5 日参加工作。74 年已离休，未参加过任何临时性工作。今年 82 周岁，身体健康，月工资收入 900 元。我夫人郭某某，今年 67 周岁，身体不好，一直未工作。我有五个孩子，大女儿傅乙、二女儿傅戊、大长子傅丁、三女儿傅丙、小儿子傅甲都有工作及家庭。目前我有固定收入，孩子们也很孝顺，目前生活上不用他们负担。有一件事需要说明一下：1987 年 1 月县老干部局分给我一套二居室。当时我闲（嫌）房子小没去住，找过当时的宋局长说给大儿子傅丁住，其同意（因当时大儿子结婚在塑料厂住没房子）。在 1993 年组织说照顾老干部优惠售房，我同意让住房人大长子把房子买下，房价为（原本无内容）元；1994 年组织又照顾给了一套现我住的东外小区三居室。当时我在河北平山洗温泉，组织说我要房就必须出款 3 万 1 千元买下，当时大长子找过我，我同意买也让大长子装修。而且我是行政老干部没有钱买房，是大长子傅丁借钱给买下，让我们住到最后才属于他住。听大、二女儿傅乙、傅戊说：当时让傅丙、傅甲出钱都说没钱买，将来不要此房。所以他们决定谁给父母买下此房，此房归谁所有。最后是大长子傅丁借钱给我们买下此房，并花壹万元给装修了房子，现在住得很好。我认为：第一，房子两套是照顾我优惠价格，而且也已买下，虽然我没出款但我们夫妇二人必须永远住到底（哪怕是剩一个人）。第二，此房谁给买房款谁最后承受房权（两套）。第三，买房同平时照顾老人和孝心是两回事，看孝心。第四，当时未出款不享受房权。代笔人傅戊，傅乙、傅戊、傅丙、傅甲、傅某某，95 年 6 月 11 日。"2001 年 10 月 13 日郭某某因病去世。2006 年 6 月 19 日傅某某也因病去世。三原告认为这份材料实际是一份遗嘱，但由于没有母亲签字且没有无利害关系人在场，故属于无效遗嘱。被告认为这份材料是证明，并非遗嘱，三原告都已签字认可，签字时母亲在场，故母亲是认可的。

【案件焦点】

傅某某二女儿傅戊代笔写下的文字材料的性质认定。

【法院裁判要旨】

北京市延庆县人民法院经审理认为：这份材料是代书遗嘱，由傅某某、傅戊及原告签名确认，应为傅某某的真实意思表示，不违反法律的规定，处分傅某某遗产的部分合法有效，但因无郭某某签名，故其中处分属于郭某某遗产的部分无效。傅丁虽未在该遗嘱上签名，但其持有该遗嘱，是认可该遗嘱的。代书人傅戊虽为继承人，但三原告均认可其代书遗嘱内容且签名确认，且傅戊在案件审理时放弃继承，故代书行为合法有效。

北京市延庆县人民法院依照《中华人民共和国继承法》（以下简称《继承法》）第十六条、第二十五条、第二十六条、第二十七条第（四）项、第二十九条的规定，判决如下：

一、坐落在延庆县延庆镇东关小区楼房一套和坐落在延庆县延庆镇川北小区楼房一套均归被告傅丁所有；

二、被告傅丁分别给付原告傅甲、傅乙、傅丙继承楼房的折价款各 191484 元。于判决生效后三个月内履行；

三、驳回原告傅甲、傅乙、傅丙的其他诉讼请求。

后傅甲、傅乙、傅丁不服上诉。傅甲、傅乙请求：1. 要求追加分配父亲的房产继承。2. 请求调查傅戊代书遗嘱的真实性并追究造假人傅丁的刑事责任。3. 对方承担一审、二审诉讼费。上诉理由：一审判决认定事实不清，适用法律错误，程序违法，应依法判决两套房产为遗产，追加上诉人继承父亲的遗产，并追加继承由傅丁侵占楼房所得租房利益。涉案两套楼房由傅丁出资购买是虚假的。傅丁的上诉请求：1. 要求撤销一审判决。2. 请求依法改判驳回傅甲、傅乙、傅丙要求继承涉案两套楼房的诉讼请求。3. 对方承担一审、二审诉讼费。上诉理由：一审认定事实不清，适用法律错误，程序违法。本案涉诉确权文书并不属于遗嘱，两套楼房也不属于双方父母遗产，而应归上诉人所有。文书中虽无母亲签名，但并不影响房屋归属。被上诉人的诉讼请求超过法定 2 年诉讼时效。傅丙同意原审判决。

北京市第一中级人民法院经审理认为：本案的争议焦点在于傅某某让傅戊代书的协议的认定：1. 关于协议的效力、是否存在欺诈、误解等。该协议签订时，本案所有家庭成员均具有完全行为能力，对涉案房屋情况清楚，协议是全体家庭成员真实意思的有效表示，故该协议有效，且不存在欺诈、误解等导致签约人意思表示不真实的情形。2. 关于协议的性质。从协议签订的主体、形式、内容可以认定，协议并非遗嘱，而是在全体家庭成员见证下对将来可取得财产预先分割的合同。因此，在傅某某、郭某某去世且未留有遗嘱的情况下，应根据该协议约定，傅丁合法占有涉案房屋，傅甲、傅乙、傅丙要求分割房屋的要求违反了协议的约定和诚实信用原则，故不予支持。

北京市第一中级人民法院依照《中华人民共和国民法通则》第五十五条、《中华人民共和国合同法》第四十四条、《中华人民共和国民事诉讼法》第一百七十条第一款第（二）项之规定，判决如下：

一、撤销北京市延庆县人民法院（2013）延民初字第 02464 号民事判决；

二、驳回傅甲、傅乙、傅丙的诉讼请求。

【法官后语】

本案一、二审法院审理思路之所以出现分歧，主要在于对代书遗嘱的理解。我国《继承法》第十七条规定，"代书遗嘱应当有两个以上见证人在场见证，由其中一人代书，注明年、月、日，并由代书人、其他见证人和遗嘱人签名"。根据上述规定，代书遗嘱的生效要件为：1. 立遗嘱人具备完全民事行为能力。2. 遗嘱内容由立遗嘱人口述，见证人代为书写。3. 须有两个以上的见证人在场见证，并由其中一人代为书写。4. 代书人、见证人和遗嘱人必须在遗嘱上签名，并注明年、月、日。此外，2011 年 12 月 9 日《最高人民法院研究室关于不符合法定形式要件的遗嘱是否有效的电话答复》明确指出，根据《继承法》及《最高人民法院关于贯彻执行〈中华人民共和国继承法〉若干问题的意见》的规定，欠缺法定形式要件的遗嘱不宜认定为有效，有关案件事实认定请你院结合案件情况径行处理。

具体到本案，一审法院认为该份材料为代书遗嘱，该代书遗嘱形式上虽存在瑕疵，但根据本案具体情况应认定为有效的代书遗嘱，故判决所有子女按继承法则处分涉案房屋。但二审法院认为该材料并非遗嘱，而是一份协议，是在全体家庭成员见证下对将来可取得财产预先分割的合同，遂根据该协议约定，傅丁合法占有涉案房屋，改判驳回傅甲、傅乙、傅丙的诉讼请求。

此外，值得注意的是，即使认为该份材料为代书遗嘱，也应该严格按照代书遗嘱的生效要件来认定，对于有瑕疵的代书遗嘱应认定为无效。

编写人：北京市延庆区人民法院　孙沙沙

64

父女签订附赡养义务的赠与合同，在女儿履行义务前父亲去世的，合同约定的赠与物应如何处理

——钟某华等诉伍某贤、苏某妹继承案

【案件基本信息】

1. 裁判书字号

广东省广州市中级人民法院（2014）穗中法少行终字第 154 号民事判决书

2. 案由：继承纠纷

3. 当事人

原告（上诉人）：钟某华、伍某凤、伍某莲、伍某静

被告（被上诉人）：伍某贤

被告：苏某妹

【基本案情】

被继承人伍某满与苏某妹于 1988 年 11 月 28 日登记结婚，婚后生育女儿伍某贤。伍某满与苏某妹于 2002 年 5 月 22 日经法院调解离婚，未对夫妻共同财产分割作出处理。2003 年 7 月 17 日，伍某满与钟某华登记结婚，婚后生育女儿伍某凤、伍某莲、伍某静。伍某满于 2013 年 10 月 13 日因病死亡。伍某满的父母均先于其死亡。

本案讼争房屋是原属于伍某满、苏某妹共有的位于广州市海珠区凤和乡新市头村某宅基地房屋（共四层）。伍某满、苏某妹离婚后，于 2002 年 11 月 19 日签订《协议书》，双方同日与女儿伍某贤签订《赠与合同》，约定上述房屋第一层归伍某满所有，第三层归苏某妹所有，第二、四层赠与伍某贤，并办理了公证手续。

2009 年 7 月 8 日，伍某满与伍某贤签订《赠与合同》，约定伍某满将讼争房屋第一层赠与伍某贤，条件是伍某贤自 2014 年 1 月 1 日读完大学开始，需每月给伍某满生活费 500 元，至伍某满终生。该《赠与合同》没有办理公证，伍某满与伍某贤也未办理房屋产权转移登记手续。

伍某满死亡后，钟某华、伍某凤、伍某莲、伍某静向原审法院起诉，请求判令由其四人与伍某贤依法继承伍某满遗下的上述讼争房屋的 1/2 产权。

诉讼期间，双方当事人对讼争房屋第三层归苏某妹所有已经第二、四层归伍某贤所有，均没有异议。但钟某华、伍某凤、伍某莲、伍某静认为伍某满与伍某贤签订的《赠与合同》约定了赠与生效的条件，即伍某贤自 2014 年 1 月 1 日读完大学开始，需每月给伍某满生活费 500 元，该赠与合同属于附生效条件的合同，而伍某满在伍某贤尚未给付生活费的情况下死亡，即伍某贤实际未履行给付伍某满生活费的义务，该赠与合同的生效条件未成就，合同尚未生效，故请求由伍某满的法定继承人钟某华、伍某凤、伍某莲、伍某静、伍某贤继承讼争房屋第一层。伍某贤则认为并非其不履行向伍某满支付生活费的义务，而是因为履行时间未到伍某满已去世，因此，应当按照《赠与合同》的约定履行，讼争房屋第一层应归其所有。

【案件焦点】

伍某满占有的讼争房屋第一层应如何处理。

【法院裁判要旨】

广东省广州市海珠区人民法院经审理认为：2002 年 11 月 19 日，伍某满、苏某妹通过协议及赠与，约定讼争房屋第一层由伍某满所有，第三层由苏某妹所有，第二、四层由伍某贤所有。2003 年 7 月 17 日，伍某满与钟某华结婚，婚后两人并未对讼争房屋中伍某满的份额进行约定，故伍某满在讼争房屋中的份额属其个人财产，伍某满具有对该房屋份额的完全处分权。2009 年 7 月 8 日，伍某满将其所有的讼争房屋份额（即第一层）赠与伍某贤，属于其处置个人财产的行为，因此讼争房屋不属于伍某满的遗产。钟某华、伍某凤、伍某莲、伍某静主张讼争房屋属于伍某满的遗产并可以继承的诉求，缺乏法律和事实的依据，法院不予支持。

伍某满与伍某贤签订的《赠与合同》除了约定伍某满将讼争房屋份额赠与伍某贤外，还约定伍某贤自 2014 年 1 月 1 日读完大学开始，需每月给伍某满生活费 500 元，至伍某满终生。所以该份合同属于附义务赠与合同，而赠与合同是单务合同，因此，伍某贤取得伍某满赠与的房屋份额不以伍某贤是否已向伍某满给付生活费为生效条件，所以该份合同自双方签订后生效。钟某华、伍某凤、伍某莲、伍某静主张该份合同尚未生效，缺乏理据，法院不予支持。

广东省广州市海珠区人民法院依照《中华人民共和国继承法》（以下简称《继承法》）第三条，《中华人民共和国合同法》（以下简称《合同法》）第一百九十条之规定，作出如下判决：

驳回钟某华、伍某凤、伍某莲、伍某静的诉讼请求。

钟某华、伍某凤、伍某莲、伍某静提起上诉。广东省广州市中级人民法院经审理认为：伍某满与伍某贤签订的《赠与合同》是附义务的赠与合同，也是附生效条件的合同，合同的生效条件就是合同所附的义务，即伍某满将讼争房屋第一层的产权份额赠与伍某贤，以伍某贤履行"从 2014 年 1 月 1 日开始每月给付伍某满 500 元生活费至其终生"的义务为生效条件。由于伍某满在 2013 年 10 月去世，导致该赠与合同所附义务客观上没有履行，合同的生效条件未成就，故该赠与合同尚未生效。其次，伍某满和伍某贤签订上述《赠与合同》后，未对《赠与合同》办理公证手续，也未就讼争房屋第一层的产权办理转移登记。因此，伍某贤据上述《赠与合同》主张讼争房屋第一层归其所有，理据不足，法院不予采纳。伍某满占有的讼争房屋第一层应作为其遗产处理，由其法定继承人依法继承。

广州市中级人民法院依照《合同法》第四十五条第一款、第六十条、第一百九十条，《继承法》第三条、第十条、第十三条第一款，《中华人民共和国民事诉讼法》第一百七十条第一款第（二）项的规定，作出如下判决：

一、撤销广东省广州市海珠区人民法院（2013）穗海法少民初字第 225 号民事判决；

二、广州市海珠区凤和乡新市头村房屋第一层由上诉人钟某华、伍某凤、伍某莲、伍某静和被上诉人伍某贤各占有 1/5 产权份额；

三、驳回上诉人钟某华、伍某凤、伍某莲、伍某静的其他诉讼请求。

【法官后语】

本案一、二审审理过程中，出现不同意见，究其原因是对伍某满与伍某贤签订《赠与合同》的性质有不同的理解。《合同法》第一百九十条和第一百九十一条规定，赠与附义务的，赠与人应当按照约定履行义务；附义务的赠与，赠与的财产有瑕疵的，赠与人在所附义务的限度内承担与出卖人相同的责任。由此可见，附义务的赠与合同是赠与合同的一种特殊形式，它不是单务无偿合同，而是双务有偿合同，但其有偿性仅限于合同所附义务的范围。伍某满与伍某贤签订的《赠与合同》应属于附义务的赠与合同，也是附生效条件的合同，其生效条件就是伍某贤履行合同所附的义务。《赠与合同》约定伍某满将涉案房屋第一层赠与伍某贤，但同时约定赠与的条件是伍某贤履行一定赡养义务，即以伍某贤履行"自 2014 年 1 月 1 日读完大学开始每月给伍某满生活费 500 元至伍某满终生"的赡养义务，作为赠与房屋的条件。其次，伍某满与伍某贤签订《赠与合同》后，一直没有将涉案房屋第一层转移登记于伍某贤名下，也没有对《赠与合同》办理公证手续。由此可以推知，伍某满的真实意思表示应是以伍某贤对其履行赡养义务作为赠与房屋的生效条件，该《赠与合同》是附生效条件的合同，应适用《合同法》的规定。因伍某满在合同约定履行义务的时间开始前死亡，伍某贤客观上没有履行合同所附的赡养义务，导致生效条件未成就，根据《合同法》第四十五条第一款的规定，合同未生效，伍某贤不能依据该《赠与合同》取得赠与标的物。

编写人：广东省广州市中级人民法院 钟淑敏

65

公有住房改革时占用的工龄数应认定为物权还是债权

——于某诉陈甲等法定继承案

【案件基本信息】

1. 裁判书字号

黑龙江省齐齐哈尔市碾子山区人民法院（2014）民初字第18号民事判决书

2. 案由：法定继承纠纷

3. 当事人

原告：于某

被告：陈甲、陈乙、陈丙

【基本案情】

陈某某与韩某系夫妻关系，两人共有子女三人，即本案被告陈丙、陈乙、陈甲，原告于某系陈丙女儿，陈某某、韩某的外孙女。陈某某、韩某分别于2003年1月29日、2008年5月30日因病去世。陈某某生前于2000年9月11日通过房改购房，取得碾子山区兴华里房屋（面积50.09平方米）的产权。陈某某实交房款4521元，购房过程中享受工龄优惠51年，其中，陈某某工龄优惠34年、陈甲工龄优惠17年。陈某某生前未对该房屋属于自己的份额进行处分，后韩某于2003年4月3日在碾子山区公证处立有遗赠书一份，将该房屋属于自己的产权部分及本人其他财产、剩余存款遗赠给于某。于某2009年6月12日将该房屋过户到自己名下，后经碾子山区房产管理处碾房行处字（2010）第1号行政处罚决定书将该房屋所有权证注销。于某于2014年1月8日诉至本院，要求依法继承本案争议房屋。被告陈丙明确表示愿将本人继承部分转于某名下。被告陈乙表示要求继承自己应继承的部分。被告陈甲认为，该房屋为自己与父母共有，应先析产后再进行继承。另外，于某所持有公证遗赠书因未在有效期限内明确表示接受遗赠，应视为放弃遗赠，所属部分按法定继承办理。

【案件焦点】

公有住房改革时占用的工龄数应认定为物权还是债权。

【法院裁判要旨】

黑龙江省齐齐哈尔市碾子山区人民法院经审理认为：因该房产系陈某某通过房改购房取得产权。按房改政策，用了被告陈甲 17 年工龄和人口数享受优惠政策，因此，该房屋应认定为陈甲与父母共有。按产籍卷中记载，该房屋成本价为 640 元/m²，工龄折扣金额为年工龄折扣额 5.90 元/m²，陈甲工龄享受优惠为 17×5.90 元/m² $=100.30$ 元/m²，占房产份额的 16%。庭审中因原告于某与被告陈甲均想要该房产的所有权，经双方同意后以竞价方式确定房屋价值并由竞价高者取得房产所有权，被告陈甲以 80000 元竞得该房产所有权，则本案争议房屋的总价值确定为 80000 元，陈甲享有的 16% 份额即 12800 元应在房产总额中扣除。于某为韩某办理丧葬事宜支付的费用 5000 元也应在遗产中予以扣除并返还给于某。于某一直在本案争议房屋中居住，外婆韩某去世后也一直居住至今，此行为应视为对遗赠行为做出了接受的意思表示，故对被告陈甲、陈乙提出超过时效、应视为放弃遗赠的意见不予采纳。陈甲在答辩中要求于某赔偿其 10000 元的请求，因未缴纳反诉费，故本院不予支持。本案争议房产价值 80000 元，扣除陈甲共有部分 12800 元，韩某丧葬费 5000 元，剩余价值 62200 元，由陈某某、韩某各享有 50% 的份额即 31100 元。陈某某 31100 元按法定继承办理，其合法继承人为韩某、陈丙、陈乙、陈甲，每人继承 7775 元。因韩某、陈丙已将自己所属份额赠与给于某，故于某应分得部分为 31100 元 + 15550 元 + 5000 元 = 51650 元；陈乙分得部分为 7775 元；陈甲分得部分为 12800 元 + 7775 元 = 20575 元。

黑龙江省齐齐哈尔市碾子山区人民法院依照《中华人民共和国继承法》第十条第一款、第二十九条、第三十三条第一款，《最高人民法院关于贯彻执行〈中华人民共和国继承法〉若干问题的意见》第五十八条，《中华人民共和国民事诉讼法》第一百四十四条，作出如下判决：

一、被继承人陈某某与韩某遗留的坐落于齐齐哈尔市碾子山区兴华里房屋一处（面积 50.09m²）归被告陈甲所有，被告陈甲于本判决生效后十日内返给原告于某 51650 元，被告陈乙 7775 元；

二、原告于某、被告陈乙在收到上述款项后三日内协助被告陈甲办理房屋过户的相关手续。

案件受理费 1800 元，由原告于某、被告陈乙、陈甲各负担 600 元。

【法官后语】

本案涉及公有住房改革过程中，家庭成员共同使用工龄和人口数享受国家政策问题。目前法律对此并没有明确规定，房改多数发生在 20 世纪 90 年代中后期，当时房屋价格极低，通常几千元就可购买到一套房屋。而如果将陈甲的工龄按照当时房屋价格折算的话，只能折算成几百元甚至几十元，这与陈甲对该房屋的贡献值显然是不成比例的，也违背法律的公平原则。所以，此类纠纷案件将工龄数认定为物权是比较合理的。

编写人：黑龙江省齐齐哈尔市碾子山区人民法院　赵宪斌

66

夫妻双方离婚后一方是否具有继承另一方死亡后遗产的权利

——席某某诉李某某、王某某继承案

【案件基本信息】

1. 裁判书字号

湖北省宜昌市夷陵区人民法院（2014）鄂夷陵民初字第 00353 号民事判决书

2. 案由：继承纠纷

3. 当事人

原告：席某某

被告：李某某、王某某

【基本案情】

被告李某某、王某某系夫妻关系，双方婚后于 1976 年 9 月 22 日生育李某敬（男）；2006 年 8 月 10 日，李某敬与原告席某某在夷陵区鸦鹊岭镇人民政府登记结婚，婚后于 2007 年 5 月 16 日生育男孩席某洁。2011 年 9 月 30 日，原告席某某与李某敬达成离婚协议，婚生子席某洁跟随李某敬生活，由原告席某某每月支付子女抚养费 200 元，每半年支付一次，双方并在夷陵区民政局办理离婚登记手续。2013 年 5 月 8 日李某敬因交通事故死亡，李某敬的父母李某某、王某某与交通事故的另一方汪某某经协商达成一致协议，由汪某某赔偿死亡赔偿金、安葬费、被抚养人生活费、误工工资、交通费、精神抚慰金等共计 26 万元。赔偿款已由被告李某某、王某某领取，李某敬由被告李某某、王某某负责安葬。事后，李某敬之子席某洁仍跟随祖父母李某某、王某某共同生活，未变更席某洁的抚养关系。2013 年 10 月 26 日 14 时 57 分，席某洁在本村卫生室看病后横穿公路与张某某驾驶蓝箭牌轻型普通货车相撞后倒地碾压死亡（另案已做处理），花去丧葬费用 5060 元，席某洁时年六周岁。2014 年 2 月 26 日，原告席某某向本院提起诉讼，要求被告李某某、王某某连带立即给付原告因李某敬死亡后协议确定的赔偿款 26 万元中的 136535 元（其中已扣除丧葬费 17589.5 元，两被告的扶养费 105875.5 元）。席某某认为在其不知情的情况下，被告李某某、王某某就李某敬的赔偿问题达成一致协议，由汪某某赔偿给原告之子席某洁及两被告之子因李某敬死亡后的补偿金、被抚养人生活费等合计 26 万元，而作为李某敬之子的席某洁未获得任何经济赔偿，该笔赔偿款在席某洁死亡后依法应由其享有。而李某某、王某某认为原告与李某敬已于 2011 年 9 月 30 日办理离婚手续，双方的婚姻关系解除，不存在任何人身关系、财产关系，原告无权主张继承被继承人李某敬的任何财产；其次，原告并未按照离婚协议支付子女抚养费，未尽抚养子女的义务，因此无权主张赔偿权利；再次，死亡赔偿金不属于遗产范围，原告主张继承无法律依据；此外依据权利与义务对等原则，两被告因其子李某敬死亡支付的费用超过法律规定的范围，原告也应承担。

【案件焦点】

李某敬死亡前，席某某已与其离婚，现在席某某对李某敬死亡后的赔偿款中应由其子席某洁继承的部分席某洁去世后有无继承权。

【法院裁判要旨】

湖北省宜昌市夷陵区人民法院审理认为：双方当事人争议的焦点为李某敬死亡后的赔偿金中应由其子席某洁继承的部分在继承人席某洁死亡后，席某洁之母即本案原告席某某能否主张继承。

本案是被继承人李某敬死亡后获得的死亡赔偿金在继承人席某洁（李某敬之子）死亡后，被继承人李某敬之前妻（被继承人死亡前双方已离婚）在继承人席某洁（二人婚生子）死亡后席某某主张继承其子应继承的部分遗产的纠纷，双方对李某敬的死亡赔偿金的性质产生争议。遗产是公民死亡时遗留的个人合法财产。但是，根据《最高人民法院关于审理人身损害赔偿案件适用法律若干问题的解释》第二十九条"死亡赔偿金按照受诉法院所在地上一年度城镇居民人均可支配收入或者农村居民人均纯收入标准，按二十年计算。但六十周岁以上的，年龄每增加一岁减少一年；七十五周岁以上的，按五年计算"的规定可以看出，死亡赔偿金是一种对权利主体未来期待利益"逸失"的赔偿，是在受害人死亡后由加害人支付的，其性质属于财产性质的赔偿，显然不是遗产。它体现的是对侵权行为的惩罚、对人身权的保护和对死者近亲属补偿的意义，故对死亡赔偿金的分配应根据权利主体对死者的经济依赖程度和生活关联程度在共同生活的家庭成员之间进行分割。由于原告席某某与李某敬已于2011年9月30日办理离婚手续，双方解除了婚姻关系，婚生子席某洁跟随李某敬生活，而李某敬死后，席某洁跟随祖父母李某某、王某某生活，故李某敬的近亲属为席某洁及被告李某某、王某某，李某敬死亡后的赔偿款应在席某洁及被告李某某、王某某之间分割。现席某洁死亡，按照法律规定，席某洁继承的应转移至其合法继承人（转继承），而席某洁的合法继承人为其母亲席某某，故席某某应继承席某洁的遗产。席某洁父亲李某敬因交通事故死亡后的赔偿款26万之中，包括死亡赔偿金、安葬费、被抚养人生活费、误工费、交通费、及精神抚慰金等，未明确席某洁的份额，本院只能据实酌情予以分割。

湖北省宜昌市夷陵区人民法院依照根据《中华人民共和国民事诉讼法》第一百四十二条，《中华人民共和国继承法》（以下简称《继承法》）第十三条之规定，作出如下判决：

由原告席某某继承6万元，其余由被告李某某、王某某所有。

【法官后语】

本案为继承纠纷，首先理清原、被告之间的关系，原告席某某为被告李某某、王某某之子李某敬的前妻，原告的诉讼请求为继承其与李某敬婚生子席某洁死亡后席某洁应继承的李某敬死亡后得到的赔偿款。再从继承人的继承资格来看,《继承法》第十条规定遗产按照下列顺序继承:第一顺序:配偶、子女、父母;第二顺序:兄弟姐妹、祖父母、外祖父母。继承开始后,由第一顺序继承人继承,第二顺序继承人不继承,没有第一顺序继承人的,由第二顺序继承人继承。在李某敬死亡前,李某敬已与本案原告席某某离婚,李某敬死后,其遗留的财产应由李某敬之子席某洁及二被告继承。在席某洁死亡后,其遗留的财产应由其母即本案原告席某某继承,因此,本案原告席某某是适格的继承人。

对于继承遗产的范围,《继承法》第三条规定:遗产是公民死亡时遗留的个人合法财产,包括:公民的收入;公民的房屋、储蓄和生活用品;公民的林木、牲畜和家禽;公民的文物、图书资料;法律允许公民所有的生产资料;公民的著作权、专利权中的财产权利;公民的其他合法财产。席某洁父亲李某敬因交通事故死亡后的赔偿款 26 万之中,包括死亡赔偿金、安葬费、被抚养人生活费、误工费、交通费及精神抚慰金等,但并未明确说明每一项的赔偿数额。暂不谈数额,本案的另一争议焦点就是死亡赔偿金能否作为遗产分割。《最高人民法院关于贯彻执行〈中华人民共和国继承法〉若干问题的意见》第三条规定:公民可继承的其他合法财产包括有价证券和履行标的物为财产的债权等。《继承法》第二条规定:继承从被继承人死亡时开始。笔者认为,本案中,席某某可以作为其子死亡后的遗产继承人,但在李某敬死亡后,席某洁一直跟随二被告生活,由二被告抚养教育,席某某未按照离婚协议支付子女抚养费,未尽到抚养子女的义务,根据《继承法》第十三条规定:对被继承人尽了主要扶养义务或者与被继承人共同生活的继承人,分配遗产时,可以多分。有扶养能力和有扶养条件的继承人,不尽扶养义务的,分配遗产时,应当不分或者少分。同理到本案,在李某敬死后,席某某作为席某洁的监护人,应尽到监护义务,但其并没有尽到,故在继承遗产时应当少分或者不分。另外值得注意的一点是,死亡赔偿金的计算标准,由于存在城镇标准和农村标准,因而导致"同命不同价",是存在争议和不公的,应当出台更加具体明确、体现公平的法律法规加以完善,真正体现"法律面前人人平等"。

编写人:湖北省宜昌市夷陵区人民法院 陈瑶

$$\boxed{67}$$

遗产分配前的继承权确认之诉

——王某某诉姜某某继承案

【案件基本信息】

1. 裁判书字号

吉林省长春市宽城区人民法院（2014）宽民初字第 804 号民事判决书

2. 案由：继承纠纷

3. 当事人

原告：王某某

被告：姜某某

【基本案情】

原告王某某是被继承人姜某伟的母亲，被告姜某某是被继承人姜某伟的姐姐，被继承人姜某伟于 2014 年 3 月 18 日去世，一直未婚，无子女，其父亲姜某于 2006 年 3 月 31 日去世。

上述事实有下列证据证明：

1. 原告户口及身份证复印件、地市常住人口查询；

2. 长春市殡仪馆骨灰存根、被继承人死亡证明及庭审笔录。

【案件焦点】

法院可否受理只确认继承权之诉。

【法院裁判要旨】

吉林省长春市宽城区人民法院经审理认为：被继承人姜某伟去世后，其第一顺序继承人为原告王某某，被告姜某某及其他姐妹均是第二顺序继承人。在法定继承中，继承开始后，由第一顺序继承人继承，第二顺序继承人不继承。因被继承人姜某伟终生未婚，无子女，其父亲姜某已经先于被继承人姜某伟去世，且无遗嘱，因此其遗产应由第一顺序继承人即原告王某某依法继承，王某某是姜某伟遗产的唯一合法继承人，故原告要求确认其为姜某伟遗产的合法继承人，并享有独立继承权的请求应予支持。由于原告作为第一顺序继承人，具有排他性，故无须确认被告无继承权。依照《中华人民共和国继承法》（以下简称《继承法》）第二条、第十条之规定，作出如下判决：

一、原告王某某是被继承人姜某伟遗产的唯一合法继承人，享有独立继承权；

二、案件受理费 100 元（原告已预交），由被告姜某某负担。

【法官后语】

本案是一起只确认继承权、不对遗产作出实质性处理的继承案件。因此，对当事人能否单独请求法院确认继承权问题产生争议。

第一种意见：认为继承权是法定权利，无需进行确认，有就是有，没有就是没有。这种观点认为继承权类似公民权，身份权，无需进行确认。因为它并没有权利的客体。继承权一般仅在被继承人死亡前存在，被继承人死亡后，继承人享有的主要是对遗产的"共同财产所有权"。由于是一种法定资格，只能被依法取消，其实根本无法放弃。虽然我国继承法的相关司法解释对放弃继承权做出了相关规定，而司法解释只是为了弥补这些矛盾，只对"放弃"继承权进行了限制，即在"继承开始后遗产分割前"作出意思表示。对于本案当事人，如果对继承人遗产的"共有财产所有权"有疑义，则可以在继承遗产之诉中一并提起继承权确认之诉。没有必要单独提起诉讼。

第二种意见：诉的种类分为："确认之诉、给付之诉及变更之诉。"因此，当事人向法院提起继承权确认之诉，并不违反法律规定。

首先，继承权是一个不稳定的期权，可能因为某种原因而获得，也可能因为实施了某种行为而失去。

《继承法》第十二条规定，丧偶儿媳对公、婆，丧偶女婿对岳父、岳母，尽了主要赡养义务的，作为第一顺序继承人。第十四条规定，对继承人以外的依靠被继承人扶养的缺乏劳动能力又没有生活来源的人，或者继承人以外的对被继承人扶养较多的人，可以分给他们适当的遗产。

从以上规定可见，继承人之外的人可以因为某种原因获得继承权：诸如：1. 丧偶的儿媳、女婿对被继承人尽了主要赡养义务的；2. 依靠被继承人扶养的缺乏劳动能力又没有生活来源继承人以外的人；3. 对继承人扶养较多的继承人以外的人。

此外，《继承法》第七条规定，继承人有下列行为之一的，丧失继承权：

1. 故意杀害被继承人的；2. 为争夺遗产而杀害其他继承人的；3. 遗弃被继承人的，或者虐待被继承人情节严重的；4. 伪造、篡改或者销毁遗嘱，情节严重的。

从以上法律规定可以看出，非继承人可以获得继承权，继承人也可能失去继承权。总之，继承权是一种不稳定的权利，因而可能需要予以确认。

其次，在审判实践中，继承权纠纷案件的审理，基本上分两步走的，如果对继承权有争议，先确认是否有继承权的存在，然后再对遗产进行分割。

联系到本案的实际情况，原告及其代理人只主张确认继承权，不分割遗产可能基于多方考虑，诸如房屋可能发生拆迁，现在分割遗产可能达不到最大利益。为了防止因分割遗产受到重大损失，可以先行确认继承权，继承人在以后分割遗产时，可以协商解决，如果自行协商解决不了，再提起分割遗产之诉。在他们看来，如果先行确权后，可能会得到更多的财产。因此，当事人先确认继承权，而不请求分割遗产，没有不可以的理由。这与当事人请求法院确认婚姻有效，即确认了配偶的身份；请求确认父母子女关系，对监护人也就作出了确认，是同一个道理。

编写人：吉林省长春市宽城区人民法院　徐继颖

68

尽主要赡养义务的丧偶儿媳是否对
公、婆一次性抚恤金享有权利

——江甲等诉溧阳市文化小学债权案

【案件基本信息】

1. 裁判书字号

江苏省常州市中级人民法院（2014）常民终字第 3 号民事判决书

2. 案由：债权纠纷

3. 当事人

原告（上诉人）：江甲、江乙

原告（被上诉人）：江丙、陈丁

被告（被上诉人）：溧阳市文化小学

【基本案情】

周某系原溧阳市溧城镇南门街小学离休干部，于 2012 年 9 月病逝，周某丈夫江某已于 1966 年 10 月死亡，二人共生育子女三人，分别为江某和原告江甲、江乙。1999 年 12 月，江某病逝。原告陈丁系江某妻子，仅生育了原告江丙一个子女。周某死亡后，经报溧阳市教育局批准，确定周某死亡的丧葬费为 6000 元，一次性抚恤金为 128540 元，合计 134540 元。该款已划拨至被告单位。

2009 年 11 月 30 日，本院就江甲、江乙诉陈丁变更赡养关系纠纷一案作出民事判决，驳回江甲、江乙要求变更陈丁与周某间赡养关系的请求。江甲、江乙不服，上诉至江苏省常州市中级人民法院，常州中院判决驳回上诉，维持原判。其后，江甲、江乙又向江苏省高级人民法院提出申诉，该院在双方均在场的情况下，征询了周某意见，于 2011 年 6 月 7 日裁定驳回江甲、江乙的再审申请。上述生效裁判均查明，自 1995 年周某骨折后即与江某共同生活，在此其间也曾到原告江乙家短暂居住；自 2000 年 8 月 30 日起，周某便与原告陈丁共同生活。另查明，原溧阳市溧城镇南门街小学已并入溧阳市文化小学，原溧阳市溧城镇南门街小学已被撤销。

审理中，原、被告双方对于被告应支付丧葬费和抚恤金的数额均无异议。被告表示，仅因原告之间未能协商一致，以致未能支付。

庭审中，原告陈丁、江丙陈述，原告陈丁为周某操办了丧葬事宜，并由其支付了丧葬费用。为此，提供了 18000 余元的有关付费票据和收据为证。对此，原告江甲、江乙认为，上述票据的真实性难以确认，但二人认可未支付过丧葬费用，上述费用即使存在，也是从周某的遗产中支付的。另外，原告江甲、江乙认为，根据《关于明确企业职工和退休、退职人员死亡后有关待遇和标准的通知》（苏劳社（2000）第 12 号）和民政部《关于印发革命工作人员牺牲、病故证明书（式样）的通知》（民（1981）优 49 号）规定，丧葬费由实际支付人享有，抚恤金只能由死者直系亲属享有。原告陈丁、江丙认为，周某与原告陈丁、江丙共同生活多年，系家庭成员，原告江乙、江甲多年未履行赡养义务，未与其共同生活，不属于家庭成员，周某的丧事由原告陈丁一手操办，所有费用均由其支付，抚恤金的支付对象应为遗属，但未具体规定范围，请法院依法认定。

【案件焦点】

本案争议焦点为，1. 一次性抚恤金的分配规则如何把握；2. 陈丁对案涉抚恤金是否享有权利；3. 案涉丧葬费归谁享有。

【法院裁判要旨】

江苏省溧阳市人民法院经审理认为：依照国家有关文件规定，国家机关工作人员及其离退休人员，以及其他单位的离休人员死亡后，单位发给死者家属一次性抚恤金和丧葬费。丧葬费应由实际支付相应费用的家属享有；而一次性抚恤金究应由哪些家属享有，有关规定确实不甚明了。经研究一次性抚恤金的产生和发展历程，以及有关主管部门的文件，确定分配规则，周某死亡时，因其既无父母，也无配偶，故其死亡后的一次性抚恤金便应由其子女享有。因此，作为周某的孙子，原告江丙不应享有一次性抚恤金。参照《中华人民共和国继承法》（以下简称《继承法》）第十二条关于丧偶儿媳对公、婆尽了主要赡养义务的，享有第一顺序继承人地位，且不影响其子女的代位继承权的规定精神可知，丧偶儿媳在对公、婆尽了主要赡养义务后，实际取得了其公、婆准子女的法律地位。本案原告陈丁尽了主要赡养义务，并确认其已取得周某准子女的法律地位为宜。因此，原告陈丁有权与原告江甲、江乙以"子女"身份平均分配周某死亡后的一次性抚恤金。

江苏省溧阳市人民法院依照《中华人民共和国民法通则》第八十四条、第一百零八条之规定，判决如下：

一、被告溧阳市文化小学于本判决生效之日起十日内分别支付原告江甲、江乙一次性抚恤金人民币 42846.67 元；

二、被告溧阳市文化小学于本判决生效之日起十日内支付原告陈丁一次性抚恤金及丧葬费合计人民币 48846.66 元；

三、驳回原告江甲、江乙、江丙、陈丁的其他诉讼请求。

上诉人江甲、江乙不服原审判决，向江苏省常州市中级人民法院提起上诉。常州市中级人民法院经审理认为：一次性抚恤金是死者所在单位等给予死者家属或生前被抚养人的精神抚慰和经济补助，相当于生活费的性质，但不属于遗产。根据本案庭审及发生法律效力的江苏省溧阳市人民法院（2009）溧民一初字第 3019 号等民事判决查明的事实，陈丁在其夫江某 1999 年去世后便长期照顾周某的生活起居，周某去世后，陈丁仍为周某操办丧事。鉴于陈丁对周某已尽了主要赡养义务，从权利义务对等角度综合考量，确认陈丁对案涉抚恤金享有份额更易被普通大众接受，也是法律公平原则的体现。陈丁所举相关付费票据和收据可以证明其为周某操办丧事并支付丧葬费用的事实。案涉丧葬费 6000 元应归陈丁享有。上诉人江甲、江乙的上诉理由不能成立，对其上诉请求本院不予支持，原审判决结果正确，本院予以维持。

江苏省常州市中级人民法院依照《中华人民共和国民事诉讼法》第一百七十条第一款第（一）项的规定，判决如下：

驳回上诉，维持原判。

【法官后语】

本案中"一次性抚恤金"的分配问题，细致分析可得以下事实和疑问：第一，从我国现有立法和相关政策来看，一次性抚恤金应由哪些亲属享有、该如何分配，并无明确的规定。第二，《军人抚恤优待条例》（以下简称《条例》）第十四条规定了一次性抚恤金发放的顺序。第三，一次性抚恤金是死者死亡后单位向其家属发放的同类款项，不属于死者遗产，不能直接适用我国继承法关于遗产继承的有关规定。第四，关于丧偶儿媳对公、婆进了主要赡养义务的，能否列入一次性抚恤金的发放对象。

《条例》及其《释义》关于抚恤金领取和分配原则的立法本意和初衷已经非常清楚，也具有可操作性，更具有权威性。虽然该《条例》及其《释义》仅适用于军人，但是在相关政策法规未出台前，人民法院应参照该条路确定的原则来判断其他的死亡抚恤金的发放对象，以处理同类型的案件。①

本案的分配焦点就是"丧偶儿媳对公、婆进了主要赡养义务的，能否列入一次性抚恤金的发放对象"。参照我国《继承法》第十二条关于丧偶儿媳对公、婆尽了主要赡养义务的，享有第一顺序继承人地位的规定精神可知，丧偶儿媳在对公、婆尽了主要赡养义务后，实际取得了其公、婆"准子女"的法律地位。本案原告陈丁尽了主要赡养义务，确认其已取得周某"准子女"的法律地位为宜。因此，原告陈丁有权与原告江甲、江乙以"子女"身份平均分配周某死亡后的一次性抚恤金。

编写人：江苏省溧阳市人民法院　李中伟　王乔

69

分割死亡赔偿金的自由裁量考量要素

——邵某诉陈某某、田某某死亡赔偿金案

【案件基本信息】

1. 裁判书字号

江苏省靖江市人民法院（2014）泰靖生民初字第601号民事判决书

---

① 北京市高级法院民一庭：《北京民事审判疑难案例与问题解析》（第二卷），法律出版社2007年版，316页。

2. 案由：死亡赔偿金纠纷

3. 当事人

原告：邵某

被告：陈某某、田某某

【基本案情】

陈某某、田某某系夫妻，两人共生有一子一女，其子叫做陈甲。2013 年 12 月陈甲与邵某相识并于次年 2 月登记结婚，婚后未孕育子女。2014 年 7 月 7 日陈甲在靖江泰和国际城工程施工过程中发生意外身亡，次日邵某、陈某某、田某某与工程发包方、承包方达成协议，协议载明三人因陈甲死亡获赔 130 万元，包括死亡赔偿金、丧葬费、被抚养人生活费等所有费用在内，款项由陈某某、田某某实际取得。

现邵某诉至本院，要求从陈某某、田某某处分得死亡赔偿金 50 万元。理由是当时签订协议时，由于考虑了邵某可能有孕在身的情况，所以多算了被扶养人生活费。虽然后来证实没有怀孕，但死亡赔偿金因此而多得，故邵某也应当多分。扣除丧葬费用 2 万余元后，邵某可分得 50 万元。

陈某某、田某某认为两人养育陈甲二十余载，并为其结婚支出大量金钱。邵某与陈甲结婚仅数月，且结婚时索要礼金 8 万余元、首饰若干，婚后又拿去陈甲生前工资收入。陈甲死亡后丧葬费支出十六万元。同时田某某因工伤有肢体四级残疾，应予照顾。两人只同意在邵某返还彩礼及工资收入后给付其 20 万元。并提交了葬礼餐饮发票、残疾人证等证据。

【案件焦点】

本案原告应分得死亡赔偿金数额几何。

【法院裁判要旨】

江苏省靖江市人民法院经审理认为：原、被告均系陈甲的直系近亲属，因陈甲死亡获得的赔偿金，依照法律规定均有参与分配的权利。两被告关于工资、彩礼等财产需要返还的主张，因与本案不是同一法律关系，两被告可另行主张。结合双方的陈述和举证，可以确认协议达成时并未明确各赔偿项目的具体数额。故对涉案130 万元的分配，首先先应扣除丧葬费用，两被告提出丧葬费支出 16 万元，然未能举出充分的证据，考虑到本地的风俗，两被告支出的丧葬费必然高于原告认可的数额，但过高的丧葬开销也违背勤俭节约的美德，不应鼓励，故酌情认定丧葬费用为5万元左右，扣除丧葬费用后，对于余款的分配，本院考虑参与分配人与死者共同生活的时间长短、关系亲密程度及生活来源情况等因素综合确定。至于原告提出因其提出怀孕才能够多得死亡赔偿款，故应当多分的意见，因无事实依据，本院不予支持。田某某有残疾人证，丧失部分劳动能力，其生活来源受限，应酌情予以照顾。

依照《中华人民共和国民法通则》第四条、第七十二条之规定，作出如下判决：

被告陈某某、田某某于判决生效后十日内给付原告邵某32万元。

一审宣判后，当事人均未提起上诉，自愿履行，并一致要求案件承办人在场监督。

【法官后语】

本案死亡赔偿金的权利主体，没有具体的法律作出规定。参照侵权责任法及继承法的精神，确定权利主体为原、被告三人较为妥当。

具体如何分配，也没有法律作出明确规定。既不能从赔偿协议中推导出相应权利人，双方也未就赔偿款项分配达成过协议，唯有靠法官自由裁量。那么本案应当考量哪些要素才合法合理呢？

死亡赔偿金具有身份性质，具有对与死者共同生活者物质、精神受损的补偿作用，故而区别于遗产。既然不是处理遗产，两被告提出的彩礼、工资等事宜便与本案无关，不可混为一谈。

原告提出的因为其提出怀孕才导致多分赔偿金，这也不能作为考量因素，因为她客观上没有怀孕，即使赔偿时有怀孕因素影响，权利主体也是小孩，而不是原告。更何况所谓的小孩不存在。如果说原告因谎报怀孕，导致多分赔偿金，更有悖诚实信用原则，不应鼓励。

我们认为，在分割该笔赔偿金前，应扣除已实际支付的丧葬费用，并优先照顾被抚养人的利益，剩余部分的分配应根据与死者关系的亲疏远近、与死者共同生活的紧密程度及生活来源等因素适当分割。死者与两被告共同生活二十余载，两被告对死者付出较多，而原告与死者相识并结婚共同生活不足一年，一般而言，可推测两被告与死者相对于原告更亲近、生活更紧密，两被告从感情上受到的伤害也比原告较大。而从生活来源上讲，陈某某与邵某都是身体健康的成年人，有独立生活能力，田某某相对于他两人属于来源较弱的一方，应当予以照顾。

另外，本案具有家庭纠纷性质，在审理该案时承办人重视调解的作用，在确定判决金额时也将双方的调解意见进行了参考，作出了既合法又合情的裁判结果。

编写人：江苏省靖江市人民法院　凌达

70

农村土地征地补偿款是否可以继承

——吴甲等诉吴戊不当得利案

【案件基本信息】

1. 裁判书字号

青海省西宁市湟中县人民法院（2014）湟多民初字第 819 号民事判决书

2. 案由：不当得利纠纷

3. 当事人

原告：吴甲、吴乙、吴丙、吴丁

被告：吴戊

【基本案情】

原告吴甲、吴乙、吴丙、吴丁与被告吴戊系同胞兄弟姐妹。其母邓某某以一人为一户，与湟中县多巴镇韦家庄村村民委员会签订土地承包合同，办理《中华人民共和国农村土地承包经营权证》。该权属证明记载：承包地总面积为 1.74 亩，承包期限自 1998 年 12 月 31 日至 2028 年 12 月 31 日，承包方代表及土地承包经营权共有人均为邓某某。2006 年农历十一月，邓某某去世，其承包地由长子吴戊代耕。2012 年，邓某某的承包地以实际测量 1.68 亩为准被国家依法征收，发放土地补偿款 98280 元，由被告吴戊领取。

【案件焦点】

被告吴戊取得其母邓某某生前承包经营的土地的土地补偿款是否损害了其他继承人的合法权利。

【法院裁判要旨】

青海省湟中县人民法院经审理认为：根据《中华人民共和国继承法》第三条"遗产是公民死亡时遗留的个人合法财产，包括：（一）公民的收入；（二）公民的房屋、储蓄和生活用品；（三）公民的林木、牲畜和家禽；（四）公民的文物，图书资料；（五）法律允许公民所有的生产资料；（六）公民的著作权、专利权中的财产权利；（七）公民的其他合法财产"之规定，可以得知，土地补偿费是国家征收农村集体土地时补偿给村集体的，村集体又根据《中华人民共和国农村土地承包法》（以下简称《农村土地承包法》）分配给丧失承包地的承包农户家庭，用于对失去耕地农户的损失补偿及安置。而土地补偿费在本集体经济组织成员内部进行分配，不是分配给这个家庭中的某一个人，更不是分配给这个家庭原承包人口中已死亡的人，而是对失地农户丧失土地承包经营权的补偿，不属于收益。因而，本案所争议的土地补偿费不是遗产。

关于农村土地承包权的继承，根据《农村土地承包法》第十五条"家庭承包的承包方是本集体经济组织的农户"之规定，我国农村集体土地实行的是家庭联产承包责任制，家庭承包的承包方是本集体经济组织的农户，即家庭承包是以农户为单位而不是以个人为单位。通过家庭承包形式取得的土地承包经营权，在家庭的某个或者部分成员死亡的情况下，土地承包经营权不发生消灭；家庭成员全部死亡的，土地承包经营权消灭，由发包方收回承包地。本案中，邓某某一人属一户，在其死亡后，依照法律规定，从死亡之日起即丧失集体经济组织成员资格，作为承包方的这一户亦不复存在，土地承包经营权发生消灭，其承包的土地应该收归集体经济组织，按照土地承包法的规定重新予以承包。邓某某去世后，韦家庄村委会未依法收回其承包的土地，由其长子，亦是与其同属同一村民小组的被告继续耕种，但未办理该土地的权属变更手续，被告不具有邓某某生前承包地的合法经营权。

因此，本案讼争的款项依法不属于邓某某死亡时遗留的个人合法财产，不属于遗产范围，不能依照继承法进行继承，该笔款项应属土地的所有者，即湟中县多巴镇韦家庄村村民委员会所有。征地补偿款不能作为遗产来继承，原、被告均没有取得邓某某承包地被征收后国家给予的补偿款的权利。不当得利是指没有合法根据，取得不当利益，造成权利人的损失，应当将取得的不当利益返还受损失的人，而本案中，四原告并非所争议的款项的权利人，故对原告的诉讼请求本院不予支持。

【法官后语】

本案处理重点主要在于农村的土地征地补偿款是否属于被征土地承包经营者的遗产而由其继承人共同享有。目前，青海东部地区因经济发展，土地征收屡见不鲜，涉及土地补偿款分配问题的纠纷时有发生。我国农村集体土地实行的是家庭联产承包责任制，家庭承包的承包方是本集体经济组织的农户，即家庭承包是以农户为单位而不是以个人为单位。通过家庭承包形式取得的土地承包经营权，在家庭的某个或者部分成员死亡的情况下，土地承包经营权不发生消灭；家庭成员全部死亡的，土地承包经营权消灭，由发包方收回承包地。土地承包户存在，则土地补偿款作为家庭财产，应当由该户名下的同一经济组织家庭成员共同享有；反之，则由农村集体土地所有权人对土地承包经营权已经消灭的土地上的补偿款进行调配，而不是作为土地承包经营户某一个人的遗产由其继承人予以继承。

编写人：青海省西宁市湟中县人民法院　李娟

71

代理人口头放弃继承权能否免除继承人的清偿责任

——金某某诉王某某等被继承人债务清偿案

【案件基本信息】

1. 裁判书字号

浙江省绍兴市诸暨市人民法院（2014）绍诸草商初字第 158 号民事判决书

2. 案由：被继承人债务清偿纠纷

3. 当事人

原告：金某某

被告：王某某、陈某某、王某淇

【基本案情】

2011年初至7月底，被继承人王某尧陆续向金某某购买丙纶丝。2012年2月22日，经结算王某尧尚欠金某某丙纶丝款57000元，并由王某尧出具欠条一份。王某尧于2012年因交通事故死亡，王某尧第一顺序法定继承人有母亲王某某、妻子陈某某、儿子王某淇。王某尧在诸暨市大唐镇柱山村住房由陈某某管理、使用。

【案件焦点】

代理人庭审中口头放弃继承权能否免除继承人的清偿责任。

【法院裁判要旨】

浙江省绍兴市诸暨市人民法院经审理认为：王某尧尚欠原告金某某货款57000元的事实，由王某尧出具的欠条予以证实。三被告辩称欠条的真实性不能确定，但未提供证据予以证实，该答辩意见缺乏事实依据，本院不予采信。王某某、陈某某、王某淇在王某尧死亡后近两年的时间内，并未作出放弃继承的意思表示，而是继续占有、使用王某尧遗产，应视为其实际继承了王某尧遗产。审理过程中，王某某等三人亦未直接向法庭作出其放弃继承的意思表示，而只是其共同委托的代理人当庭口头陈述放弃继承。本院认为，继承权的放弃不仅涉及继承人权利处分，更直接对继承人遗产的处置，债权人债权的保护产生诸多影响。诉讼中继承人放弃继承权应以可确认的书面方式向人民法院作出，或者由继承人直接向人民法院口头作出并由人民法院制作笔录由继承人签字确认。审理中，代理人无任何证据支持的口头放弃表示不应获得支持。浙江省绍兴市诸暨市人民法院依照《中华人民共和国合同法》（以下简称《合同法》）第一百五十九条，《中华人民共和国继承法》（以下简称《继承法》）第三十三条以及《最高人民法院关于审理买卖合同纠纷案件适用法律问题的解释》第二十四条之规定，作出如下判决：

被告王某某、陈某某、王某淇在王某尧遗产的范围内支付原告金某某丙纶丝款人民币57000元，并支付该款自2014年2月21日起至本判决确定的履行之日止按中国人民银行公布的同期同档次贷款基准利率计算的利息损失。款限本判决生效之日起十日内付清。

【法官后语】

我国《继承法》明确规定，继承人放弃继承的，对被继承人依法应当交纳的税款和债务可以不负清偿责任。该规定对继承人给予了充分保护，以免使其陷入"父债子还、夫债妻还"的不利境地，但现实中继承人通常利用该规定对被继承人的遗产"形式放弃、实际管控"，以逃避被继承人债务清偿。我国暂无遗产管理人制度，针对"形式放弃、实际管控"的放弃继承行为应积极引导继承人诚信诉讼，并可参照《合同法》第五十二条"以合法形式掩盖非法目的"的规定，认定放弃行为无效，从而判决继承人以被继承人的财产清偿债务。

编写人：浙江省绍兴市诸暨市人民法院　徐国平

72

家庭遗产继承协议的效力

——张一等诉熊某继承案

【案件基本信息】

1. 裁判书字号

云南省个旧市人民法院（2014）个民一初字第 73 号民事判决书

2. 案由：继承纠纷

3. 当事人

原告：张一、张二、张三、张四、张五

被告：熊某、张六

【基本案情】

云南省个旧市人民法院经公开开庭审理查明：被继承人王某某于 1994 年 5 月死亡，其法定继承人有原告张一、张二、张三、张四、张五，第三人张七及张某某。张某某于 2008 年 8 月 24 日死亡，其法定继承人有被告熊某、张六。

1991 年 12 月 12 日中国房地产开发总公司个旧公司，将被继承人王某某所有的土木结构居住房屋 5 间拆除，建筑面积 69.51 平方米，由该公司安置于个旧市宝华新村 402、403 号房屋内，建筑面积 105.45 平方米。1994 年 5 月被继承人王某某死亡后，留下上述遗产。2000 年 2 月 27 日，经王某某所有法定继承人认可，签订《关于父母遗留房产继承权问题》协议书，约定：坐落于个旧市宝华新村 402 号房屋归张七所有，坐落于个旧市宝华新村 403 号房屋归张一、张二、张三、张四、张五、张某某所有。

【案件焦点】

1. 本案是否已过诉讼时效；2.《关于父母遗留房产继承权问题》协议书，是否真实有效。

【法院裁判要旨】

云南省个旧市人民法院审理认为：根据继承法的规定，遗产是公民死亡时遗留的个人合法财产。本案中，原、被告诉争的房屋，系被继承人王某某的遗产之一，应按照法定继承办理。2000 年 2 月 27 日，经王某某的法定继承人达成《关于父母遗留房产继承权问题》的书面协议。被告申请并经原告同意对《关于父母遗留房产继承权问题》协议书中"张某某"签名的真伪进行鉴定。经本院指定由云南鼎丰司法鉴定中心进行鉴定，2014 年 9 月 11 日，经云南鼎丰司法鉴定中心鉴定：协议书中的"张某某"签名与样本"张某某"签名字迹为同一人书写。经质证，原、被告对此鉴定意见书均无异议，该协议真实、合法，本院予以确认。

熊某认为其丈夫张某某签订该协议是行使财产处分权，应由夫妻共同参与，单方处分是无效行为的答辩意见，与法律规定不符，本院不予采信。因继承享有不动产物权的，未经登记，不发生物权效力，现本案争议的不动产物权至今未依照法律规定进行登记，故被告熊某、张六提出本案已过诉讼时效，原告丧失胜诉权的答辩意见，本院不予采信。因所有权人对自己的不动产，依法享有占有、使用、收益和处分的权利，本案"赠与合同"中原告张二仅对其不动产的使用权进行了处分，故被告张六提出，原告张二已将其份额赠予其，已不具有原告主体资格的答辩意见，本院不予采信。

云南省个旧市人民法院依照《中华人民共和国民法通则》第七十六条、第七十八条，《中华人民共和国合同法》第八条，《中华人民共和国继承法》第二条、第三条、第五条、第十条、第十三条第一款的规定，作出如下判决：

坐落于个旧市宝华新村 403 号房屋一套（建筑面积 58.38 平方米）归原告张一、张二、张三、张四、张五，被告熊某、张六按份共有。其中，原告张一、张二、张三、张四、张五各占六分之一产权；被告熊某、张六共占六分之一产权。

【法官后语】

继承权为自然人享有的重要的民事权利，是自然人根据法律的规定或者被继承人生前有效遗嘱的指定，取得被继承人遗产的权利。换句话说，继承权的取得只有两种方式：一种是法律的规定，另一种是遗嘱的指定。本案中，经被继承人的法定继承人达成《关于父母遗留房产继承权问题》的书面协议，是于继承开始后由客观意义继承权转化而来的，是继承人可以现实取得被继承人遗产的权利，是一种财产权，可以放弃。其法定继承人约定处分的是客观意义上的继承权，他们都是完全民事行为能力人，他们的意思表示是有效的。因此从合同法的角度来看，这个协议是真实有效的。但本案中的书面协议存在两个关键性问题，一是缺乏法定继承人"张七"、"张二"的签名，但在庭审过程中经其进行追认，故可以认定其效力。二是法定继承人"张某某"已死亡，其继承人即本案被告熊某、张六对其签名不予认可，申请了对协议书中"张某某"签名的真伪进行司法鉴定，这里鉴定中心的鉴定结论对本案认定该协议书的效力就显得至关重要。

编写人：云南省个旧市人民法院　朱文娟

| 73 |

夫妻一方在遗嘱中将夫妻双方财物进行处分是否有效

——师一等诉张甲继承案

【案件基本信息】

1. 裁判书字号

新疆维吾尔自治区昌吉市人民法院（2014）昌民一初字第 02502 号民事判决书

2. 案由：继承纠纷

3. 当事人

原告：师一、师某某、师二

被告：张甲

【基本案情】

原告师一、师二、师某某与被告张甲继承纠纷一案，本院于 2014 年 10 月 27 日受理后，被告张甲提交被继承人师甲书写遗嘱一份，该遗嘱中将其部分遗产赠给案外人赵甲，赵乙。本院通知赵甲、赵乙作为第三人参加诉讼。

被继承人师甲与被告张甲于 1999 年 12 月 1 日登记结婚。婚前师甲与前妻生育三个子女，分别是原告师一、原告师二，师三。师三于 1998 年死亡。师三与其妻子胡某婚后生育一子，即原告师某某。被告张甲婚前与其前夫生育三子，分别是赵某华，赵甲、赵乙。被继承人师甲与被告张甲登记结婚时，双方各自的子女均已成年。双方的子女仅有第三人赵甲在昌吉居住，对二人扶养照顾较多。二人婚后购买昌吉市 39 区住宅一处，房产证登记所有权人为师甲，共有权人为张甲，所占份额为 50%。

2013 年 10 月 22 日被继承人师甲亲笔书写遗嘱一份。该遗嘱内容为："我师甲、你母亲张甲一辈子没有什么贵重的东西，就一套楼房，折价就按 38 万元算吧。首先给你们的母亲（张甲）提出 16 万元，余 22 万元分给儿女们。给师一、赵甲两人 12 万元，每人 6 万元；给赵乙 4 万元，给师二、师某某二人 6 万元，每人 3 万元。以上师一、师某霞、师某某的钱由赵甲、赵乙负责付给 12 万元。"并自己签署师甲姓名及张甲姓名。

被继承人师甲于 2014 年 3 月 1 日因病死亡。被继承人师甲生前与被告张甲有共同存款 80000 元，此款在被告张甲处保管。双方当事人一致认可房屋市场价值为 390000 元。

【案件焦点】

夫妻一方在遗嘱中将夫妻双方财物进行处分是否有效。

【法院裁判要旨】

昌吉市人民法院经审理认为，本案中被继承人师甲的遗产为：昌吉市 39 区住宅的 50% 产权及存款 40000 元。继承开始后，按照法定继承办理，有遗嘱的按遗嘱或遗赠办理。本案中被继承人师甲亲笔书写遗嘱一份，对房屋进行分配，对存款等未涉及。关于被继承人师甲自书遗嘱是否合法有效，双方当事人存在争议。本院认为，该遗嘱中所涉及的房屋属于被继承人师甲及被告张甲婚后取得财产，应属夫妻共同财产，双方各享有 50% 的产权。而师甲将该房屋折价 380000 元，从中给张甲提出 160000 元，将其余的 220000 元作为遗产分配。由于其未将属于张甲的 50% 份额全部提出，损害了被告张甲的利益。故该房屋折价 380000 元中，其中 190000 元折价款作为被继承人师甲的遗产进行分配。被继承人师甲处分被告张甲的财产部分无效，对其遗产折价款 190000 元进行分配符合法律规定，为有效遗嘱。由于被继承人可以处分的财产为其享有 50% 的产权的房屋即折价款 190000 元。而师甲遗嘱处分的房屋折价款为 220000 元，故师甲遗嘱确定分配给原告及遗赠给第三人的份额由本案原告及第三人按相应比例取得相应房款。依照被继承人的遗嘱所占比例计算，原告师一、赵甲各 $60000 \div 22 \times 19 = 51818$ 元；赵乙 $40000 \div 22 \times 19 = 34545$ 元，师二、师某某各 $30000 \div 22 \times 19 = 25909$ 元。关于原、被告在庭审中商议此房屋折价 390000 元，超出师甲折价的 10000 元，原告要求按法定继承办理。本院认为，超出师甲确定的 10000 元房款中师甲享有 50% 份额，即其中 5000 元属师甲遗产。此款被继承人师甲未处分，应按法定继承处理。故房屋折价款为 5000 元及存款 40000 元，合计 45000 元，应按法定继承办理，由被告张甲继承 12000 元，由三原告各继承 11000 元。该房屋及存款均在被告张甲处，故应由被告张甲支付三原告 $62818 + 36909 + 36909 = 136636$ 元，支付第三人赵甲 51818 元，支付赵乙 34545 元。

新疆维吾尔自治区昌吉市人民法院依照《中华人民共和国继承法》（以下简称《继承法》）第五条，第十条，第十一条，第十三条第一款、第三款，第十六条第二款、第三款，第二十五条，第二十七条第（五）项，《最高人民法院关于贯彻执行〈中华人民共和国继承法〉若干问题的意见》第三十八条之规定，判决如下：

一、被继承人师甲的遗产：昌吉市 39 区住宅的 50% 的产权由被告张甲继承；

二、被告张甲支付原告师一遗产折价款 62818 元、原告师二遗产折价款 36909 元，原告师某某遗产折价款 36909 元，合计 136636 元；

三、被告张甲支付第三人赵甲遗产折价款 51818 元，支付第三人赵乙遗产折价款 34545 元。

【法官后语】

　　本案中双方当事人对被继承人书写遗嘱是否有效存在争议。本案涉及遗嘱由立遗嘱人师甲亲笔书写，由其填写被告张甲名字。故该遗嘱系由立遗嘱人师甲自书遗嘱，并非被告张某某与立遗嘱人共同设立遗嘱。该遗嘱中析出张甲部分财产，未将被告张甲全部财产析出。原告张甲对此不予认可，故其所立遗嘱处分被告张甲财产损害了被告张甲的利益。根据《继承法》第三条规定，遗产是公民死亡时遗留的个人合法财产。第十六条规定：公民可以立遗嘱将个人财产指定由法定继承人的一人或者数人继承。公民在遗嘱时应对本人财产指定由继承人中一人或数人继承，故其处分张甲财产部分无效。

　　　　　　　　　　编写人：新疆维吾尔自治区昌吉市人民法院　唐文琳

74

收养三代以内同辈旁系血亲的子女成立收养关系
——钟甲、胡某某诉钟乙、王某某法定继承案

【案件基本信息】

　1. 裁判书字号

　四川省广安市邻水县人民法院（2014）邻水民初字第 2884 号民事判决书

　2. 案由：法定继承纠纷

　3. 当事人

　原告：钟甲、胡某某

　被告：钟乙、王某某

【基本案情】

1989 年，钟某某之长女钟甲出生后不久，被其大伯钟某杰抱养，钟某杰为钟甲落户在其户上。原告胡某某系钟某杰之母。2013 年 12 月 10 日，钟某杰病故，在外工作的原告钟甲得知后返家为钟某杰打理后事。2013 年 12 月 12 日晚，被告钟乙（钟某杰之弟）获信回家，重复安排人手打理钟某杰后事，并将钟某杰房屋进户门上锁，王某某（钟乙之妻）将底楼门面出租给范某某使用，收取租金。安埋钟某杰后，原告钟甲与被告钟乙为钟某杰后事费用结算和墓碑刻名发生矛盾，不能协商解决。钟甲诉至法院要求确认对其养父钟某杰遗产享有继承权，是第一顺序继承人。

【案件焦点】

钟甲与钟某杰是否成立收养关系，钟甲对钟某杰的遗产是否享有法定继承权。

【法院裁判要旨】

四川省广安市邻水县人民法院经审理认为：《中华人民共和国婚姻法》（以下简称《婚姻法》）第二十六条"国家保护合法的收养关系。养父母和养子女间的权利和义务，适用本法对父母子女关系的有关规定"，《中华人民共和国收养法》（以下简称《收养法》）第十六条规定"收养关系成立后，公安部门应当依照国家有关规定为被收养人办理户口登记"。原告钟甲的大伯钟某杰因单身无子女，原告钟甲从小被其大伯钟某杰抱养，并落户在钟某杰的户口簿上。根据《最高人民法院关于民事诉讼证据的若干规定》第七十三条第一款规定，确认原告方举示的证据证明力明显大于被告方举示的证据证明力，故，采信原告方证据。据此确认原告钟甲与钟某杰存在收养关系，原告钟甲是钟某杰的养女。《中华人民共和国继承法》（以下简称《继承法》）第七条第（三）项"继承人遗弃或者虐待被继承人，情节严重的，丧失继承权"，被告无据证明原告遗弃或者虐待了被继承人钟某杰。原告钟甲毕业后在外地上班，节假日才有机会和时间与其养父钟某杰相聚生活，符合伦理道德常识。综上，原告钟甲与钟某杰不仅有父女之名，也有父女之实。《继承法》规定"继承从被继承人死亡时开始"、"遗产是公民死亡时遗留的个人合法财产"。原告钟甲养父钟某杰于 2013 年 12 月 10 日病故，病故前，钟某杰与贾某某签订了拆房还房的合作建房协议，2012 年下半年，贾某某还给钟某杰门面一间、住房一套。《继承法》第十条规定遗产按顺序继承，第一顺序为配偶、子女、父母，第二顺序为兄弟姐妹、祖父母、外祖父母，钟某杰遗产应由排位第一顺序的养女钟甲和母亲胡某某继承。《继承法》规定"继承开始后，继承人放弃继承的，应当在遗产处理前，作出放弃继承的表示。没有表示的，视为接受继承"，原告胡某某至今未作出放弃继承的表示，视为接受继承。《继承法》第二十四条规定"存有遗产的人，应当妥善保管遗产，任何人不得侵吞或者争抢"。因钟某杰遗产中的门面与被告门面毗连，且面积相同，指示不明，处于混合状态，被告钟乙现已实际掌管着钟某杰全部遗产，故，被告有妥善保管遗产义务，任何人不得侵吞或者争抢。《继承法》第五条规定"继承开始后，按照法定继承办理；有遗嘱的，按照遗嘱继承或者遗赠办理；有遗赠扶养协议的，按照协议办理"。被告钟乙辩称其与钟某杰有生养死葬口头协议，然被告至今未举示其与钟某杰间存在生养死葬协议等证据，故不予采信被告辩称。继承人能继承被继承人的遗产是基于有血缘关系或者婚姻关系，而本案被告王某某与被继承人钟某杰之间不存在有血缘关系或者婚姻关系，被告王某某处分门面的行为，与本案法律关系不同，其被告资格不适格。据此，依照《中华人民共和国民法通则》第七十六条，《婚姻法》第二十四条第二款、第二十六条第一款，《中华人民共和国民事诉讼法》第六十四条，《最高人民法院关于民事诉讼证据的若干规定》第二条之规定，判决如下：

一、钟某杰于 2013 年 12 月 10 日病故时的遗产由原告钟甲和胡某某共同继承，被告钟乙不得继承。

二、驳回原告钟甲、胡某某对被告王某某的起诉。

【法官后语】

钟某杰收养三代以内同辈旁系血亲的子女钟甲，二人是否构成收养关系？根据《收养法》第四条、第五条、第六条、第七条第一款规定，钟甲虽系钟某杰之弟钟某某之女，其仍能被收养，钟某杰膝下无子女，抱养钟甲也并无不可。《收养法》第十五条规定"收养应当向县级以上人民政府民政部门登记。收养关系自登记之日起成立"，本案中，钟某杰于 1989 年抱养钟甲，并于 1990 年为其落户，已构成事实收养。关于本案的继承问题，既然钟某杰与钟甲的收养关系成立，钟甲自然成为法定的第一顺位继承人。但是钟甲的生父钟某某健在，日后钟甲会不会再在钟某某这里继承一份遗产，违背民法的公序良俗原则？《收养法》第二十三条规定，养子女与生父母及其他近亲属间的权利义务关系，因收养关系的成立而消除。《继承法》第十四条规定以及《最高人民法院关于贯彻执行〈中华人民共和国继承法〉若干问题的意见》第十九条规定，被收养人可以适当分得生父母的遗产。这里的适当分得又需要被收养人对养父母尽了赡养义务，同时又对生父母抚养较多的或者依靠生父母扶养的缺乏劳动能力又没有生活来源的条件，如此也充分考虑到道德层面的问题。

编写人：四川省广安市邻水县人民法院　马林东

75

外籍华人子女对已故父母遗产继承份额的确定问题

——林某贵等诉彭某昌等法定继承案

【案件基本信息】

1. 判决书字号

福建省莆田市涵江区人民法院（2014）涵民初字第 1497 号民事判决书。

2. 案由：法定继承纠纷

3. 当事人

原告：林某贵、林某永、林某福、林某英、林某授、黄某茱

被告：彭某昌、林某娟、林某航、林某程

【基本案情】

案外人林某艘生前结婚两次，其与前妻李某洋生育一子原告林某贵。李某洋于1947 年在中国病故。李某洋病故后，林某艘与李某秣（李某洋之妹）结婚。原告林某贵未满十周岁时随林某艘、李某秣夫妇到新加坡定居共同生活，并与李某秣形成抚养关系。林某艘、李某秣夫妇婚后生育子女林某兰、林某滨、林某永、林某华、林某福、林某英、林某授。其中：林某华、李某秣、林某艘、林某滨分别于1983 年 11 月 21 日、1995 年 3 月 18 日、1995 年 3 月 18 日、2013 年 1 月 22 日在新加坡亡故，林某兰于 1999 年在中国病故。林某艘、李某秣夫妻生前拥有坐落于莆

田市涵江新区涵华新街 12 号房屋一处。林某艘、李某秣购置上述房屋后，将房屋交付林某兰管理、居住。林某兰生前与其丈夫彭某昌生育一女二男：林某娟、林某航、林某程。林某滨生前与其妻子黄某茱生育四子女：林某芳、林某铭、林某伦、林某芸（四人均已书面表示放弃林某滨对讼争房屋财产的继承份额的继承权，且表示由林某滨的妻子黄某茱继承）。被继承人李某秣、林某艘生前对讼争房屋的继承未立下遗嘱。上述讼争遗产，至今尚未分割，目前由被告彭某昌、林某程占有、管理。2014 年 3 月 24 日六原告诉至本院，要求确认原、被告对讼争房屋的继承份额，并提供经新加坡共和国外交部、中国驻新加坡共和国使领馆认证的六原告新加坡共和国身份证（含译文）、林某艘的《亲属关系声明书》、林某艘、李某秣和林某华的《新加坡共和国死亡注册证书》、林某授的《新加坡共和国出生注册证书》、林某滨与黄某茱《新加坡共和国结婚证书》、林某滨《新加坡共和国死亡注册证明书》、《亲属关系声明》《放弃继承权声明》各一份、填发时间同为 1992 年 3 月 3 日的莆政房字第 350738 号《房屋所有权证》、莆政房字第 350784 号《房屋所有权证》及莆政房字第 350739 号《房屋所有权证》所指向的房产登记档案（体现所有权人李某秣，共有人林某艘）各一份。

【案件焦点】

外籍华人子女对已故父母遗产继承份额的确定问题。

【法院裁判要旨】

福建省莆田市涵江区人民法院经审理认为：公民合法继承权受法律保护。继承从被继承人死亡时开始。被继承人的遗产系个人的合法财产。因林某华先于父母死亡，且没有生育子女，故没有继承权。如前所述，本案被继承人李某秣、林某艘死亡时遗产有坐落于莆田市涵江新区涵华新街 12 号房屋一处，李某秣先于林某艘去世，讼争房屋的二分之一应属林某艘所有，另二分之一属被继承人李某秣的遗产，由法定继承人林某艘、林某贵、林某兰、林某滨、林某永、林某福、林某英、林某授依法继承，每人继承份额为 1/16。林某艘去世后，其去世时遗产份额为 9/16（1/2 + 1/16），此 9/16 遗产份额由法定继承人林某贵、林某兰、林某滨、林某永、林某福、林某英、林某授继承，每人继承份额为 9/112（9/16÷7），林某贵、林某兰、林某滨、林某永、林某福、林某英、林某授各继承份额为 1/7（1/16 + 9/112 = 256/1792）。因夫妻在婚姻关系存续期间因继承所得的财产归夫妻共同所有，故林某兰、林某滨对讼争房屋 1/7 继承份额分别属于林某兰、彭某昌夫妇、林某滨、黄某茱夫妇共同享有。林某兰、林某滨在继承开始后，遗产分割之前死亡，其应继承的遗产转由林某滨、林某兰各自的合法继承人继承，即林某滨的继承人黄某茱、林某芳、林某铭、林某伦、林某芸，林某兰的继承人被告彭某昌、林某娟、林某航、林某程。林某芳、林某铭、林某伦、林某芸已书面表示放弃林某滨对讼争房屋财产的继承份额的继承权，且表示由林某滨的妻子黄某茱继承。故林某滨的继承份额在其死后全部归属其黄某茱。被告彭某昌的妻子林某兰继承被继承人李某秣、林某艘的遗产应视为夫妻共同财产先依法分割，再由林某兰的法定继承人对其合法遗产依法继承。被告林某娟虽经合法传唤未到庭参加诉讼，但未表示放弃继承，故其对讼争遗产仍享有继承份额。原、被告各占讼争遗产继承份额如下：原告林某贵、林某永、林某福、林某英、林某授、黄某茱各占 1/7 的继承份额，被告彭某昌占 5/56 的继承份额，被告林某娟、林某航、林某程各占 1/56 的继承份额。被告彭某昌、林某航、林某程关于李某秣在生前已将本案讼争的房产赠与给林某兰及被告林某航、林某程、原告提起诉讼的权利超过诉讼时效、原告林某贵对李某秣的遗产不享有继承权及被告林某程应代位林某华继承林某艘、李某秣遗产份额的抗辩，缺乏事实与法律依据，不予支持。

福建省莆田市涵江区人民法院依照《中华人民共和国继承法》第二条、第三条第一款第（二）项、第八条、第十条、第十三条第一款，《中华人民共和国婚姻法》第十七条第一款第（四）项，《最高人民法院关于贯彻执行〈中华人民共和国继承法〉若干问题的意见》第五十二条，《中华人民共和国民事诉讼法》第六十四条第一款、第一百四十四条的规定，判决如下：

一、原告林某贵、林某永、林某福、林某英、林某授、黄某茱对被继承人李某秣、林某艘坐落于莆田市涵江新区涵华新街 12 号房屋各占七份之一的继承份额；

二、被告彭某昌对上述房屋占五十六份之五的继承份额，被告林某娟、林某航、林某程对上述房屋各占五十六份之一的继承份额。

本案案件受理费 13800 元，由被告彭某昌、林某航、林某程负担。

【法官后语】

莆田市涵江区江口镇是我国著名侨乡，当地许多人常年在外打工，有些人便加入外国国籍并定居国外。本案中,六原告均是新加坡华人,被告彭某昌、林某航、林某程为香港居民,被继承人林某艘、李某秣夫妇系生前出国,后在国外亡故。在尊重乡土民情的基础上,依照法律正确处理华人、华侨故居的归属问题,不仅有利于保护公民的合法权益,也有利于促进侨乡的和谐发展。

一、关于诉讼时效的问题

《中华人民共和国继承法》第八条规定,"继承权纠纷提起诉讼的期限为二年,自继承人知道或者应当知道其权利被侵犯之日起计算"。但是,自继承开始之日起超过二十年的,不得再提起诉讼。讼争的房屋系林某艘、李某秣夫妇(两人均于1995年3月18日病故)遗产,被告彭某昌、林某航、林某程在林某艘、李某秣死亡后虽一直占有讼争的房屋,但该房屋至今尚未分割,六原告居住在国外,根据常理不能认定其在二年前知道或应当知道其权利被侵犯,且被告也无证据证明二年前已拒绝原告继承讼争房屋的主张,因此现原告起诉并无超过诉讼时效。

二、关于李某秣在生前是否将本案讼争的房产赠与给林某兰及被告林某航、林某程的问题

虽然被告称林某兰系林某艘、李某秣夫妇长女,长大后招女婿上门,讼争的房屋系林某艘、李某秣夫妇买给林某兰在中国大陆"顾祖"的,李某秣在世时将本案讼争房屋的一、二、三楼产权分别赠与给被告林某航、林某程和林某兰。但被告彭某昌、林某航、林某程提供的《房产所有证注册表格》中"房产所有权人"一栏体现"李某秣",且莆政房字第3507××号《房屋所有权证》、莆政房字第3507××号《房屋所有权证》、莆政房字第3507××号《房屋所有权证》体现所有权人李某秣,共有人林某艘,且证人林辛×的证言中关于赠与的陈述内容具有不确定性,因此无法确认李某秣生前将讼争房屋赠与林某兰、"林某庭"、林某航。

三、关于原告林某贵对李某秣的遗产是否享有继承权的问题。

结合被告提供的证人林辛×的出庭证言及原告陈述可确定原告林某贵随林某艘、李某秣到新加坡定居生活时还未满十周岁,系无民事行为能力人,且其继母李某秣系原告林某贵生母李某洋之亲妹妹,替早逝的姐姐抚养儿子符合常理。据此可以认定原告林某贵与李某秣之间形成抚养关系。因此,原告林某贵对李某秣的遗产享有继承权。

编写人:福建省莆田市涵江区人民法院 黄丽云

九、分家析产纠纷

76

分家析产中如何判断当事人是否有权参与分割农村房屋

——赵甲诉赵某某等分家析产案

【案件基本信息】

1. 裁判书字号

北京市第三中级人民法院（2014）三中民终字第 01561 号民事判决书

2. 案由：分家析产纠纷

3. 当事人

原告（上诉人）：赵甲

被告（被上诉人）：赵某某、张某某

【基本案情】

赵某某与张某某系夫妻关系，赵某某与赵甲、赵乙（本案第三人）系继父子、父女关系，张某某与赵甲、赵乙系母子、继母女关系；1974 年，赵某某与其父赵某金在位于北京市密云县西田各庄镇仓头村共同建设北正房四间；2010 年 7 月 19 日 19 时许，北京市密云县西田各庄镇仓头村北正房倒塌，将赵某某、张某某、赵甲压倒在屋内，导致赵某某、张某某、赵甲受伤；后赵甲、赵某某、张某某、赵乙共同出资对该房屋进行翻建，建设北正房五间、西厢房一间；事发后，密云县民政局、密云县西田各庄镇人民政府、密云县西田各庄镇仓头村民委员会、红十字会给予赵某某家庭补助 26000 元，上述补助款中的部分款项用于支付赵某某、张某某、赵甲治伤的医疗费用，部分用于房屋建设；建房过程中，原有房屋的部分建筑材料用于房屋建设；现赵甲诉于法院，要求依法分割位于北京市密云县西田各庄镇仓头村房屋及宅基地使用权，法院依法追加赵乙作为本案第三人参加诉讼。

【案件焦点】

分家析产案件中，当事人具备哪些条件才有权参与农村房屋分割。

【法院裁判要旨】

家庭共有财产是指家庭成员在家庭共同生活关系存续期间共同创造、共同劳动所得的财产，家庭共有财产属于家庭成员共同所有；赵甲要求将个人财产从家庭财产中析出，不违反法律规定，本院予以准许；在涉诉房屋的建设过程中，赵某某、张某某、赵甲共同居住生活，赵甲的收入为家庭收入的主要来源，对房屋建设的贡献较多，赵乙在涉诉房屋建设过程中虽未与赵某某、张某某、赵甲共同居住生活，但其对房屋建设亦有出资，故本院根据公平合理、矜老恤幼的原则，同时考虑家庭共有财产的产生原因的复杂性和多样性，根据共同共有人对共有财产的贡献的大小，以及依各共有人生产、生活的实际情况对涉诉房屋予以分割；宅基地使用权是宅基地使用权人依法对集体所有的土地享有占有和使用的权利，宅基地的确认及审批属行政行为，不属于法院管辖范围，故对赵甲要求分割宅基地使用权的诉讼请求，本院不予支持；赵某某、赵乙关于不同意分割房产的答辩意见，缺乏法律依据，本院不予支持；鉴于各方坚持自己的房屋份额，不同意对房屋份额折价，故本院根据有利各方今后的生产生活，不破坏房屋使用价值的原则，依据各方应分得的房屋份额对涉诉房屋进行分配；应当指出，诉讼各方是亲属，在生活中产生矛盾在所难免，各方应互谅互让，求大同，存小异，心平气和的化解家务纠纷，避免因生活琐事伤害彼此亲情；综上所述，依据《中华人民共和国物权法》第九十九条、第一百条、第一百五十二条，《最高人民法院关于民事诉讼证据的若干规定》第二条之规定，判决如下：

一、坐落于北京市密云县西田各庄镇仓头村的北正房五间中西数第一间及西厢房一间归原告赵甲所有。

二、坐落于北京市密云县西田各庄镇仓头村的北正房五间中的西数第二间、第三间、第四间归被告赵某某、张某某共同所有。

三、坐落于北京市密云县西田各庄镇仓头村的北正房五间中的西数第五间归第三人赵乙所有。

【法官后语】

本案属于比较典型的农村分家析产案件，此类案件近两年在农村地区涉及较广。一则北京周围郊区因为城市扩建，出现大量征地用地的情况，加上有些国家重点工程占用耕地及宅基地的情况，很多可能要拆迁地区的村民想通过分割房屋、分立户口的形式多分得拆迁补偿款；二则我国农村地区还存在一些传统观念，如出嫁的女儿对其娘家的房屋没有权利继承，即没有共有权，无权参与分割。

因此本案主要解决的是对农村房屋的分割问题。而针对房屋分割，其焦点问题是关于共有资格的问题。

本案原告赵甲，被告赵某某、张某某，户口均在涉诉房屋内，赵甲、赵某某、张某某在老房时就一直共同居住，在老房倒塌后，翻建新房屋时也是共同出资出力的，三人的医疗费补偿款均有部分用于房屋翻建，对于该房屋享有共有权是没有异议的。关键在于第三人赵乙对于涉诉房屋是否享有共有权、是否有权参与分割该房屋。一、二审法院均认为赵乙享有共有权，支持其参与该房屋的分割，笔者也赞同该观点。

首先，本案涉诉房屋翻建之前是本案被告赵某某及其父所建，而赵乙系赵某某亲生女儿，从小一直随同父亲居住生活。即使是后来有十年的时间不在该房屋居住，但是其户口也一直在该房屋。根据我国农村集体经济组织成员的相关规定，只要户口在该集体经济组织所在地，便是该集体经济组织的一员，对于其自家分得的在该集体经济组织范围内的宅基地及其所建附着物享有共有权。据此，赵乙的户口一直在该涉诉房屋内，即使不在该房屋居住，但是一直保有该房屋的共有权。

其次，在原有房屋倒塌之后，原告、被告及赵乙等均对该房屋的翻建有出资出力。根据法院查明的事实，当时原告赵甲，被告赵某某、张某某被倒塌的房屋压伤，三人的医疗补助款有部分用于翻建新房屋，所以原告赵甲、被告赵某某、张某某对翻建房屋有出资无疑。但是鉴于补助款中并没有第三人赵乙的，所以原告主张赵乙并未对该房屋的翻建出资。但是一方面，翻建房屋用的材料有一部分是用的原有房屋的材料，而这部分材料其中就有赵乙的一部分；另一方面，原告有主张说赵乙借钱给原告及二被告翻建新房，即主张赵乙的出资是对原告及二被告的借款，但是原告未能出具证据予以证明，赵乙亦不承认是借款，而是新建房屋的出资。根据我国民事诉讼法的规定，民事案件依据谁主张谁证明的原则，原告必须对自己的主张提供证据予以证明，否则法院将不予采信。笔者认为，原告既未能举证，则其主张不能相信。因此，赵乙对翻建的房屋是有出资，既有材料的出资，又有实际金钱的出资，其对该房屋享有共有权是无异议的。

再次，本案原告之所以认为第三人赵乙没有权利分割该涉诉房屋，主要是认为赵乙长期未与原被告双方共同居住于该房屋，据此认为，只有原被告双方才有权分割该房屋，在起诉时亦未将赵乙列入当事人之列。而根据相关规定及学界理论，对于房屋是否享有共有权，主要是依据以下两个方面进行判断：一方面是当事人是否实际对房屋的新建出资出力。本案中赵乙作为原有老房屋的继承人之一，其既享有继承该宅基地的使用权的权力，亦有权继承该老房屋的建筑材料，而新建房屋既是在原有老房屋的宅基地上翻建的，同时也是利用了原有老房屋中可以利用的建筑材料建设而成的，从这个方面说，赵乙对于新建的房屋自然是有出资的。另一方面，赵乙虽然十来年未与原被告共同在该房屋居住了，但是其户口一直在该房屋，并未迁出。此处根据我国一般社会习俗，一个人长期不在家居住，但是只要其户口在该房屋，房屋是其出资建设的，该房屋就永远属于他，其所有权不会因为其长期不住而消失不见。

近两年此类分家析产案件在北京周边农村地区比较常见，有些是因为城区扩建要拆迁，还有些是因为一些国家重点项目建设用地的需要，也有对一些农村地区进行拆迁。一些村民为了获得更多的拆迁补贴，想方设法将原有的房屋分割，然后进行分户。或是有些户口已经迁出至外地的，得知老家将要进行拆迁，于是想着以继承的名义，将户口再行迁回来。

因此，法院在审理此类案件时，需要小心求证，查明当事人起诉的原因、目的；实际勘察涉诉房屋的实际面积、位置、间数等情况；查清各方当事人的户口、与该涉诉房屋的关系，如是占有使用还是享有共有所有权等等。在查明事实的情况下，既争取为有实际纠纷的当事人解决纠纷，又尽量避免助长当事人恶意分户、串通分户等多获取拆迁补贴的行为。

此类案件的审理结果，有着十分重要的现实意义。在很多农村地区，基本认为出嫁的女儿对于父母家的房屋没有继承权。而上述案件的裁判恰恰反驳了这种观点，支持了出嫁女儿或者说长期不在家居住的女儿同样享有对其娘家房屋的所有权，有权利继承或是分割，只要其户口尚在该房屋；而对于在原有房屋基础上翻建的房屋，只有其有出资，同样享有共有权，分割时有权参与分割。此类案件的审理结果，有必要在广大农村地区进行广泛的宣传，扩大案件审理结果的影响力。让广大农村地区的农民了解我国物权法等法律法规对于农村房屋所有权的相关规定及继承法关于子女对于房屋继承权的相关规定，避免出现老人百年后子女因为争夺房屋的所有权而大打出手的情况，引导争议各方按照法律的规定进行协议分割，既能大大减少法院的工作量，又有助于减少矛盾纠纷、加强社会和谐。

编写人：北京市密云区人民法院　何琴玲

77

无产权房的使用权分割

——高甲诉邱乙等分家析产案

【案件基本信息】

1. 裁判书字号

福建省厦门市中级人民法院（2013）厦民终字第 0631 号民事判决书

2. 案由：分家析产纠纷

3. 当事人

原告（被上诉人）：高甲

被告（上诉人）：邱乙、邱丙

被告：邱丁

【基本案情】

1974 年邱乙和高甲登记结婚，婚后育有儿子邱丙和女儿邱丁，邱丙、邱丁二人均已成年。2011 年 3 月 3 日，邱乙和高甲二人经人民法院调解离婚，调解协议约定，白泉房屋由邱乙、高甲、邱丁、邱丙四人共有，处分前维持现状。本案中四人均同意平等享有份额，庭审中邱丁明确表示放弃对白泉房屋的份额，将其赠送给高甲。

经现场勘查和双方陈述，白泉房屋现状为三层，一层大间店面年租金7万元由邱乙使用、收益。另两间小店面，前间由高甲出租，年租金3.8万元，后间由邱丙使用，另一小间仓库由高甲使用。二三层用于居住，结构相同，高甲和邱丁使用第二层，邱乙和邱丙使用第三层。厦门市海沧区新垵村民委员会前后出具两份证明书，基本可以证明位于新垵的房产确系邱乙一家（只为陈述方便，不作为本院判明权属的陈述）兴建。

【案件焦点】

本案的争议房屋是否应作为家庭共同财产分割？如何分割？

【法院裁判要旨】

福建省厦门市集美区人民法院经审理认为：

本案的争议焦点有：1. 本案应以离婚后财产分割还是分家析产进行审理，也即是否应当处分家庭共有财产。

原告认为应当一并进行处分。被告邱乙和邱丙认为本案包含不同的法律关系，不应合并审理。被告邱丁认为应当一并处分。本院认为，立案案由仅为人民法院受理案件时对案情初步判断而确定，判决确定的案由应以开庭审理查明的事实结合当事人诉求确定。本案当事人确实共同组成家庭，具备家庭共有人身关系，本案涉及部分财产为各方共有，应以分家析产的案由审理。而高甲与邱乙曾因夫妻关系组成家庭，其二人共有的财产，其他家庭成员虽不作为共有人但该财产仍是家庭共有财产的组成部分，即家庭共有包含了夫妻共有的部分。同时为减少当事人讼累，节约司法资源，本院认为应当合并审理。

2. 白泉房屋应如何分割。

原被告均认可每人享有该房产四分之一的份额，邱丁将其享有的份额赠与高甲。故原告认为其享有该房产二分之一的份额，并请求获得该房产，折价补偿邱乙和邱丙。被告邱乙和邱丙不同意折价补偿的方案，请求实物分割，并且二人同意在实物分割时可以将二人的份额合并。本院认为，关于财产份额，当事人均无异议。

关于分割方案，由于现在对该房产主张权利的高甲、邱乙和邱丙都对该房产主张实物分割，不接受折价补偿。本着尊重现状、尊重当事人意思自治和物尽其用的原则，结合本院现场勘验情况，本院确定将房屋分割为二份，由高甲享有一份，邱乙和邱丙共同享有一份。遵循程序正义，本庭要求双方均按照上述要求将房屋分成两份并由对方选择其中一份。高甲提出一楼大店面为一份，其余部分为另一份，由邱乙和邱丙任意选择一份；邱乙、邱丙提出二人仍然使用三层住宅，高甲继续使用二层住宅，然后由高甲将一层分割为二份，再由邱乙和邱丙选择其中一份。各方均要求并同意本次诉讼仅就讼争房屋的管理使用权进行分割处理，所有权份额不受影响。双方均拒绝对方提出的分割方案，但邱乙表示要求法庭保障其居住权。本院认为，高甲提出的方案符合程序正义的原则，邱乙和邱丙提出的方案不符合程序正义的原则，本院采纳高甲的方案。由于邱丙要求保障其居住权，而高甲同意选择二份中的任何一份，也即可以放弃其中任何一份，故本庭将一层大店面判决给高甲占有、使用，一层其他部分和二、三层住宅给邱乙、邱丙占有、使用。

3. 新埭房屋是否应作为共同财产分割，如何分割。

原告认为该房产虽无批建手续，但系高甲与邱乙夫妻共同出资兴建，高甲与邱乙应各自享有二分之一的份额。该房屋 2000 年开始建设，2002 年建成，2003 年装修完成，共耗资约 30 万元。该房产现由邱丙和邱乙占有和使用。被告邱乙和邱丙认为该房产是邱丙出资兴建，是其个人财产。邱丙也认可该房产是 2000 年开始建设，2002 年建成，2004 年装修完成，耗资不超过 11 万元，该房产现由邱丙占有和使用。被告邱丁认为该房产是高甲与邱乙夫妻共同财产。本院认为，该房产虽无批建手续，属于违章建筑，但违章建筑在被有权机关依法拆除前仍有使用价值，具有财产属性，应对使用权进行分割。而关于实际出资人，邱丙向法庭提供"暂口申报办证代理卡"以证明邱丙是该房屋的实际使用人，另提供 1999 年"福建省机动车维修技术合格证"以及一份房屋租赁合同，以证明其具有出资兴建房屋的经济能力。原告高甲向法庭提交由邱乙书写的建房账目清单，水费查询清单用以证明该房产为高甲夫妇出资兴建，并该户主为邱乙。本院庭审调查该房产的实际耗资情况，邱乙亲笔书写之明细共有 6 页，仅对第 2 页超过 1 万元的支出进行不完全统计"石头 13 车 26 方，每方 900 元，23000 元……砖 2 万个，1 个 18 角分，36000 元"，第 3 页简单计算水泥钢筋等大概支出即达到 144210 元，故邱丙主张建房支出不超过

11 万元，不足为信。邱乙称自己不识字，随意记录，大概看懂心中有数就行了。本院认为该记录充分而详细，虽然错别字甚多，但是单价和数量与乘积后计算的总价都基本吻合，可见不是随意记录。本院综合判断，建房实际耗资与高甲陈述的 30 万元更为接近，故高甲的陈述更为可信。至 2000 年建房时邱丙只有 23 岁，其提供一张 1999 年的机动车维修技术合格证，1999 年 5 月签署的一份每月租金 400 元的房屋租赁合同用以证明其经营收入，2000 年就具备了投资 30 万元兴建房屋的出资能力，显然不足，对其主张本院不予采信。

综合以上分析，本院认为新垵房屋为邱乙与高甲婚姻关系存续期间共同出资兴建，可以作为夫妻共同财产予以分割，双方均不愿折价补偿对方，本院对该房产实物分割。根据双方提供的照片和当庭陈述，该房屋共三层，每层 4 间，均为朝西向，位于楼梯的同一侧，邱乙和邱丙现在实际使用第三层。为尊重使用现状，本院确认邱乙享有该房产第三层，高甲享有第二层，二人各自享有一层的两间房屋，由于双方确认各房间价值差别不大，本院判决靠近楼梯的两间由高甲占有、使用，另外两间由邱乙占有、使用。

4. 白泉街日用品摊位是否可以作为共同财产分割，应如何分割。

原告认为，该摊位并非夫妻共同财产，而是高甲作为个体经营户承租的杏林街道白泉市场的摊位，并提供与市场管理部门签订的租赁合同和缴交租金的发票。被告邱乙和邱丙认为，该摊位是白泉房屋的一部分，应作为家庭共有财产一并分割。被告邱丁认为该房产不应作为夫妻共有财产分割。本院认为，从租赁合同和租金发票判断，该摊位显然不是本案当事人所有的财产，系由案外人所有，不应作为共有财产处分。

综上，本院认定家庭共有财产为白泉房屋和新垵房屋，为尊重当事人意见，均予以实物分割。各方对其他财产的诉求缺乏证据，本院不予支持。

福建省厦门市集美区人民法院依照《中华人民共和国婚姻法》（以下简称《婚姻法》）第十七条，《中华人民共和国物权法》第九十五条，《中华人民共和国民事诉讼法》第六十四条第一款，《最高人民法院关于民事诉讼证据的若干规定》第二条之规定，判决如下：

一、厦门市集美区白泉街 18 号的房屋，由原告高甲享有 50% 的份额，被告邱乙、邱丙各享有 25% 的份额。高甲占有和使用第一层大店面，邱乙、邱丙二人占有和使用该房屋的其余部分；

二、厦门市海沧区新垵村北片大门前的三层房屋，由高甲和邱乙各自享有 50% 的份额。高甲占有和使用第二层，邱乙占有和使用第三层，第一层的四间房屋由高甲占有和使用靠楼梯的两间，邱乙占有和使用另外两间。

宣判后，邱乙、邱丙不服向福建省厦门市中级人民法院提起上诉。厦门市中级人民法院于 2013 年 3 月 15 日作出（2013）厦民终字第 0631 号民事判决，驳回上诉，维持原判。

【法官后语】

司法实践中，离婚、分家析产等案件中往往都会涉及共同财产的分割，其中房产作为现今社会家庭财产的重要组成部分，往往成为这类案件的主要焦点。对于有产权的房产，由于产权登记一般明确，法律规定也相对完善，司法实践中对这类房产分割方式和范围无较大的争议。但在房产分割中，除了产权房，还存在着其他一些类型房产的分割，在司法实践中有着较大的分歧，其中主要是无产权房。本案其中涉及的第二套房产恰恰就是属于违章建筑的无产权房，笔者认为本案的法官对该房产的分割方案合法且合乎情理，应该可以作为司法实践中离婚财产分割中无产权房分配的一个好的参考。

一、无产权房的含义和范围

根据《中华人民共和国土地管理法》及其实施条例、《中华人民共和国城乡规划法》等法律、法规，对土地资源的使用进行严格的界定，对城市人口和农村人口也实行不同的管理办法。城市国有土地只有经过合法程序后方能建造商品房上市流转，并由国家房管部门颁发房产证。而农村集体土地只有经国家征地，土地性质变为国有后才可以用于房地产的开发，然后进行上市流转。这种二元结构的土地制度，是"小产权房"问题的根源。

广义上的无产权房指的是无正规合法的房产手续的房屋。主要包括了两类：一是小产权房，通常是指在中国农村和城市郊区农民集体所有的土地上建设的用于销售的住房。由于集体土地在使用权转让时并未缴纳土地出让金等费用，因此这类住房无法得到由国家房管部门颁发的产权证，而是由乡政府或村委会颁发，所以也称乡产权房。小产权房没有国家发的土地使用证和预售许可证，购房合同在国土房管局不会给予备案，所谓产权证也不是真正合法有效的产权证。小产权房目前主要分为三大类型：1. 占用集体用地或耕地违法建设，将农民集体用地使用权流转，用于商品住宅开发的违法建筑。2. 在政府划拨或出让的土地上，不按规划功能开发或使用，并将限制销售的房屋直接在市场上销售，具有产权纠纷隐患的不完全产权房。3. 在军队享有使用权的土地上进行商品房的开发，之后卖给军人以外的地方居民，俗称"军产房"。二是无产权房，往往指的是属于违章建筑的，无产权、无批建手续的违章建筑房产，这种房产普遍见于农村，比如占用耕地、集体用地而搭盖的房产，或是超出自己房产产权范围搭盖的附着建筑物等等，其区别小产权房的特点是，其往往无任何的土地产权或是批建手续。

二、无产权房在离婚纠纷司法审判中如何分割

由于没有合法的产权手续，法院在裁判的时候多是依照《最高人民法院关于适用〈中华人民共和国婚姻法〉若干问题的解释（二）》第二十一条之规定对该房屋不予分割，待以后另作处理。但是这样处理的结果往往有时显失公平。因为尽管无产权房无合法的房产手续，但是其仍具有财产属性，至少还有使用权，而根据《婚姻法》第十七条在对夫妻关系存续期间的共同财产作出明确规定后指出"夫妻对共同所有的财产，有平等的处理权。"如果审判机关在对无产权房诉请分割的问题上一律予以回避，势必会导致当事人在寻求公权力裁判无果的情况下，最终依赖自身的"私力救济"来实现对该无产权房的财产利益，这样只会激化矛盾。

笔者认为，在司法实践中，对于婚姻存续期间购置的小产权或无产权房屋，法院应根据具体情况以不同的方式处理：

1. 对于已被有权机关认定为违法建筑的，不予处理；但违法建筑已经行政程序合法化的，可以对其所有权归属做出处理。

2. 对于虽未经行政准建，但长期存在且未受到行政处罚的房屋，可以对其使用权归属做出处理。

3. 在仅能处理使用权时，法院应向当事人释明并允许当事人变更相关诉讼请求。在处理相关房屋的使用权时，能分割的进行分割，不能分割的进行折价补偿，房屋折价时可采用竞价方式确定价格。

编写人：福建省厦门市集美区人民法院　蓝水凤

78

分户建房协议能否作为拆迁补偿受益的依据

——何甲诉何乙分家析产案

【案件基本信息】

1. 裁判书字号

河南省郑州市中级人民法院（2014）郑民二终字第 1822 号民事判决书

2. 案由：分家析产纠纷

3. 当事人

原告（上诉人）：何甲

被告（被上诉人）：何乙

【基本案情】

　　郑州市惠济区兴隆铺村村民何某某是本案当事人何甲、何乙的父亲，在兴隆铺村 16 号拥有宅基地一处，何乙系其长子，同为兴隆铺村村民，拥有位于兴隆铺村 200 号宅基地一处，何甲系其长女，为新乡火电厂退休职工，户籍在此之前已迁出兴隆铺村。2006 年 5 月 20 日，何甲为回村建房，经与何某某、何乙协商，签订了分户建房协议一份，内容为："根据情况所需，经协商都同意，老人决定，何乙在东院老宅院（原第三人何某某兴隆铺村 16 号住宅）分的宅基地壹段建房居住，西院（原何乙住宅）给何甲建房使用，签字后生效，以后不得以任何理由反悔及争议，立字为证。"何甲、何乙及何某某三人均在字据上签字确认。事后，何甲便将郑州市惠济区兴隆铺村 200 号何乙宅基地上面的房屋拆除，另行建造房屋，何乙则在兴隆铺村 16 号宅基地上建造房屋居住，双方生活相安无事。2008 年 6 月份，何甲将户籍重新迁回兴隆铺村，但不享受村民待遇，也未就其住宅申报手续。

　　2013 年，兴隆铺村进行城中村拆迁改造，何乙根据拆迁补偿安置方案，要求领取兴隆铺村 200 号宅基地（现何甲居住）的拆迁补偿，理由为自己是兴隆铺村 200

号宅基地的使用权人。何甲则称，早在 2006 年，双方与其父亲何某某共同就家里的宅基地如何分配进行了协商，签有字据为证，而且七年以来各自生活相安无事，她才是兴隆铺村 200 号拆迁补偿受益人，并且何乙已经领取了其现在居住的兴隆铺村 16 号的补偿，没有理由再领取兴隆铺村 200 号的拆迁补偿。双方纠纷自此发生。

【案件焦点】

何甲、何乙、何某某三人签订的分户建房协议能否作为获取拆迁补偿利益的依据。

【法院裁判要旨】

河南省郑州市惠济区人民法院经审理认为：原、被告及第三人所签订字据，被告将兴隆铺 200 号宅基地让与原告建房使用，上述约定涉及农村宅基地使用权的问题。原告与被告、第三人签订字据时，户籍并未迁回兴隆铺村，不具备村民资格，不享有宅基地使用权，其在兴隆铺村 200 号宅基地上建造房屋虽经过被告何乙及第三人何某某的同意，但未经村委会同意、县级政府审批，并且在 2008 年 6 月将户籍迁回兴隆铺村，作为回原籍落户职工，仍未办理相关手续，这与《河南省村庄和集镇规划建设管理条例》第十四条第三款规定不符，原告仅以分家协议主张其与被告何乙宅基地互换，证据不足，理由不当，本院不予支持。

河南省郑州市惠济区人民法院依据《中华人民共和国物权法》第一百五十三条、《中华人民共和国土地管理法》第六十二条、《中华人民共和国民事诉讼法》（以下简称《民事诉讼法》）第六十四条之规定，参照《河南省村庄和集镇规划建设管理条例》第十四条规定，判决如下：

驳回原告何甲的诉讼请求。

原告何甲不服一审判决提起上诉，河南省郑州市中级人民法院经审理认为：二审所查明事实与一审相同，上诉人何甲与被上诉人何乙及第三人何某某于 2006 年 5 月 20 日签订"字据"的内容，涉及兴隆铺 200 号宅基地使用权问题，同时也涉及何甲在该宅基地建房的财产权益。何甲签订"字据"后，于 2007 年在兴隆铺村 200 号宅基地投入资金建房，该宅基地所在的兴隆铺村民委员会未提出异议，建房后何甲于 2008 年将户籍迁回，何乙根据 2006 年 5 月 20 日"字据"，亦在郑州市惠济区刘寨办事处兴隆铺村 16 号宅基地上建造房屋。因宅基地的所有权属于农村集体经济组织，现何甲与何乙所建房屋均已被拆迁，关于何甲与何乙对于兴隆铺村200 号宅基地使用权的争议，应由相关单位和部门处理。何甲在兴隆铺村 200 号宅基地投入资金建房，对其所建房屋享有财产权益，关于"字据"中涉及房屋权利的内容系双方真实意思表示，应为有效。何甲因房屋财产权益可另行解决。原审认定事实清楚，应予以维持。

河南省郑州市中级人民法院依照《民事诉讼法》第一百七十条第一款第（一）项之规定，判决如下：

驳回上诉，维持原判。

【法官后语】

我国农村传统观念认为，家族成员对本家族所拥有的居住用地进行内部分配，是具有约束效力的。从本案案情来看，2006 年至 2013 年 7 年时间里，何甲与何乙按照当初立下的字据各自生活，相安无事，村民委员会也未干涉，可见这种约定俗成在农村十分普遍，极具说服力，但当该村面临拆迁改造，巨大的拆迁利益很容易导致旧的约定俗成与现行法律法规出现冲突，家族成员间便会出现财产纷争，这种现象在城中村改造过程中屡见不鲜。

本案处理的重点主要在于判定家族成员间签订的分户建房协议是否可作为农村宅基地拆迁补偿受益的依据。经过一审和二审程序，最终均判决约定俗成的私人协议不具备认定土地拆迁补偿受益主体的效力，虽然结果一致，但一审和二审在裁判理由上却有所不同。

一审法院经过调查询问，对此类协议产生的实情进行了查证，为保证司法裁判统一和法制规则权威，谨防其他城中村拆迁主体利用家族约定或亲属协议的方式，伺机谋取拆迁补偿，扰乱村集体宅基地管理秩序，拖慢城市拆迁改造进度，判决分户建房协议没有效力。但二审法院在处理本案的思路上更加开阔，在坚守规则和尊重民俗之间，采取了衡平之法，充分对当前此类案件的实际情况予以考虑，在支持一审判决认定的基础上，通过裁判文书说理的方式，对分户建房协议中涉及上诉人财产性利益的部分进行了剖析，即上诉人仍享有当初依协议投资建造房屋的财产性权益，该部分约定在分户建房协议中系当事人之间的真实意思表示，应为有效，具有约束力，而分户建房协议中涉及宅基地使用权的部分，应由相关单位和部门来处理。通过说理分析，虽驳回了上诉，但帮助当事人分析了纠纷解决之道，为下一步化解矛盾开启曙光，同时也为基层法院处理城中村拆迁补偿案件提供了司法解决的参考范本。

编写人：河南省郑州市惠济区人民法院　左嘉龙　张海燕

79

分割家庭共同所有房屋的离婚协议是部分无效还是完全无效
——张某某等诉张甲、田某某确认合同无效案

【案件基本信息】

1. 裁判书字号

湖南省洪江市人民法院（2015）洪民二初字第98号民事判决书

2. 案由：确认合同无效纠纷

3. 当事人

原告：张某某、邓某某、张某英

被告：张甲、田某某

【基本案情】

因修建湖南省洪江市托口水电站，三原告和二被告及二被告的婚生女孩张某丹（9岁）、张某雯（3岁）全家共七人被确认为移民对象，家庭房屋需拆除重建。2013年二原告张某某、邓某某夫妻共同修建的木房322m²、杂房120m²均被征收，加上其他各项补偿款，全家共计所得补偿款数十万元。此后，全家在洪江市托口新集镇托口石化加油站旁以宅基地使用权转让形式获得90m²的建房用地，修建三层的房屋一栋，即一楼为门面（90m²），二楼（约104m²）、三楼（约104m²）为住房，并进行了装修。该栋房屋宅基地、建房和装修费共花费数十万元，将所得的移民款用完后，还借有外债10万元。2015年3月2日被告张甲、田某某夫妻感情破裂到洪江市民政局协议离婚，并签订了离婚协议书，协议约定：1.双方自愿离婚；

2. 长女张某丹由女方（即被告田某某）抚养，次女张某雯由男方（即被告张甲）抚养；3. 共同财产分割：有一栋 3 层楼房，2 楼给女儿张某雯，3 楼给女儿张某丹，所有内设装修归男方所有；4. 共同债务的处理：女方借款由女方还，男方借款由男方还等。之后被告张甲、田某某领取了离婚证书。其中原告张某某与邓某某系夫妻关系，原告张某英系二人之长女、被告张甲系二人之次子，张甲与田某某育有长女张某丹、次女张某雯。以上七人均登记在同一户籍，张某某为户主。现三原告认为该房屋属于家庭共同财产，二被告私自在离婚协议中作此处分，严重侵犯了三原告的权益，而诉至法院请求判决：1. 确认二被告签订的离婚协议第三条关于共同财产分割的条款无效；2. 诉讼费用由二被告承担。

【案件焦点】

张甲与田某某离婚时将家庭共同所有的房屋分给自己的两个女儿，其分割协议是完全无效，还是部分无效。

【法院裁判要旨】

湖南省洪江市人民法院经审理认为：家庭共有财产由家庭成员共享所有权，由家庭成员共同行使占有、使用、收益和处分的权能。二被告办理离婚登记过程中，未经其他家庭成员同意，签订离婚协议将家庭共有房屋作为夫妻共同财产进行了分割，事后又未经其他家庭成员追认，应认定该条协议内容无效。被告田某某在辩称中提出的主张，因其未提交证据，不予采信；且部分主张不属于本案处理范围，在本案中不做处理，利害关系人可就该条款无效产生的法律后果依法另行主张权利。

湖南省洪江市人民法院根据《中华人民共和国物权法》（以下简称《物权法》）第九十三条、第九十五条、第九十七条、第一百零三条，《中华人民共和国合同法》（以下简称《合同法》）第五十一条、第五十二条第（五）项，《最高人民法院关于贯彻执行〈中华人民共和国民法通则〉若干问题的意见》（以下简称《民通意见》）第八十九条，《中华人民共和国民事诉讼法》第六十四条第一款，《最高人民法院关于适用〈中华人民共和国民事诉讼法〉的解释》第九十条之规定，判决如下：

确认被告张甲与被告田某某签订的离婚协议书第三条关于共同财产分割的条款无效。

【法官后语】

本案中，三原告要求确认无效行为之合同系离婚协议书中第三条关于家庭共同财产分割的内容。二被告签订的离婚协议书的第三条关于共同财产分割部分的房屋，原、被告双方一致认可属于家庭共同财产，不属于二被告的夫妻关系存续期间的夫妻共同财产，二被告不得私自处分。根据《物权法》第九十七条规定"处分共有的不动产或者动产以及对共有的不动产或者动产作重大修缮的，应当经占份额三分之二以上的按份共有人或者全体共同共有人同意，但共有人之间另有约定的除外"。本案中，并无证据证明被告张甲与田某某系占份额三分之二以上的共有人。根据《合同法》第五十一条规定"无权的人处分他人财产，经权利人追认或者无处分权的人订立合同后取得处分权的，该合同有效。"以及《民通意见》第八十九条规定"共同共有人对共同财产享有共同的权利，承担共同的义务。在共同共有关系存续期间，部分共有人擅自处分共有财产的，一般认定无效。但第三人善意、有偿取得该项财产的，应当维护第三人的合法权益；对其他共有人的损失，由擅自处分共有财产的人赔偿"。

被告张甲与田某某并未对该房屋享有全部的所有权和处分权，事后其他共有人又未对其处分行为进行追认，被告张甲明知该房屋系家庭共同财产，但其在没有得到其他家庭成员签字同意的情况下即与被告田某某签署离婚协议，故被告张甲与被告田某某的离婚协议违反相关法律规定，擅自处分家庭共同财产应属无效。二被告将家庭共同所有的房屋进行处分，分给其他共有人，其中包含二被告所有的份额，由于房屋权属未具体确定且不可分割，故二被告签订的离婚协议书第三条关于共同财产分割的条款完全无效。被告田某某辩称自己没有侵害原告张某英的权益，缺乏证据支持。另外，该离婚协议书第三条关于共同财产分割的条款被确认无效后，合同双方和其他对标的物有利害关系的人可就该条款无效产生的法律后果依法另行主张权利。

编写人：湖南省洪江市人民法院　何文魁

80

各方出资人对出资数额举证均达不到充分的
标准如何认定翻建房屋的权属

——王某某诉陆甲等分家析产案

【案件基本信息】

1. 裁判书字号

江苏省扬州市江都区人民法院（2014）扬江宜民初字第 0344 号民事判决书

2. 案由：分家析产纠纷

3. 当事人

原告：王某某

被告：陆甲、陆乙、杨某某

【基本案情】

被告陆乙、杨某某系夫妻关系，被告陆甲系陆乙、杨某某之子。1985 年陆乙户获得原江都县丁沟镇人民政府《农房建筑准建证》手续，在丁沟镇光林村建设主房 4 间，面积为 91 平方米，辅助用房 2 间，面积为 17 平方米。1995 年 1 月 16 日，原告王某某与被告陆甲登记结婚，婚后王某某将其户口迁至丁沟镇光林村，与陆甲、陆乙、杨某某共同居住生活在上述房屋中，此时陆甲的三个姐姐均已出嫁，另居生活。2000 年起至 2010 年期间，原、被告分三次在拆除老房的基础上，陆续重新建造了二层楼房及厢房、蚕房，并对该房屋进行了装修。2012 年 4 月 5 日，陆甲、王某某经法院调解达成离婚协议，协议中双方一致确认无夫妻共同财产，未涉及本案被拆迁房产。2014 年，扬州市规划建设空港新城一期，上述拆迁房产诉争房产在拆迁范围内。2014 年 2 月 10 日，本院立案受理王某某诉被告陆甲离婚后财产纠纷一案，因被拆迁房产当时未取得合法手续，亦未达成拆迁补偿协议，故本院于 2014

年3月13日作出（2014）扬江宜民初字第0091号民事裁定书，驳回原告王某某的起诉。2014年3月27日扬州市江都区丁沟镇房屋拆迁安置指挥部与陆乙就上述全部房屋签订拆迁补偿协议一份，协议约定：被拆迁房屋建筑面积为322.34平方米，合法面积288平方米，确认安置面积250平方米；拆迁人应货币补偿被拆迁人476150元，其中含：房屋补偿款358188元；固定设施费3898元；搬迁补助费2304元；临时安置补助费27648元；奖励费30000元；其他：54112元。被拆迁人产权调换，以297000元购置安置房三套，85平方米多层两套、140平方米高层一套；拆迁人支付产权调换后的补偿余款179150元，协议签订后，被拆迁人搬离了被拆迁房屋，被告陆乙领取了拆迁补偿款179150元。被拆迁房屋现已被拆除，安置房尚未建成交付。现原告诉至本院，要求分割上述房屋拆迁所得利益。

【案件焦点】

1. 原告所主张的上述被拆迁房屋补偿款物是否系家庭共有财产；2. 如系家庭共有财产，原告主张要求分割50%的份额有无事实及法律依据。

【法院裁判要旨】

江苏省扬州市江都区人民法院经审理认为：本案系一起因房屋拆迁利益分配而引发的纠纷，应以原、被告各自对被拆迁房屋所占份额为依据，所占份额，按照出资额确定。关于被拆迁房屋的出资情况，原、被告各执一词，原告主张拆迁房屋由原告及被告陆甲出资所建，被告陆乙、杨某某未出资。被告陆甲、陆乙、杨某某主张拆迁房屋由被告陆乙、杨某某及其四个姐姐出资所建，应归陆乙、杨某某所有。因原、被告对其出资情况均未提供充足的证据予以证明，对原、被告各自主张不予采信。被拆迁房屋系原告与三被告为家庭成员时，在拆除陆乙、杨某某老房屋的基础上，共同出资建造的，在原、被告双方均不能提供充分证明证明各自出资份额的情况下，上述房屋依法应认定为家庭成员等额享有，故原告应与三被告按份等额享有被拆迁房屋的拆迁利益即原告可享有被拆迁房屋利益的四分之一。拆迁利益分为拆迁补偿款和安置房，拆迁补偿款为179150元，其中包含固定设施移装费3898元和搬迁补助费2304元。因拆迁时，原告王某某已与被告陆甲离婚，不居住在被拆迁房内，房屋搬迁及固定设施移装由三被告负责，故该两项补偿应由三被告享有。其他补偿款原告王某某分得四分之一即（179150 - 3898 - 2304）/4 = 43237元；安置房三套，总面积为 310 平方米，其中：产权调换及靠户型面积 260 平方米，每平方米 700 元；跨户型面积 50 平方米，每平方米 2300 元。原告按份应享有 77.5 平方米（其中含产权调换及靠户型面积 65 平方米，跨户型面积 12.5 平方米），现有安置房三套，原、被告四人不能按面积平均分割房屋，考虑原、被告现生活状况，由原告分得 85 平方米房屋一套，对其超出面积所得 7.5 平方米，原告按 2300 元/平方米（跨户型购置价）补偿给三被告，计 17250 元。

江苏省扬州市江都区人民法院依照《中华人民共和国民法通则》（以下简称《民法通则》）第五条，《中华人民共和国物权法》（以下简称《物权法》）第一百条、第一百零三条、第一百零四条之规定，作出如下判决：

一、原告王某某享有房屋拆迁安置房中 85 平方米安置房一套；被告陆甲、陆乙、杨某某享有拆迁安置房中 85 平方米安置房一套和 140 平方米安置房一套。原告王某某支付三被告补偿面积差价款 17250 元，原告于本判决生效之日十日内给付三被告；

二、房屋拆迁的货币补偿款 179150 元，原告王某某分得 43237 元，被告陆甲、陆乙、杨某某分得 135913 元。此款已由被告陆乙支取，被告陆乙于本判决生效之日十日内给付原告；

三、驳回原告的其他诉讼请求。

法院判决后，当事人均未提起上诉，判决发生法律效力。

【法官后语】

离婚诉讼中，在分割夫妻共同财产时，因财产尤其是不动产常常涉及家庭其他成员的份额，法院惯例是在离婚诉讼中对该财产部分通常不加以涉及，当事人选择另案起诉，本案即是一个典型。在分割此类财产时，通常不能以不动产的权属登记为房屋产权归属的唯一依据，尤其是在分割农村翻建房时还要综合考虑到其他家庭成员的利益，合理分配各自的份额。本案中，家庭成员之间各执一词，处理不慎易造成矛盾，本案特殊性在于原有的房屋已经拆迁，无法还原房屋的本来面貌，只能尽量通过当事人的举证来确定房屋的出资份额。纵观本案，因原、被告对其出资情况均未提供充足的证据予以证明，法官对原、被告各自主张均不予采信。法官认定，被拆迁房屋系原告与三被告为家庭成员时，在拆除陆乙、杨某某老房屋的基础上，共同出资建造的，在原、被告双方均不能提供充分证明证明各自出资份额的情况下，上述房屋依法应认定为家庭成员等额享有，即该房屋应当属于家庭共有财产。其次，家庭共有是按份共有还是共同共有，根据《物权法》第一百零三条规定：共有人对共有的不动产或者动产没有约定为按份共有或者共同共有，或者约定不明确的，除共有人具有家庭关系等外，视为按份共有。由此可见，本案中涉及的房屋应当属于家庭共同共有。因此，分割该房产时，应按照共同共有的性质处理，据此，参照《最高人民法院关于贯彻执行〈中华人民共和国民法通则〉若干问题的意见（试行）》第九十条的规定：在共同共有关系终止时，对共有财产的分割，有协议的，按协议处理；没有协议的，应当根据等分原则处理，并且考虑到共有人对共有财产的贡献大小，适当照顾共有人生产、生活的实际需要等情况。本案中，承办法官依法应认定讼争的房屋系为家庭成员等额享有，故原告应与三被告按份等额享有被拆迁房屋的拆迁利益即原告可享有被拆迁房屋利益的四分之一。同时考虑到原告王某某已与被告陆甲离婚，不居住在被拆迁房内，房屋搬迁及固定设施移装由三被告负责，故该两项补偿应由三被告享有。其他补偿款原告王某某分得四分之一即（179150 - 3898 - 2304）/4 = 43237 元；安置房三套，总面积为 310 平方米，其中：产权调换及靠户型面积 260 平方米，每平方米 700 元；跨户型面积 50 平方米，每平方米 2300 元。原告按份应享有 77.5 平方米（其中含产权调换及靠户型面积 65 平方米，跨户型面积 12.5 平方米），现有安置房三套，原、被告四人不能按面积平均分割房屋，考虑原、被告现生活状况，由原告分得 85 平方米房屋一套，对其超出面积所得 7.5 平方米，原告按 2300 元/平方米（跨户型购置价）补偿给三被告，计 17250 元。

纵观承办法官的审理思路不难发现，本案处理的最大难点就是能否将讼争房屋列为家庭共有财产，这就像一团毛线的线头，抓住了该线头一切问题就迎刃而解。本案中，双方当事人的举证均未达到确实充分的程度，承办法官结合本案的实际情况，并根据日常生活经验法则，将该房屋认定为家庭共有财产，是将自由心证主义运用到审判实践中的具体体现，兼顾了法律效果和社会效果的平衡，作出的裁判因而更加具有说服力，这也可以从一审判决后，当事人双方均未上诉侧面反映出该判决收到的良好效果。

编写人：江苏省扬州市江都区人民法院　颜婷　李俊

$$\boxed{81}$$

"村改居"政策实施中家庭共有、夫妻共有财产如何认定分割
——王甲诉王乙等分家析产案

【案件基本信息】

　　1. 裁判书字号

　　新疆维吾尔自治区乌鲁木齐市水磨沟区人民法院（2014）水民一初字第 167 号民事判决书

　　2. 案由：分家析产纠纷

　　3. 当事人

　　原告：王甲

　　被告：王乙、郭丙、王丁、王戊

【基本案情】

　　被告郭丙、王乙 1981 年 10 月 16 日登记结婚，被告王乙系再婚，婚后于 1982 年 9 月 16 日生育一女王丁，1984 年 8 月 20 日生育一子王戊，被告王乙与前妻 1979 年 1 月 15 日生育一子王甲，与被告王乙、郭丙共同生活。因家庭矛盾，被告郭丙于 2008 年年底离开乌鲁木齐市水磨沟区 137 号自建楼（以下简称 137 号自建楼）在外租房居住。2013 年 11 月 18 日被告郭丙、王乙经新疆维吾尔自治区乌鲁木齐市中级人民法院判决离婚。在离婚诉讼一审审理过程中，经本院委托新疆德旺房地产估价事务所对 137 号自建楼进行了测绘，形成了新德旺测字 20130012－1 面积测量成果报告。

　　同时查明，本院于 2012 年 4 月 20 日作出（2012）水民三初字第 2 号民事判决书，确认 137 号自建楼为原告王甲、被告王乙、郭丙、王丁、王戊五人共有，该判决书审理查明：2001 年 7 月底，原、被告一家经协商，将被告王乙母亲李某某所有的位于乌鲁木齐市水磨沟区 137 号平房推倒，重新翻建了二层楼房（含地下室）。

此次翻建共花费 13 万元，其中 11 万元是原告王甲出租地皮的钱。2003 年 10 月 20 日，被告郭丙分两次从新疆六道湾实业有限责任公司领取青苗补偿款 57500 元和 8000 元，领款表中载明补偿人数为 5 人；被告郭丙还领取征地补偿款 392000 元（扣款后实际领取 385463 元），该领款表中载明征地补偿按户发放。2003 年 7 月，原、被告一家人商量，决定将原二层翻修至五层楼房，共花费 40 万元左右。2008 年 9 月 18 日，经被告王乙申请，137 号自建楼房屋所有权人变更为被告王乙，并核发房屋产权证，载明 137 号自建楼总楼层 6 层，1－2 层（建筑面积为 559.93 平方米）、地下室（建筑面积 43.42 平方米）有产权登记，3 层以上（面积 930.68 平方米）没有规划、建设、审批、登记等手续为超建层数。

【案件焦点】

本案争议问题是位于乌鲁木齐市水磨沟区 137 号自建楼哪些部分为夫妻共同财产、哪些部分为家庭成员共有财产，其中属于家庭成员共有财产部分家庭成员的份额如何确定，以及宅基地是否应当与地上房屋一同分割的问题。

【法院裁判要旨】

新疆维吾尔自治区乌鲁木齐市水磨沟区人民法院经审理认为，对于原告要求分割 137 号自建楼的诉讼请求，四被告均同意按实际出资额按份分割，只是被告郭丙与其他原、被告主张分割的份额不同。对于 137 号自建楼原告及四被告出资份额，原、被告均认可翻建二层楼房（含地下室）时原告王甲出资 11 万元，原、被告亦认可二次翻修五人每人出资为 13100 元〔（57500 元＋8000 元）÷5 人〕。对于征地补偿款 385463 元被告郭丙主张该款发生在其与被告王乙婚姻存续期间，为夫妻共同财产。根据农村土地实行农村集体经济组织内部家庭承包方式的规定，结合被告王乙出示的五组征地发放补偿表中负责征地补偿款发放人员"村民 31 户"的书面备注，征地补偿款应系按户发放，因此，被告郭丙该意见不成立，本院不予采纳。对于被告郭丙主张翻修二层除去王甲出资 11 万元，剩余 2 万元自己与被告王乙各 1 万元，未向法庭提供证据证实，被告王乙主张系家庭共同财产，也未向法庭提供证据证实，结合翻修当时原告与四被告共同生活，家庭收入主要来源于土地收益、房屋出租收益的实际情况，本院确认 2 万元为五人共有。对于被告郭丙主张卧龙小区房屋系自己与被告王乙夫妻共同财产出资购买落户在原告王甲名下，出资额应当从原告王甲 137 号自建楼出资额中扣除的意见不成立，本院不予采纳。理由同本院认定被告郭丙出示收款收据的意见。综上，137 号自建楼原告王甲的出资部分为 204192.60 元［11 万元 + 13100 元 +（385463 元÷5 人 + 20000 元÷5 人）］，被告王乙、郭丙、王丁、王戊出资部分均为 94192.60 元（13100 元 + 385463 元÷5 人 + 20000 元÷5 人）。对于被告郭丙要求 137 号自建楼应当将房屋和宅基地一并分割的主张，《中华人民共和国土地管理法》（以下简称《土地管理法》）规定城市市区的土地属于国家所有、宅基地为农民集体所有，被告郭丙要求分割宅基地与本案分割原、被告家庭共有财产不属同一法律关系，本案不予处理。对于被告郭丙主张自己目前使用房屋均不朝阳的意见，根据被告郭丙的陈述，137 号自建楼共有 10 间不朝阳房屋，其目前分得 5 间房屋中有 3 间不朝阳，本案判决被告王乙分得 4 间房屋中有 3 间不朝阳、被告王丁分得 8 整间房屋中有 4 间不朝阳，受 137 号自建楼布局、走向限制，本案不再作调整。综上，对于 137 号自建楼有产权登记的部分，本院依法分割，对于 3 层以上超建部分，本院分割由原、被告临时居住，不作为原、被告主张所有权的依据。原、被告应保障 137 号自建楼楼梯、楼道合理使用，正常通行，不得影响相互的生活和居住。根据 137 号自建楼房屋布局、走向，并考虑有利用于原、被告生活、居住，依照《中华人民共和国物权法》第九十四条、第一百条第一款以及《中华人民共和国民事诉讼法》第九条、第六十四条第一款之规定，判决如下：

一、位于乌鲁木齐市水磨沟区 137 号自建楼新德旺测字××××××××－×号测绘报告中标注的地下室套内面积 6 平方米、库房套内面积 5.71 平方米、105 号、106 号、205 号、206 号、207 号房屋归原告王甲所有。测绘报告中标注的 305 号、307 号（含 306 卫生间）、308 号、四层自住 1、五层自住 2 房屋由原告王甲临时居住（详见后附测绘报告）；

二、位于乌鲁木齐市水磨沟区 137 号自建楼新德旺测字××××××××－×号测绘报告中标注的库房套内面积 60 平方米、208 号房屋归被告王乙所有。测绘报告中标注的 309 号、405 号、501 号房屋由被告王乙临时居住（详见后附测绘报告）；

三、位于乌鲁木齐市水磨沟区 137 号自建楼新德旺测字××××××××－×号测绘报告中标注的地下室套内面积 19.73 平方米、库房套内面积 37.33 平方米

（测绘报告中标注 209 号房屋地面直下对应面积）、209 号房屋归被告郭丙所有。测绘报告中标注的 310 号、406 号、502 号以及 601 号房屋套内面积 12.84 平方米由被告郭丙临时居住（详见后附测绘报告）；

四、位于乌鲁木齐市水磨沟区 137 号自建楼新德旺测字××××××××-×号测绘报告中标注的地下室套内面积 3.26 平方米、101 号、102 号、201 号、202 号房屋归被告王丁所有。测绘报告中标注的 301 号、302 号、401 号、402 号以及五层自住 1 套内面积 42 平方米由被告王丁临时居住（详见后附测绘报告）；

五、位于乌鲁木齐市水磨沟区 137 号自建楼新德旺测字××××××××-×号测绘报告中标注的地下室套内面积 8.27 平方米、库房套内面积 10.70 平方米、103 号、104 号、203 号、204 号房屋归被告王戊所有。测绘报告中标注的 303 号、304 号、403 号、404 号、五层自住 1 套内面积 47.45 平方米以及 601 号房屋套内面积 12.84 平方米由被告王戊临时居住（详见后附测绘报告）；

上述房屋涉及水、电、暖、有线电视、无线网络、燃气等费用自本判决生效之日起，由本判决确定所有人、临时居住人承担，之前各类费用由原居住人承担；

六、驳回被告郭丙要求乌鲁木齐市水磨沟区 601 室自己与被告王乙出资 93260 元折抵乌鲁木齐市水磨沟区 137 号自建楼原告王甲出资部分的主张。

【法官后语】

本案原、被告为农村户口的家庭居民，随着"村改居"政策的实施，家庭成员由农民转化为城镇居民，村集体经济量化形成原村民每人均享有分红资格的财产收入，承包责任田收入转化为以户为单位发放的安置补偿金。本案中父母子女为一户，根据农村土地实行农村集体经济组织内部家庭承包方式的规定，本院认定原、被告所在村以户为单位发放的补偿款为家庭共有财产，家庭成员享有相同份额，被告王乙母亲为一独立户，因责任田、宅基地征收后发放的补偿款为其个人财产，其遗留给长孙王甲，即为原告王甲个人财产。关于 137 号自建楼夫妻共同财产与家庭成员共有财产进行区分的问题，一方面要考虑自建楼的建设时间，另一方面要考虑自建楼建设资金来源，本院在查明以上两方面事实后，认为自建楼整体为家庭成员共同财产，并确认了出资份额，按比例进行划分，更好地体现了公平公正原则。关于被告郭丙要求分割宅基地的归属，根据《土地管理法》关于城市市区的土地属于国家所有、宅基地为农民集体所有的规定，撤村建居范围内的进进出出即城市市区的土地和宅基地均不属于本案原、被告享有物权的不动产，直接驳回被告该请求影响其向合法所有权人主张权利的合法权益，因此本案做出不予处理的决定。

本案的审理，也引发笔者的深思。该案原、被告围绕 137 号自建楼进行过长达 6 年的行政诉讼，本案诉讼已是被告王乙与郭丙经过 3 年离婚诉讼后提起的分家析产诉讼。随着国家对"三农"问题重视程度的提高，不断加大各项惠农政策的落实力度，相当一部分农民，特别是城乡结合部的农村居民一夜暴富，因财产分割引发了许多相关案件，使家庭父母子女分崩离析、妻离子散，反目为仇，本案就是这样一个典型的案件。面对定期几十万的分红所得、源源不断的自建楼出租收益，为钱生怨、生恨的矛盾冲突频频发生，如何处理好亲情维系与钱财分割间的利益平衡，如何让富裕了的农民过上和谐的幸福生活，在一定限度上也成为"村改居"政策实施期间当地一个重要的社会问题。一方面要通过大力弘扬中华家庭美德，引导广大群众树立正确的金钱观、价值观，规范广大群众的行为；另一方面，对农民群众的理财经营观念要进行有力有效的引导，使农民群众在失去土地后，能够开辟新的创业增收渠道，可以通过专业培训、集体带头、群众参与等多种经营合作模式，让农民群众有事干有钱挣，而不是领取补偿款后坐吃山空，胡作非为，引导他们营造和睦的家庭关系，有效地促进社会和谐发展。

编写人：新疆维吾尔自治区乌鲁木齐市水磨沟区人民法院　张雪莉

82

未成年家庭成员物权的保护

——杨甲诉杨乙等分家析产案

【案件基本信息】

1. 裁判书字号

云南省昆明市禄劝彝族苗族自治县人民法院（2014）禄民初字第 387 号民事判决书

2. 案由：分家析产纠纷

3. 当事人

原告：杨甲

被告：杨乙、李丙、杨丁、杨戊

【基本案情】

杨乙与杨某某结婚后生育杨甲和杨丁，1995 年 2 月 22 日杨某某死亡。1997 年 1 月 11 日杨乙与李丙结婚，生育杨戊。杨乙户在茂山镇丽山村委会汤郎古村新获批 130 平方米的土地使用权，当时杨乙户共有五人，即杨乙、李丙、杨甲、杨丁、杨戊。2000 年杨乙一家在该土地上建盖砖混结构房屋一层半。2008 年 10 月 29 日杨甲与王某某结婚并入赘王某某家。

杨甲认为自己不仅与杨乙、李丙、杨丁共同出力、出资建盖了汤郎古村一层半的房屋，而且还承担了建盖房屋时欠下的债务，该房屋属于家庭共有财产，要求对属于自己的份额进行分割。诉讼中，杨甲又申请追加杨戊为被告。杨乙、李丙认为该一层半房屋是二人出资出力建盖，建盖房屋时，杨甲年仅 15 周岁，正在丽山中学就读初中，根本没有能力出资和出力参与建盖房屋，杨甲没有权利分割房屋。杨丁、杨戊则认为杨甲和他们二人均无权分割房屋。

【案件焦点】

未成年家庭成员的出力能否构成享有房屋所有权的条件；土地使用权人与房屋所有权人不一致应如何处理。

【法院裁判要旨】

云南省昆明市禄劝彝族苗族自治县人民法院经审理认为：当事人对自己的主张，有责任提供证据。杨甲主张诉争房屋系其出资、出力建盖以及其参与偿还建房借款，但杨甲对自己的上述主张均未提交证据予以证实，应由其承担举证不能的不利后果。不动产或者动产可以由两个以上单位、个人共有。共有包括按份共有和共同共有。共同共有人对共有财产享有权利，承担义务。共同共有人在共有的基础丧失或者有重大理由需要分割时可以请求分割。共有人可以协商确定分割方式。达不成协议，共有的不动产或者动产可以分割并且不会因分割减损价值的，应当对实物予以分割；难以分割或者因分割会减损价值的，应当对折价或者拍卖、变卖取得的价款予以分割。原、被告诉争房屋的土地使用权系村集体按户所批，当时家庭成员共有五人，即杨甲和杨乙、李丙、杨丁、杨戊，故杨甲和杨乙、李丙、杨丁、杨戊对此土地使用权共同享有权利。杨乙、李丙建盖房屋时，杨甲正在就读初中，其应无经济能力参与投资建房。杨甲作为其中的一名家庭成员，家中正在建房，其在学习之余参与做一些力所能及的事，杨甲据此就主张房屋系其出力建盖，理由不充分。杨甲和杨乙、李丙、杨丁、杨戊共同享有诉争房屋的土地使用权，杨甲婚后已入赘妻子家，共同共有的基础已丧失，杨甲要求分割此共有财产的请求本院予以支持。杨甲及杨乙、李丙、杨丁、杨戊之间系家庭成员关系，对此房屋土地使用权享有的是共同共有关系，故应享有均等的份额。此不动产不易进行实物分割，对于杨甲应得的财产份额应由杨乙、李丙、杨丁、杨戊折价补偿。庭审中，杨甲与杨乙、李丙、杨丁、杨戊共同认可房屋土地使用权价值 30000 元，故杨乙、李丙、杨丁、杨戊应折价补偿杨甲应得的份额 6000 元。

云南省昆明市禄劝彝族苗族自治县人民法院依照《中华人民共和国民法通则》第七十八条，《中华人民共和国物权法》第九十三条、第九十五条、第九十九条、第一百条、第一百零三条，《中华人民共和国民事诉讼法》第六十四条之规定，作出如下判决：

一、原告杨甲与被告杨乙、李丙、杨丁、杨戊共同享有的位于禄劝县茂山镇丽山村委会汤郎古村 130 平方米的土地使用权由被告杨乙、李丙、杨丁、杨戊共同管理使用，由被告杨乙、李丙、杨丁、杨戊于本判决生效之日起十五日内折价补偿原告杨甲应享有的份额 6000 元；

二、驳回原告杨甲的其余诉讼请求。

【法官后语】

本案处理的重点主要有两点：一是未成年家庭成员的出力能否认定为参与了建盖房屋，进而对房屋享有共同所有权。二是无房屋所有权的未成年家庭成员，对其享有的土地使用权的保护。

案件中的杨甲认为自己在家里建房时出了力、出了钱，理应享有诉争房屋的所有权。禄劝县法院认为杨乙、李丙建盖房屋时，杨甲正在就读初中，其应无经济能力参与投资建房。杨甲作为一名家庭成员，家中正在建房，其在学习之余参与做一些力所能及的事，这是常理，且房屋建好后，杨甲也在该诉争房屋中无偿居住。杨甲据此就主张对诉争房屋享有共同所有权的主张不予支持。

杨甲虽然对诉争房屋无所有权，但对该房屋占用的土地享有共同使用权，对此权利应予保护。同时，杨丁、杨戊在家中建房时也未成年，对于该诉争房屋无所有权，但对于该土地使用权与杨甲、杨乙、李丙共同享有权利，也应受到保护。而土地使用权与房屋所有权是不可分的，考虑到房屋系杨乙、李丙建盖，杨丁、杨戊也与杨乙、李丙共同居住生活，杨丁又入赘到妻子家居住生活，故对杨丁享有的土地使用权份额应进行折价补偿。

一审判决后，杨甲、杨乙、李丙、杨丁、杨戊均服判。

编写人：云南省昆明市禄劝彝族苗族自治县人民法院　张琼辉

图书在版编目（CIP）数据

中国法院 2016 年度案例. 婚姻家庭与继承纠纷／国家法官学院案例开发研究中心编 . —北京：中国法制出版社，2016.3（2017.3重印）

ISBN 978 - 7 - 5093 - 7160 - 2

Ⅰ.①中… Ⅱ.①国… Ⅲ.①婚姻家庭纠纷 - 案例 - 汇编 - 中国②继承法 - 民事纠纷 - 案例 - 汇编 - 中国 Ⅳ.①D920.5

中国版本图书馆 CIP 数据核字（2016）第 015816 号

策划编辑：李小草（lixiaocao2008@sina.cn）
责任编辑：任乐乐（lele_juris@163.com）   封面设计：温培英、李宁

中国法院 2016 年度案例·婚姻家庭与继承纠纷
ZHONGGUO FAYUAN 2016 NIANDU ANLI·HUNYIN JIATING YU JICHENG JIUFEN

编者/国家法官学院案例开发研究中心
经销/新华书店
印刷/北京京华虎彩印刷有限公司
开本/730 毫米×1030 毫米   16   印张/ 17.25   字数/ 217 千
版次/2016 年 3 月第 1 版   2017 年 3 月第 2 次印刷

中国法制出版社出版
书号 ISBN 978 - 7 - 5093 - 7160 - 2   定价：48.00 元

北京西单横二条 2 号   值班电话：66026508
邮政编码 100031   传真：66031119
网址：http：//www.zgfzs.com   编辑部电话：**66071862**
市场营销部电话：66033393   邮购部电话：**66033288**

（如有印装质量问题，请与本社编务印务管理部联系调换。电话：010 - 66032926）

中国法院 2012、2013、2014、2015、2016 年度案例系列

国家法官学院案例开发研究中心　编

简便易用、权威实用——打造"好读有用"的案例

1. 权威的作者：国家法官学院案例开发研究中心持续 20 余年编辑了享誉海内外的《中国审判案例要览》丛书，2012 年起推出《中国法院年度案例》丛书，旨在探索编辑案例的新方法、新模式，以弥补当前各种案例书的不足。

2. 强大的规模：2012、2013 年各推出 15 本，2014 年推出 18 本，2015 年推出 19 本，2016 年推出 20 本，含传统和新近的所有热点纠纷，所有案例均是从全国各地法院收集到的上一年度审结的近万件典型案例中挑选出来的，具有广泛的选编基础和较强的代表性。

3. 独特的内容：不再有繁杂的案情，高度提炼案情和裁判要旨，突出争议焦点问题。不再有冗长的分析，主审法官撰写"法官后语"，展现裁判思路方法。

1. 婚姻家庭与继承纠纷
2. 物权纠纷
3. 土地纠纷（含林地纠纷）
4. 房屋买卖合同纠纷
5. 合同纠纷
6. 买卖合同纠纷
7. 借款担保纠纷
8. 民间借贷纠纷
9. 侵权赔偿纠纷
10. 道路交通纠纷
11. 雇员受害赔偿纠纷（含帮工受害纠纷）
12. 人格权纠纷（含生命、健康、身体、姓名、肖像、名誉权纠纷）
13. 劳动纠纷（含社会保险纠纷）
14. 公司纠纷
15. 保险纠纷
16. 金融纠纷
17. 知识产权纠纷
18. 行政纠纷
19. 刑法总则案例
20. 刑法分则案例

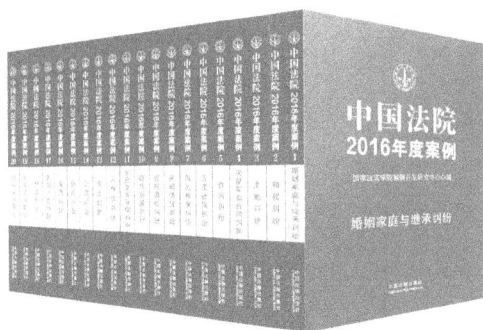

最高人民法院指导性案例裁判规则理解与适用系列

公司卷（第二版）（上下册）	139 元	婚姻家庭卷	50 元
民事诉讼卷（上下册）	139 元	合同卷四	98 元
侵权赔偿卷二	69 元	合同卷三	98 元
侵权赔偿卷一	69 元	合同卷二	98 元
房地产卷	98 元	合同卷一	98 元
劳动争议卷	58 元	担保卷	98 元

最高人民法院知识产权审判实务系列

商标法适用的基本问题（增订版）	78 元
反不正当竞争法的创新性适用【精装】	68 元
知识产权保护的新思维——知识产权司法前沿问题	98 元
最高人民法院知识产权审判案例指导（第 7 辑）	98 元
最高人民法院知识产权审判案例指导（第 6 辑）	78 元
最高人民法院知识产权审判案例指导（第 5 辑）	88 元
最高人民法院知识产权审判案例指导（第 4 辑）	78 元
最高人民法院知识产权审判案例指导（第 3 辑）	78 元
最高人民法院知识产权审判案例指导（第 2 辑）	78 元
最高人民法院知识产权审判案例指导（第 1 辑）	48 元
中国知识产权指导案例评注（第 6 辑）	128 元
中国知识产权指导案例评注（第 5 辑）	118 元
中国知识产权指导案例评注（第 4 辑）	98 元
中国知识产权指导案例评注（第 3 辑）	98 元
中国知识产权指导案例评注（上、下卷）	188 元
商业秘密司法保护实务	98 元
知识产权法律适用的基本问题——司法哲学、司法政策与裁判方法	168 元
最高人民法院知识产权司法解释理解与适用	58 元

北京市高级人民法院知识产权审判实务书系

知识产权司法保护与审判指导（2015 年第 1 辑，总第 1 辑）	36 元
商业特许经营合同原理解读与审判实务	58 元
北京市高级人民法院《专利侵权判定指南》理解与适用	128 元
商标授权确权的司法审查	88 元
知识产权疑难案例要览（第 3 辑）	98 元
北京市高级人民法院知识产权疑难案例要览（第 2 辑）	88 元
北京市高级人民法院知识产权疑难案例要览（第 1 辑）	78 元

北京市西城区人民法院审判实务书系

老字号企业知识产权管理与法律风险防范	58 元

宁波市中级人民法院知识产权审判实务书系

知识产权审判理念与实务	68 元

中国知识产权报书系

知识产权经典案例评析（2015 年卷）	50 元
知识产权经典案例评析（2016 年卷）	50 元